大学教学マネジメントの自律的構築

主体的学びへの大学創造20年史

関西国際大学 編

東信堂

はじめに――開学20周年を記念して

日本の大学は多すぎる。定員割れの大学は潰せばいい。日本の大学教育は世界的に見てレベルが低い。大学は旧態依然としていて教育改革が進んでいない。一連の大学教育への批判は続いており、現在、中央教育審議会で審議中の「将来構想」も、将来の高等教育がどのような機能を果たすことが期待されるのかという“展望”よりも、悲観的な内容に注目が集まる状況にある。

本学が開学した1998年当時はまだまだ進学率が上昇傾向にあり、“新増設ブーム”の末期であった。新設大学や新設学部の入試倍率の高さが話題を集めることも少なくなかった。それから一世代経つか、経たないかの間に状況は激変した。少子化によって18歳人口が減少し続け、経済の低迷や不況が続いたことから、団塊ジュニア世代のこども数が増えなかったり、生涯独身率が高まったりといった原因探しはできるが、日本の大学が18歳人口という受験生層を対象とした伝統的な高等教育機関像から脱却できなかったことも危機の背景にあるのかもしれない。

日本の大学は本当にこれまで社会から期待されるような教育改革を進めてこなかったのか？もちろん、総論的に語るのは難しい。設置形態による違い、専門分野による違い、大学による違い、同じ大学内でも学部・学科による温度差、個々の教職員の意識や行動レベルまで目を移さなくてもバラツキは大きいだろう。しかし、この20年、大学教育がどのように進化・改善してきたかの例を探すことは可能である。

本書は、関西国際大学（以下「本学」という）の創立20周年にあたり、その教育改革の歴史の歩みをまとめたものである。兵庫県三木市という神戸市に隣接しているとはいえ公共交通機関を使っての利便性に恵まれない、人口8万人弱の地方都市にある、歴史や知名度に恵まれない、系列の中学・高等学校も持たない、資金力にも決して恵まれない、経営学部1学部入学定員250

名の小規模私立大学にとっては、教育改革に取り組むことは生命線であったといえる。

今年他界された初代学長である村上敦先生（神戸大学名誉教授）は、これからはアジアと日本の関係が強まっていくことを予見され、“アジア太平洋地域で活躍できる人材育成”と“教育に責任を持つ”という言葉をたびたび式典等で言われていた。「以愛為園（愛を以て園と為す）」という、学校法人濱名学院の建学の精神のままでは大学生には伝わらないと、教育目標の再構築を指示された情熱と、高邁な精神を持たれたリーダーシップの下、前身である関西女学院短期大学から転籍してくる教員と、他大学でそれぞれの常識を堅く持っている教員との混成で組織された教員集団は到底一枚岩とは言えなかった。

入学してきた学生たちも、前述の村上学長の掲げる理念や目標に惹かれてくる者や一期生であることに魅力を感じてくれる開拓者精神に富む者もいれば、他学に不合格でたどり着いた者もおり、学修目標、学修意欲、学修習慣、学力はまちまちであり、マーチン・トロウ氏がいう「マス段階（誰もが進学する権利を持つ）」から「ユニバーサル段階（誰もが進学することを義務づけられる）」への過渡期にさしかかった状況から本学はスタートした。

そういう点では、本学は“課題先進大学”であったのかもしれない。開学時からのGPA導入や全国初の学習支援センター（現在の学修支援センター）設置等の先端的な取り組みをはじめたのは多様な学生と多様な学習ニーズが目の前にあったからに他ならない。

詳しくは、本書の内容に譲りたいが、一つの取り組みをすると次なる課題が発見される。その対応策を考えて実行すると、さらに新たな課題が出てくる。「多様化」が突きつける課題は容赦がない。

GPAによる退学勧告制度を導入し、学生たちに説明していたものの、初年度前期にGPA0.00の学生が13人もいたことは衝撃であった。先輩のいない一期生が、他学の高校の先輩たちに「大学は授業に何度出ていなくとも試験前だけ勉強すれば何とかなる」といった無責任な噂話に乗って、授業を欠席したり、十分な学習をしないで試験を受けたりといった状態で、教員側も前任校の合格基準のまま採点したりして、試験結果は惨憺たるものであった。学習支援センターは利用学生の支援には成功していたが、最も必要とする学生は来所せず、支援も受けない。こうした悪循環を断ち切れないまま、第一期生からは多数の退学勧告者を出す結果になった。教育に責任をもつことを標榜していた村上学長の心痛は計り知れないものであった。

この大学としての“激痛”がその後の本学の教育改革の原点であった。責任を果たし得なかった原因分析から、学習技術や初年次教育に取り組むようになったことをはじめ、本学の教育改革の歴史はページを重ねてきた。

本学の教育への取り組みは単に“面倒見がいい”ことだけではなく、本学の教育目標の筆頭にあげる「自律性」を学生たちに身につけてもらうことを目標にしてきた。自ら能動的に、自らの目標を見つけ、その実現に向けての計画を立て、くり返し何ができるようになったか、何が次に向けての課題なのかをふり返り、自らの自己評価もできる学生の育成、「言うは易く行うは難し」であり、達成に向けての課題はなお残っている。しかし、組織的な教育の構築をめざし、取り組んできた小規模地方私大としての本学の20周年の“成人式”までの姿を皆さまに知って頂き、ご理解を頂ければ幸いである。

関西国際大学 学長　濱名　篤

目次／大学教学マネジメントの自律的構築
―主体的学びへの大学創造20年史―

はじめに――開学20周年を記念して　濱名　篤…………i

第Ⅰ部　教育改革の黎明期（1998～2004年）

第1章　学習支援センターの開設と経緯　上村和美　5

1　設立の背景と目的……5
2　創立期……6
3　初年次教育へのアプローチ……8
4　入学前教育プログラム……12
　1　ウォーミングアップ学習……12
　2　プレウォーミングアップ学習……15
　3　KUISドリルの導入……16
5　ピアラーニング型支援：「学修支援チューター」の導入……17
6　まとめにかえて―総合的な学修支援にむけて……20

第2章　高大接続と初年次教育の導入　浮田　泉　24

1　はじめに……24
2　高等教育のユニバーサル化……25
　1　トロウ・モデル……25
　2　高等教育のユニバーサル段階における大学選択の要因……27
3　高大接続……31
　1　高校と大学の接続……31
　2　高校教育の多様化……31
　3　高大接続の新たな取組……31

4　初年次教育の導入 …… 32
1　導入教育用教材 …… 32
2　一年次教育(First Year Experience)と学習支援の可能性 …… 34
5　おわりに …… 36

第3章　GPA制度導入による成績評価の厳格化　濱名陽子　39

1　日本の大学におけるGPA制度の導入 …… 39
2　本学でのGPA制度の導入の経緯 …… 43
3　GPA制度導入のインパクト …… 45

第II部　教育改革の再構築（2005～2010年）

第1章　全学FD実施による組織的な教育改革の展開　坂中尚哉　57

1　教育改革の黎明期(1998年～2004年) …… 57
2　教育改革の再構築(2005年～2010年) …… 57
3　「主体的な学びの構築に向けて」(2011年～2016年) …… 62
4　「大学ブランディング構築に向けて」(2017年～) …… 66
5　最後に …… 70
■コラム■FD外部講師の記録①　Dr. Randy L, Swing
IRを活用した小規模私大の教育改善、学生支援、経営戦略について …… 71

第2章　教育目標としてのKUIS学修ベンチマークの導入　山下泰生 72

1　KUIS学習ベンチマークの制定　第1期(2006) …… 72
2　KUIS学習ベンチマークの点検・改訂　第2期(2007～2008) …… 78
3　ベンチマークチェックのシステム化とチェック用ルーブリックの導入

（2009～2010）……80
4　「学習」から「学修」、そして第4期へ（2012～2014）……84
5　チェック用ルーブリックのレベル変更から第4期改訂（2014～2018）……88

■コラム■FD外部講師の記録②　Dr. Donald L. Rubin
ルーブリックのすべて……93

第3章　学修成果の可視化に向けたeポートフォリオ評価　岩井 洋 94

1　eポートフォリオ前史……94
　1　紙ベースのポートフォリオの導入……94
　2　ポートフォリオ導入の意義……96
　3　初年次教育とポートフォリオ……97

2　eポートフォリオの開発と運用……98
　1　紙ベースのポートフォリオからeポートフォリオへ……98
　2　先進事例から得た知見……99
　3　eポートフォリオの運用と改善……101

3　ポートフォリオを活用した教育改善……104
　1　学びと教育の「見える化」：ベンチマーク・シラバス・eポートフォリオ……104
　2　アクティブ・ラーニングとeポートフォリオ……105
　3　eポートフォリオとIR……107

■コラム■FD外部講師の記録③　Dr. Charles Blaich, Ms. Kathleen Wise
学生支援と教育改善のためのデータ接続と組織文化……111

第4章　多様化する学生への対応　田中亜裕　113

1　はじめに……113
2　初年次教育の検討―全学共通必修型から学科別カスタマイズへ―……114
　1　全学共通必修型の初年次教育……114
　2　多様化する学生像……116
　3　初年度教育のカスタマイズ……117
　4　これからの初年次教育の課題……119

3　個別のサポートが必要な学生への取組 …… 119
1　退学・除籍等の理由 …… 120
2　基礎的能力と退学・除籍との関係 …… 122
3　成績不振学生の特徴 …… 124
4　アドバイザーによる個別面談の実施と課題 …… 124
5　人間心理学科によるレポート対策プログラム …… 126
6　まとめ …… 129

■コラム■FD外部講師の記録④　Dr. Randy L. Swing
アメリカの高等教育におけるIRと質保証 …… 131

第III部　「主体的な学びの構築に向けて」（2011 ～ 2016 年）

第1章　教育方法の活性化　尾﨑慶太　135

1　はじめに …… 135
2　FD／PDにおけるアクティブラーニングの推進 …… 137
1　アクティブラーニングの導入 …… 137
2　アクティブラーニングの推進 …… 138
3　深い学びへ誘うアクティブラーニング …… 139
3　アクティブラーニング導入の実際 …… 140
1　アクティブラーニングの実施状況 …… 140
2　アクティブラーニングの実践事例 …… 142
4　おわりに …… 154

■特別論考■FD外部講師の記録①　松下佳代　京都大学教授
ディープ・アクティブラーニングの考え方と方法 …… 157
1　今なぜ、アクティブラーニングなのか …… 158
2　アクティブラーニングとは―アクティブラーニングの定義と特徴― …… 160
3　アクティブラーニングの抱える問題 …… 161

4　「深さ」の系譜 …… 164
5　ディープ・アクティブラーニングのモデル …… 166
6　ディープ・アクティブラーニングの方法 …… 168
7　まとめと今後の課題 …… 171
8　最後に―私の授業デザインとディープ・アクティブラーニングの取組み― …… 173
質疑応答【(Q&A)】 …… 174

第2章　ハイ・インパクト・プラクティスによる教育方法の充実
―オフキャンパスプログラムの必修化―　山本秀樹　177

1　ハイ・インパクト・プラクティスと関西国際大学 …… 177
2　初年次サービスラーニングの取組 …… 178
1　初年次サービスラーニングの具体的内容 …… 179
2　目標達成に向けた教育方法の特色 …… 180
3　全学的な組織体制 …… 182
4　教育GPフォーラムの実施 …… 182
5　グローバルスタディへの展開 …… 184
6　取組の成果 …… 185
3　オフキャンパスプログラムの充実 …… 187
4　今後の取組と方向性 …… 189

■特別論考■FD外部講師の記録②　森 朋子　関西大学教授
「わかった」を引き出すアクティブラーニング …… 197
1　自己紹介―イントロ(学習とは)― …… 198
2　なぜアクティブラーニングなのか …… 201
3　アクティブラーニングの現状 …… 205
4　深い学習を促すアクティブラーニングの授業デザイン …… 206
5　クロージング―DALは……― …… 211
質疑応答【(Q&A)】 …… 212

第3章　学修成果の評価方法の開発（ルーブリック評価の開発）

吉田武大　214

1　ルーブリック開発の萌芽……214
　1　ルーブリックの基本的特質……214
　2　ルーブリックの登場……215
　3　学習ベンチマークの概要……216
2　ルーブリックの開発と活用……217
　1　コモンルーブリックの開発……217
　2　コモンルーブリックの活用……222
　3　学習ベンチマークの活用……224
3　大学間連携事業を通じたコモンルーブリックの新規開発……226
　1　コモンルーブリックの新規開発の必要性……226
　2　大学間連携事業下での開発……227
4　3つのポリシー策定下におけるコモンルーブリックの開発と活用……232
　1　3つのポリシーの策定……232
　2　卒論ルーブリックの開発と試行……234

■特別論考■FD外部講師の記録③　中井俊樹　愛媛大学教授
アクティブラーニングで学生の学習を深める……237
　1　意義ある学習とは……238
　2　アクティブラーニングを理解する……240
　3　学習課題を組み立てる……241
　4　発問で思考を刺激する……242
　5　経験を学習に変える経験学習を促す発問……243
　6　学生を相互に学ばせる……243
　7　まとめとふりかえり……244

第4章　一人ひとりの力を引き出す“学生支援型IR”

—先駆的な取組の今までとこれから—　藤木　清　245

1　データを活用した教育改革 …… 245
　1　IR(インスティテューショナル・リサーチ)の普及 …… 245
　2　学生支援型IRのあゆみ …… 247
2　“関西国際大学モデル”　学生支援型IRのアウトライン …… 250
　1　多彩な学生データを駆使して教育の質を保証 …… 250
　2　アセスメント・プランの構築とIRの活用 …… 252
3　学生支援型IRの活用事例 …… 253
　1　事例1:学修支援への活用 …… 253
　2　事例2:タイプ別学生指導の分析 …… 254
4　広範なデータの活用でより強みを生かした教育へ …… 257

第Ⅳ部　「大学ブランディング構築に向けて」（2017～2018年）

第1章　アジア地域とのパートナー戦略の展開

Asian Cooperaratibe Program (ACP)　越山泰子・伊藤　創　263

1　はじめに …… 263
2　Asian Cooperative Program(ACP)構想 …… 264
3　ACPの活動 …… 265
　1　第1回ACP会議 …… 265
　2　第1回ACPオフキャンパスプログラム(GSインドネシア) …… 268
　3　第2回ACP会議 …… 270
　4　第2回ACPオフキャンパスプログラム(GSマレーシア) …… 272
　5　第3回ACP会議 …… 273
　6　第3回ACPオフキャンパスプログラム(第1回多国籍プログラム) …… 275
　7　第4回ACPオフキャンパスプログラム(GSタイ) …… 276
　8　第4回ACP会議 …… 280

9 第5回ACPオフキャンパスプログラム（GSマレーシア）…… 281
10 第5回ACP会議…… 283
11 第6回 ACPオフキャンパスプログラム（GSインドネシア）…… 283
12 第6回ACP会議…… 285

4 おわりに…… 286

第2章 安全・安心社会をリードする関西国際大学の取組と展望

齋藤富雄 289

1 はじめに―関西国際大学建学の精神と安全・安心教育―…… 289
2 大自然の脅威からの学びと安全・安心教育への期待…… 290
1 阪神・淡路大震災からの学び…… 290
2 東日本大震災からの学び…… 292
3 災害多発時代を生き抜く力を育てる教育への期待…… 292
4 海外協定校などからの期待…… 293

3 本学の安全・安心教育研究の歩み…… 294
1 開学当初における取組…… 294
2 安全・安心教育研究体制の充実整備…… 295

4 安全・安心社会をリードする大学へ…… 295
1 安全・安心教育研究をブランドに…… 295
2 安全・安心教育の全学展開…… 297
3 国内外の大学との連携による安全・安心教育の推進…… 301

5 安全・安心教育のさらなる充実へ…… 307
1 本学の強みを活かした教育への改組改編…… 307

6 おわりに―さらなる発展をめざす、社会人への安全・安心教育―…… 310

資料1■関西国際大学の歴史…… 316
資料2■関西国際大学のFDの変遷…… 318
資料3■外部資金（文部科学省採択事業）…… 328

大学教学マネジメントの自律的構築

―主体的学びへの大学創造20年史―

第Ⅰ部　教育改革の黎明期（1998～2004年）

第1章　学習支援センターの開設と経緯　上村和美
第2章　高大接続と初年次教育の導入　浮田　泉
第3章　GPA制度導入による成績評価の厳格化　濱名陽子

短大から4年生大学へ。「GPAシステムの導入」による学習評価システムの改革ならびに全国初の学習支援センター創設による学生指導・支援活動の総合化の導入。

第 1 章　学習支援センターの開設と経緯

上村和美

1　設立の背景と目的

学習支援センター（以下、センターと略す）は、1998 年に関西国際大学（以下、本学）が兵庫県三木市に開学すると同時に開設された。日本で最初に設置されたこともあり、開学から数年間は他大学からの見学者が多かったことを記憶している。また、テレビなどのメディア取材もあり、それだけ世間からの注目も高かったといえるだろう。

筆者はセンター開設時のメンバーで、その後、9 年間はセンター委員を務め、2008 年度と 2014 ～ 2015 年度にはセンター長も務めた。そのような経験から執筆が依頼されたのだろうが、本稿ではこれまでの経緯を必ずしも網羅しきれていないかもしれないことをあらかじめご了承いただきたい。

本学の前身である関西女学院短期大学は 1987 年に開学しており、2000 年に募集停止をするまでは、キャンパス内に大学と短大が併存していた。そのような状況の中で、日本初の学習支援センターは活動をスタートしたのである。

『学習支援センター 10 年のあゆみ』では、設立当初のセンターの目的が次のように述べられている。

> 経営学部・短期大学部が目指す教育（正規授業）を補充し、より完全に習得させるための指導・支援を行うことにある。特に、中等教育システムにおける基礎学力が中・下位にランク付けされ、本人達もそれに甘んじ、そ

こそこの気分で入学してきた学生、あるいは、あまり目的意識を持たずに入学してきた学生を主たる対象にして、大学は「学問の場」であること、従って、全員が新たなスタートラインに並んでいることをまず認識させること。この自覚をベースに、社会が求める専門能力水準まで到達しようと自助努力しうるように、一人ひとりの能力に即した指導・支援をしていくことにある。（「学習支援センター設立の経緯」p.22）

設立時にはアメリカの多くの大学にみられるラーニングセンターをイメージしていたものであったが、この設立趣旨を読むと、正規授業の補完という意味合いが強かったようである。そのため、当時の指導マニュアルでは、「正規授業の宿題や課題の答えは教えない」などの注意も掲げられていたほどである。

しかし、設立の趣旨の中に“大学が「学問の場」であること”を意識させる点などは、現在にも通じる内容である。さらにいうならば、この時点ですでに、本学のような地方に位置する大学では、ユニバーサル段階に入っていたのである。

また、2009年にツインキャンパス体制となって以降、尼崎キャンパスには教育学部、三木キャンパスには人間科学部と保健医療学部（2013年開設）の3学部を擁するようになった。教育学部と保健医療学部は目的養成型である。センター設立時の「目的意識を持たずに入学してきた学生」が存在するのは、現在の人間科学部にもみられる現象であり、目的養成型の学部以外が抱える問題は、この当時から変わらないともいえる。

2　創立期

学内的にセンターの存在が定着してきた段階で、新たな問題が浮上してきた。それは、学生の意識と教員の意識であった。

「学生の意識」とは、“センターは、できない学生が行くところ”という思いをもたれてしまう危険性である。実際に、正規授業の補完を行うとなれば、そのように考えてしまう向きはあるかもしれないが、あくまでも自律的な学習者の育成が目的なのである。しかし、実際には上位層の学生がセンターを活用しており、本当に来室してほしい学生は来室していないというケースが起こっていた。当時、そして現在も、この点に苦慮していることは否めない。

次に「教員の意識」である。本学では開学当初から、出欠席を重視しており、授業開始から5週目を目途に「欠席調査」を実施している。これは、全科目において15回の授業の場合ならば2回以上の欠席でリストアップするというものである。3分の1以上の欠席で定期試験の受験やレポート提出の権利を失う「資格喪失」というシステムを有する本学では、この「資格喪失」を未然に防ぐことが必要であった。全科目で実施する「欠席調査」は、学生個人については、受講科目のうち1科目でも該当科目があればアドバイザー（専任教員が担当する担任制度のようなシステム）面談となり、アドバイザーは面談後に報告書を作成して提出しなければならない。また、3科目以上がリストアップされた場合には、保護者へも通知されるシステムになっている。当時、面談終了後のアドバイザーは、“対象学生をセンターに送り込めば、あとはセンターがなんとかしてくれる”という意識にとらわれていた。

実は、この当時には、現在のセンターオフィスアワー制度は確立しておらず、実際に学生対応を行っていたのは、センター職員とセンター委員会に属していた教員10名弱であった。現在のセンターオフィスアワーのような在室表には、センター委員の名前だけが存在していたのである。この体制が、センター委員以外の専任教員の意識を“他人事”にしてしまっていたのであろう。このままでは、センターがうまく機能しないということになり、開設から3年目の2000年に、当時の副学長であった故田中禮次郎先生がセンター長に就任したことをきっかけに、センターオフィスアワーは専任教員による全員体制に切り替わった。

専任教員による全員体制への切り替えには、すでに存在していた「研究室オフィスアワー」との違いを説明する必要があった。「研究室オフィスアワー」は個人研究室という閉鎖的な場所で行うが、「センターオフィスアワー」はセンターというオープンな場所で行うというのが、表面的な相違である。また、学生にとっては、どの先生に相談すればよいかわからない場合や、必ずしも相性のよくない担当教員には質問しづらいなどの課題があった。このような場合において、学生と教員の橋渡しをするのが、センター職員であった。

そして、センターオフィスアワーが定着するまでの手探りの時期には、教員も何をすればよいのかがわからず、時間になればセンターに座って待つだけであったのも事実である。待つだけでは学生の支援にはつながらない。

2018 年現在、関西国際大学の専任教員は、授業担当の他に、研究室オフィスアワーとセンターオフィスアワーの 2 コマを担当することが義務付けられている。ただし、センターオフィスアワーについては、センターで待つだけの受身的な支援ではなく、自らが得意とする分野の「センタープログラム」を実施し、学生を積極的に誘導する形式となっている。とくに、教育学部においては、教員採用試験の対策講座などをセンタープログラムとして、複数教員が連携して開講しているケースがある。また、人間科学部においても、警察官志望の学生には「公務員対策講座」や、大学院進学希望者へは「大学院への英語」や「研究計画書の書き方」などの準備講座も開講している。受身の支援が、教員自身による積極的な支援へと変化した結果なのである。

3　初年次教育へのアプローチ

本学では、現在、入学した春学期の必修科目として「学習技術」を配置している（ただし、留学生は入学した学期には日本語科目を優先し、半期遅れて受講する）。これは、人間学部が開設された 2001 年に、新たに設置した科目である。必修科目のため、不合格となれば再履修しなければならない。再履修クラスは、学部学科、留学生のカテゴリーにはとらわれず、夏学期には三木キャンパス、冬学期には尼崎キャンパスで集中講義の形式で開講している。最初の履修で不合格となった学生は、グローバルスタディやインターンシップなどのオフキャンパスプログラムの履修状況と調整しながら、できるだけ早い時期に単位修得をめざすのである。

授業で使用する教科書『知へのステップ―大学生からのスタディ・スキルズ―』（図Ⅰ-1-1）は、現在は多くの大学でも採用されているが、当初はこの授業のために開発したものであった。この教科書では、半期15回で、ひととおりのスタディスキルズが身につくように、次のような内容で構成している。

図Ⅰ-1-1
『知へのステップ』
第4版の表紙

第1章　スタディ・スキルズとは
第2章　ノート・テイキング
第3章　リーディングの基本スキル
第4章　より深いリーディングのために
第5章　大学図書館における情報収集
第6章　インターネットによる情報収集
第7章　情報の整理
第8章　アカデミック・ライティングの基本スキル
第9章　効果的なアカデミック・ライティングのために
第10章　パソコンによるライティング・スキル
第11章　プレゼンテーションの基本スキル
第12章　わかりやすいプレゼンテーションのために

この章立てのうち、冒頭の第1章、第2章、第8章、第9章、第10章の基礎となったのは、センター開設2年目からスタートした「ショートプログラム」であった。「ショートプログラム」とは、現在の「センタープログラム」の原形となるもので、当時のセンター委員が企画し、実施したプログラムであった。センター開設当初には、センター委員ですら受身の支援しかできていなかったのであるが、初年度の活動を終える頃には、“学生にとって必要な支援を行わなければならない”と考えるようになっていた。

そして、最初に企画したのが、ノートテイクの手法を学ぶという講座であった。この講座のヒントは、新入生との面談であった。現在はすべての学年において、学期始めのアドバイザー面談は必須となっているが、当時は実施時期も含めてアドバイザーに委ねられていた。当時、新入生のアドバイザーを担当していた筆者が、4月下旬頃にゼミ学生と面談を実施した際に、「授業で困っていることはある？」と尋ねたときであった。その答えが「ノートの書き方がわからない」というものであった。さらに、わからない理由を突き詰めてみると、「先生が黒板に書いてくれないから、書けない」というものであった。驚くと同時に、これが現実なのだと思った瞬間でもあった。

しかし、あらためて考えてみると、大学の授業では、高校までのように板書はされないということを誰も教えていない。大学教員はそれが当然のように授業を行っているが、新入生は、学びのスタイルが変わるということを知らないのである。そのままでは、内容を理解するには至らない。変わることを教えなければならないのである。

そして、この現実は、おそらくこの学生のみが抱える問題ではないだろうと考え、センター委員の教員に相談し、センター委員会で提案し、実現する運びとなった。当時に開講したプログラムは、次の内容である（**表Ⅰ-1-1**）。

表Ⅰ-1-1　ショートプログラム実施リスト

実施時期	プログラム名
1999年4～5月	「講義の攻略法―要点はこうしてつかめ！―」＝主にノート・テイク
1999年11月	「ワープロを使った効率的なレポート作成術」＝ワープロによるアカデミック・ライティング 「わかりやすい文を書くには―文章作成法― 」＝悪文治療法
2000年4月	「講義の攻略法―要点はこうしてつかめ！―」＝主にノート・テイク 「コンピュータ基礎」＝ Windowsの基本操作
2000年5月	「コンピュータ基礎」 「タッチタイピング入門」

「講義の攻略法」は必修科目のない時間帯の5限目などに複数回開講した。掲示などで募集するだけでは参加者は集まらないと考え、学部や短期大学部

の1年生ゼミの担当教員に依頼し、受講を勧めてもらうようにした。その結果、ゼミ全員で参加してくれるケースもあり、開講できる程度の参加者数を確保することができた。

プログラムの最後には、アンケートを実施し、感想を尋ねるほかに、さらに学びたい、知りたい内容についても記述してもらうようにした。その結果、レポートの書き方に苦慮しているということが判明した。そこで、同年の秋学期には、ライティング関連のプログラムを実施した。

2000年のショートプログラムのリストからは、ライティングプログラムが消えているが、これは発展的に消滅したものである。正規科目である「基礎演習」の一部に、ショートプログラムの実施内容すべてを移行させたのである。ショートプログラムで実施しても、一部の学生にしか伝えることができない。全員にレポートの書き方を知ってもらうためには、必修化する必要があったのである。

また、本学では開学当初から、学生にはノートパソコンを1人1台所有することを義務づけている。開学当初には推奨機を提示し、それを購入してもらうケースが多かったが、現在は学内のネットワークが利用できるスペック条件を満たせばよいので、推奨機以外のノートパソコンを所有するケースが多くなっている。そのような環境においては、ノートパソコンの活用が求められる。当時は、大学生になって初めてパソコンを利用する学生もいたため、学生側からのニーズに応えて、「コンピュータ基礎」や「タッチタイピング入門」を開講した。当時、1年生春学期には「情報処理Ⅰ」(現在の「コンピュータリテラシー演習」に相当する内容)が必修科目としてあったため、これらのプログラムは正規科目の補完的な位置づけであった。

2年間のショートプログラムでの実践を経て、それらの内容は2001年からの新規科目「学習技術」へと引き継がれた。当初は選択科目であった「学習技術」であったが、全員が履修する必要があるという判断のもと、翌年からは必修科目となった。そして、現在は全ての学部学科で必修科目である。

『知へのステップ』出版当初には「大学でこんなことまで教えるのか？」という風潮も強かったが、現在、教科書の採用数も増え、第4版でシリーズ累計 27 万部という結果は、本学のみならず、高等教育場の場においてもニーズが高まっているという証しであろう。

4　入学前教育プログラム

1　ウォーミングアップ学習

本章では、入学前教育について述べていきたい。「ウォーミングアップ学習」とは、スクーリング型の入学前教育である。本学では、2003 年度からセンターが企画し、開催している。目的は、入学前に抱く大学生活への不安を軽減させることである。当初は入学手続きが完了したうちの希望者だけを募って実施していたが、現在では入学手続き完了者全員を対象としている。ただし、実施時期が 2 ～ 3 月であることから、主に年内に入学手続きが完了する AO 入試、指定校推薦入試、公募制入試などの合格者が対象となる。したがって、必ずしも入学者全員がカバーできないのが実情である。また、年内に手続きを完了していても、実施日が高校の卒業式と重なる、遠隔地に居住している等の理由で出席できないケースもある。

本学では、入学前教育が初年次教育のスタートと位置付けている（**図Ⅰ-1-2**）。そのため、「ウォーミングアップ学習」に参加できなかった新入生に向けては、入学直後の準備活動である「フレッシュマンウィーク」期間中にフォローアッププログラムを実施し、新入生の足並みを揃えることにしている。

プログラムの立ち上がりの 2003 ～ 2008 年までは、プログラム冒頭にアイスブレイクとしてコミュニケーションワークを行い、その後、大教室でスタディ・スキルズの他、タイムマネジメント、コンピュータ入門、英語基礎

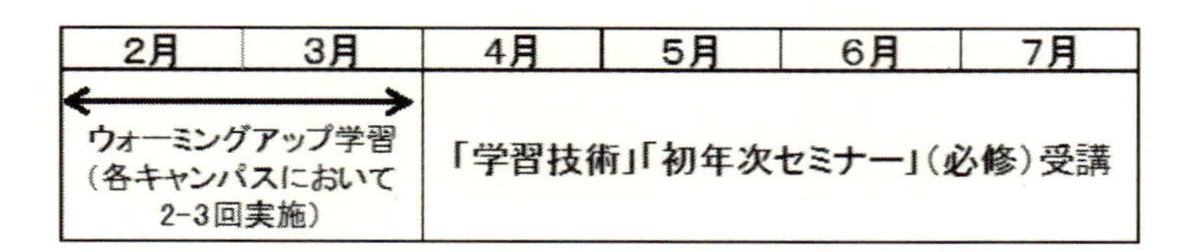

図Ⅰ-1-2　関西国際大学における初年次教育のながれ

力診断などのプログラムを実施するという内容で取り組んできた。

その間、付き添いの保護者の数も増加してきたため、単に待機場所で時間つぶしをしてもらうのではなく、入学前から保護者の理解を得ることを目的として、保護者プログラムもできあがった。保護者にとっての待ち時間を、大学を知ってもらう機会提供としたのである。昼食時間も、参加学生とは別に保護者の立食パーティーを行い、学科教員との顔合わせや保護者同士が知り合いを作る場として提供しており、プログラムとしても定着している。

ツインキャンパス化が決定し、尼崎キャンパスが最初の新入生を受け入れた2009年には、三木キャンパスと尼崎キャンパスの両キャンパスで「ウォーミングアップ学習」を実施した。当時の尼崎キャンパスの建物は、引き渡しは終わったものの、まだ内装もできあがったばかりで、教室内の什器も完全に揃っていない状態であった。そればかりか、センタースタッフも三木キャンパスにしかいないため、スタッフ全員が尼崎キャンパスに移動して新入生を受け入れていたのである。

実は、2009年から、新たに2つのプログラムを取り入れている。それが、「日本語運用能力テスト」と「ゼミナール入門」である。また、再構築したプログラムには「キャンパスサポートプログラム」がある。これは、2008年までの「本学での学び方」と「生活サポート」を統合したものである。

「日本語運用力テスト」の当初の実施目的は、短い時間（実施時間10分程度）で、新入生の基礎学力を計測し、入学時の面談や履修指導に役立てたいということであった。入学前の資料としては、入試における成績や高等学校の成績証明書もあるが、前者は筆記試験を含まないAO入試の場合にはデータがなく、後者は高等学校によって科目内容や評価方法がまちまちであり、統一した評価指標にはなりえなかったのである。レベルは、漢字検定3級～準2級相当の漢字テストおよび日本語検定問題を参考に作成した。これは、漢字力が読解力や学習習慣と相関性が高いという観点からの実施であった。以降、学生の基礎学力を計測するものとして全学的に定着していくこととなる。のちに、「論理思考力テスト」も開発し、同時に行うようになり、入学後にも定期的に同一問題を実施するようになっていく。さらには、大学入試センターが開発したテストと統合し、2018年度からは「基礎学力診断テスト」として実施されている。

「ゼミナール入門」とは、大学のゼミナールを体験させるもので、そのコンテンツとしてコモンリーディング（共通の課題図書を用いた読解の訓練）を取り入れた。教材作成については、筆者が研究代表者を務める科学研究費補助金・基盤研究C「大学初年次でのクリティカル・リーディング力育成カリキュラムと教材開発に関する研究」（平成22～26年度）のメンバーが作成し、提供した。これにより、ツインキャンパスとなっても、クラスごとの標準化を図ることが可能となったのである。実際に提供した教材は、以下の4点である。

①リーディングガイド（課題図書を読むためのガイド）
② Preparation Sheet（予習シート）
③リーディングポイント（課題図書を読み切るためのヒント）
④ゼミナール入門進行表

④の進行表は担当教員が使用するものであるが、①②③と課題図書（新書「続ける力」）は事前に受講希望者へ郵送し、予習シートを当日までに提出させ、それをもとに当日の進行を行っている。

当日の進行には、ペアワークやグループワークなどを取り入れており、ここには入学後のアクティブラーニングのスタイルに慣れてもらうという目的もある。さらに、「ゼミナール入門」の各学科の担当者は、次年度に新入生ゼミ（春学期：「初年次セミナー」、秋学期：「基礎演習」）を担当する教員を基本としている。これは、一足早くの顔合わせを行うためである。その点においても、「ウォーミングアップ学習」は初年次教育のスタートとして位置づけることができるのである。この2009年のプログラムが、現在のプログラムの原形になったといえる。その結果としての、2018年3月のプログラム内容が、次ページである（**図Ⅰ-1-3**）。

<table>
<tr><th colspan="2">I限</th><th>II限</th><th>昼休み</th><th>III限</th><th>IV限</th><th></th></tr>
<tr><td>10:40〜
11:05</td><td>11:05〜
11:45</td><td>12:00〜
12:30</td><td>12:40〜
13:30</td><td>13:40〜
14:10</td><td>14:20〜
15:50</td><td>16:00〜
16:10</td></tr>
<tr><td rowspan="3">説明
および
あいさつ</td><td>キャンパスサポートプログラム</td><td>コミュニケーションワーク</td><td rowspan="3">昼食
(立食)</td><td>スタディスキルズ</td><td>ゼミナール入門</td><td rowspan="3">終わりのあいさつ
アンケート</td></tr>
<tr><td colspan="2">保護者プログラム(全体)</td><td colspan="2">保護者プログラム(学部別)
キャンパスツアー、質疑応答</td></tr>
<tr><td colspan="2">保護者面談(希望者のみ)</td><td colspan="2">保護者面談(希望者のみ)</td></tr>
</table>

図 I -1-3　2018 年 3 月に実施したウォーミングアップ学習の内容

2　プレウォーミングアップ学習

本学では、2018 年度時点で、三木キャンパスに強化クラブを擁している。硬式野球部とサッカー部、硬式テニス部の 3 部である。三木キャンパスには、野球グラウンドや室内練習場、サッカーコートやテニスコートが設置されている。

強化クラブの新入生は、一般の新入学生に先駆けて、2 月には入寮し、各部の練習に参加している。強化クラブ入部予定者は、全員が三木キャンパスの人間科学部に属することになるのであるが、学部への帰属意識よりも、クラブへの帰属意識が先行するスケジュールとなっている。同時に、学習習慣が身につくよりも前に、練習中心の生活がスタートしてしまうことを危惧していた。

そこで、当初は学部（主にはビジネス行動学科）が強化クラブの新入学生を対象としたプログラムを企画し、各強化クラブの指導者の協力を得て、開催していた。このプログラムの目的は、特に練習量の多い強化クラブの学生が、クラブ活動と勉強を両立することである。有意義な学生生活を送るための内容を、一般学生との「ウォーミングアップ学習」に先がけて行っていた。たとえば、2009 年 2 月には「スポーツと学びのプログラム」、2013 年には入学後の 4 月に「フレッシュマンアスリートフォーラム」を開催していた。

学部主導のプログラムから、センター主導に切り替わったのが 2014 年からである。学部主導では、実施が学部に任されるため、各クラブとの調整が遅れてしまえば、入学後に実施するというようなケースも起きてしまっていた。このプログラムは、2月から遅くても3月の入学前に実施することに意味がある。実施時期が遅れれば、効果は半減してしまう。そこで、確実に開催するために、センターが実施主体となったのである。センター主導となってからは、名称も「プレウォーミングアップ学習」となり、2月中旬頃の開催が定着しつつある。強化クラブの新入生たちは、この後、一般学生が参加する「ウォーミングアップ学習」にも参加することから、「プレウォーミングアップ学習」という名称が付いている。

3　KUISドリルの導入

AO入試や公募制推薦入試、指定校推薦入試など、年内に合格が確定する入試種別で入学してくる学生にとっては、高校卒業から大学入学までの時間を有意義に過ごすことが課題になっている。本学でも従来は、各学科が指定した図書を読んでレポートを提出することや、漢字検定のテキストを実践して提出するなど、工夫を凝らしていた。

しかし、高等教育のユニバーサル化が進んだ結果、学生個人の基礎学力の差は、ますます広がってきている。たとえば、センターで公務員対策講座を開講しても、それよりも以前の段階の理解度が十分でないことが起きていた。たとえば、分数の計算や四則計算の優先順位ですら、あやしいケースも見受けられる。やはり、高校時代までに身につけておくべき基礎学力は、入学までに身に付けておいてほしいということで、あらたにeラーニングによる基礎学力の補完を行うことになった。

以前にもeラーニングの導入を考えられたことはあったが、インターネット環境の普及率などを考慮すると全学的な実施はまだ早く、断念せざるを得なかった。しかし、高校生のスマートフォン所持率も高くなった今、このタイミングならば導入に踏み切れるということで、2015年から試験的に導入、2016年からは全学で本格導入となった。

さらに、eラーニングによる入学前教育については、アドミッションポリシー（入学者選抜の方針）においても、「入学前教育として求められる、必要な基礎的な知識を身につけるためのeラーニングプログラムに最後まで取り組むことができる」のように、正式に定められるようになった。

5　ピアラーニング型支援：「学修支援チューター」の導入

従来のセンターでは、専任教員が支援するという伝統的なスタイルをとっており、学生が学生を支援するピアラーニング型は想定していなかった。実は、筆者自身は学習支援の場においてピアラーニングの手法をとることは、どちらかといえば懐疑的な立場であった。誤った情報を伝えてしまうかもしれないというリスクの方が、先に立っていた。

しかし、初年次教育部門においてはメンター制度を確立し、主に2年生が新入生のサポートを行うという環境が整ってきていた。特に人間心理学科ではメンターの活躍が刺激となり、次の年には自分自身がメンターとなって新入生をサポートしたいというモチベーションの高い学生が顕著に表れ始め、選抜をしなければならないほどの状態に育っていた。身近な先輩学生がロールモデルとなり、自分がめざすべき1年後の姿を具現化しているのである。先輩学生が後輩学生に与える影響は、教員が与える効果よりも絶大であった。さらに、このメンター制度は、のちに学生主体のオープンキャンパスの学生スタッフCOC（Creator of Open Campus）への流れへとつながっていく。学習支援ではないものの、確実に学生が学生を支援するピアラーニングの原形ができあがりつつあった。

そして、センター自体も、次のステップに向かう時期になっていたため、新しい試みを行う必要があった。ピアラーニング型の支援の導入へ大きく舵を切ることであった。

筆者がセンター長を務めた2014年度に委員会の中でワーキンググループを立ち上げ、2015年春学期にパイロット的に実施できるよう集中的に検討を行った。

検討にあたっては、まず、学内で行われているワークスタディを整理することからスタートした。当時のワークスタディを概念的にまとめたものが、

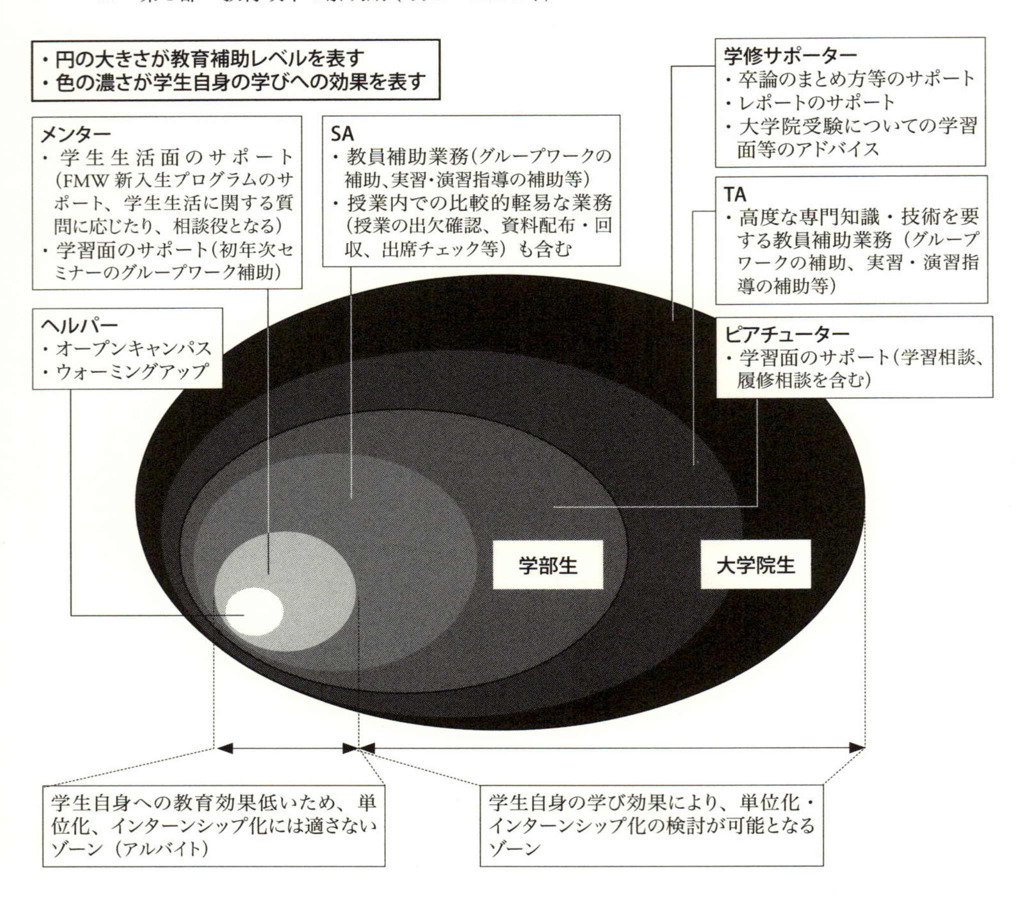

図Ⅰ-1-4　014 年当時の学内ワークスタディ（センター作成図をもとに編集部作成）

図Ⅰ-1-4 である。

図Ⅰ-1-4 をもとに、学修支援チューターを定義づけると、主に学習面での支援が必要とされる学生をサポートするためのトレーニングを受けた学生を指すことになる。図 1-4 の本学の学部生のゾーンでは、教育補助レベルと学生の学びがもっとも高いレベルをめざすことになる。

また、名称についても議論した。たとえば、検討当初には「学習支援サポートメンター」や「ピアチューター」なども候補にあがっていた。チューターの業務内容を検討しながら、既に学内に存在するワークスタディで用いられる呼称との混乱を避けるために、最終的には「学修支援チューター」に落ち着いた。

当初、想定していた業務内容は以下の4種類であった。

①学習相談
②履修相談
③レポートのチュータリング
④その他

指導の側面よりも、同じ学生としての立場で相談を受けるという性格が強いものであった。しかし、のちには、チューターによるeラーニングプログラムも行うようになる。

チューターになるためには、一定条件を備えておくことが求められる。募集時に掲げた条件は、次のようなものであった。

・2年生以上
・GPA2.5以上
・月〜金の昼休みに1回以上のチューター業務が可能

支援する学生となるためには、本学での成績評価制度・GPAが1つの指標となりうる。教育実習に行くことができる目安として、GPA2.0を設定していることを参考にし、累積GPA2.5を基準とした。平均して75点以上と考えれば、決して高いスコアではないだろう。

チューター養成のプログラム（**表I-1-2**）は、90分×5回で次の内容により、両キャンパスで実施した。

表Ⅰ-1-2 「学修支援チューター」養成プログラムの内容

回	内容	
1	チューターになるために（職務・心構え・専門性・記録／報告）	レポート添削練習 1（誤字・脱字）
2	教える技術（個別指導のポイント・「説明する」と「教える」・よい言葉かけと悪い言葉かけ）	レポート添削練習 2（文法・主述対応）
3	カウンセリングマインド（質問・繰り返し・明確化・沈黙に耐える）	レポート添削練習 3（引用・参考文献）
4	スタディスキル（学習スタイル、ガードナーの多重知能理論、コーネル式ノートテイク、リーディング）	レポート添削練習 4（構成・パラグラフ）
5	文書管理とリフェラルスキル（活動記録の書き方、個人情報の扱い方、シミュレーションとロールプレイ）	レポート添削練習 5（ワープロスキル）

6　まとめにかえて―総合的な学修支援にむけて―

本学は、2009 年の尼崎キャンパス開設を機に、従来の三木キャンパスに加えて、尼崎キャンパスにもセンターを設置することになった。このツインキャンパス化は、センターの支援内容にも変化をもたらした。これまでも、三木キャンパスに経営学部と人間学部、教育学部と人間科学部のように 2 学部が共存する時代はあったが、センター開設当初の支援内容を継承していた。

しかし、教育学部や保健医療学部のような目的養成型の学部と、人間科学部とでは学習に対するモチベーションも違うため、学部の形態に合った学習支援が望まれるようになってきたのである。また、学生側からのニーズも異なってくる。

とくに、尼崎キャンパスでは、教員養成に関するセンタープログラムを専任教員が組織的に構成して、開講するようになっていく。実際、入学時に基礎学力が低いケースでも、センタープログラムを熱心に受講した学生が教員採用試験に合格するというケースが多くなっていた。

現在も、センター長 1 名、センター長代理 1 名が専任教員から選出されているが、センター所属の教員が存在しないため、センター長もセンター長代理もいずれかの学部学科に所属している。そのため、自身の所属キャンパ

表Ⅰ-1-3　学修（習）支援センター20年のできごと

年度	できごと	センター長	構成
1998	関西国際大学の開設と同時に「学習支援センター」も開設される	窪田八洲洋	学習支援 保健室 相談室の3部門
1999	ショートプログラム「講義の攻略法」「ノートテーキングの方法」開講		
2000	専任教員全員によるセンターオフィスアワー制度の導入	田中禮次郎	
2001	人間学部開設により、経営学部との2学部体制となる		
2002		豊田光雄	
2003	「ウォーミングアップ学習」開始	濱名　篤	
2004	「大学教育のユニバーサル化と学習支援の取り組み」で文部科学省「特色ある大学教育支援プログラム」に採択	山下泰生	
2005			
2006	「初年次教育の総合化と学士課程教育への展開」で文部科学省「特色ある大学教育支援プログラム」に採択	米田　薫	
2007	教育学部と人間科学の2学部体制となる　10月に「自立する学びを支援するセンター協議会」発足（本学の他、金沢工業大学、創価大学、立教大学が参加）		学習支援室 保健室 カウンセリング室 図書室 サービスラーニング室の5部門
2008		上村和美	学習支援室 サービスラーニング室 メディアサポート室 メディアライブラリー(図書館)の4部門
2009	尼崎キャンパス開設により、ツインキャンパス体制の開始	浮田　泉	
2010			
2011		片山真理	
2012		中西一彦	
2013	三木キャンパスに保健医療学部看護学科開設、朝日新聞社「時事ワークシート」導入		
2014	強化クラブ入部予定者の入学前教育を人間科学部から引き継ぎ、「プレウォーミングアップ学習」としてセンターで開催するようになる	上村和美	学習支援室 メディアライブラリー（図書館） メディアサポート室の3部門
2015	学修支援チューター制度開始、センター名称を「学習支援センター」から「学修支援センター」に改称		
2017		清水美知子	
2018			学修支援室、メディアライブラリーの2部門

ス以外の現状を理解することは困難である。センター長とセンター長代理を別キャンパスに配し、それぞれの現状を相互理解するなどの工夫で乗り越えるしかないのかもしれない。

学習支援センターは開学と同時に開設されたため、2018年で開設から20周年を迎えるが、組織構成は時代に合わせて変化している（**表Ⅰ-1-3**）。

開学当初は、学びと身体と心の三位一体のサポートでスタートしたため、支援室、保健室、相談室の3部門であった。この時代は9年間続く。しかし、支援室の場所は、その時々によって、1号館や4号館などに移転しており、なかなか定着していなかった。

その後、GP事業として初年次サービスラーニングを学内的に推進するようになり、サービスラーニング室ができたことで、あらたにセンターの傘下となった。この時期に、メディアライブラリー（図書館）もセンター組織に加わる。さらに、2008年にはメディアサポート室も加わり、学生の学びのツールが整った形になった。

2018年からは、支援室とメディアライブラリーの2部門のみとなり、開設以来、もっともシンプルな構成となっている。今後のセンターは、両者が融合し、学修支援型メディアライブラリーへと発展していくと考えられる。実は、既に尼崎キャンパスでは、メディアライブラリーと支援室が一体化する設計となっている。三木キャンパスは、短大時代から増改築を繰り返しているため、センターが定着しづらい傾向にあるが、都市型キャンパスの尼崎キャンパスでは開設以来、支援室とメディアライブラリーは共に移動していない。つまり、学修支援型メディアライブラリーが三木キャンパスより一足先に実現していたといえるのではないだろうか。

時代と共に、時代にマッチするように変化を遂げてきた学修支援センターが、今後、どのような変化を遂げるのかを見守っていきたい。

参考文献

上村和美、西川真理子、横川博一、堀井祐介『大学初年次における読解力向上のための基礎的研究』関西国際大学紀要第10号、137-149頁、2008

上村和美（研究代表者）『大学入学時におけるスタディ・スキルズの教材開発と運用に関する研究』

（課題番号：13610331　平成13～14年度科学研究費補助金（基盤研究C）研究成果報告書）2003
学習技術研究会編『知へのステップ』くろしお出版　初版2001、第4版、2015
関西国際大学学習支援センター『大学のユニバーサル化と学習支援の取り組み』（文部科学省「特色ある大学教育支援プログラム」平成16年度採択報告書）2008
関西国際大学学習支援センター『学習支援センター10年のあゆみ』（文部科学省「特色ある大学教育支援プログラム」平成16年度採択成果物）2008
初年次教育学会編『初年次教育の現状と未来』世界思想社、2013
谷川裕稔編『アメリカの大学に学ぶ学習支援の手引き：日本の大学にどう活かすか』ナカニシヤ出版、2017
谷川裕稔、津嘉山淳子、山里絹子、下坂剛、長尾佳代子、石毛弓『ピアチューター・トレーニング―学生による学生の支援へ』ナカニシヤ出版、2014
谷川裕稔他編『学士力を支える学習支援の方法論』ナカニシヤ出版、2012

第２章　高大接続と初年次教育の導入

浮田　泉

1　はじめに

関西国際大学が開学した 1998 年には、すでに「高等教育のユニバーサル化」、「ユニバーサル型高等教育」という用語で、高等教育の状況が表現されるようになっていた。このような中で、関西国際大学では高校生がどのように大学を選択し、大学に何を求めて入学するのかといった入学に結びつく研究が進められてきた。それと同時に、高校から大学への教育にスムーズに移行できるように高大接続に対する取組みがいち早く始まっている。さらに学力の多様化に対応し、大学入学直後の導入学期の教育を効果的なものにするため、日本の大学ではまだ十分に認識されておらず、初年次教育や一年次教育、導入教育等、定訳のない時期から初年次教育に関する研究が始まった。導入学期に大学で授業を受けるためのベースになる「学習技術」が正規科目として導入された 2004 年までのこの期間は、初年次教育を重視する関西国際大学の今日の教育につながる基盤を築いた重要な時期であるといえる。

本章は、ユニバーサル化が進展する中での大学選択の要因分析、高大接続の取組み、および初年次教育の教材開発や正規科目の導入に関してふりかえり、これらの研究成果をまとめるものである。

2　高等教育のユニバーサル化

1　トロウ・モデル

(1)　ユニバーサル・アクセス型の特性

高等教育システムの段階がエリート型からマス型、ユニバーサル・アクセス型へと移行すると、エリート型では該当年齢層の15%まで、マス型では15%から50%、ユニバーサル型では50%以上の学生が教育の対象となる。トロウ・モデルによると、マス型からユニバーサル・アクセス型に変化すると、高等教育の機会は、全国民が受けなければならない義務として意識されるようになる。高等教育の目的観は、「知識・技能の伝達」から「新しい広い経験の提供」に変化し、主要機能は「産業社会に適応しうる全国民の育成」することとなる（表I-2-1）。

喜多村（1999）は、トロウ・モデルを日本にあてはめて高等教育の特性を分析している。第一は、「高等教育をもとめる学生集団の多様化が進行」[1]し、12年間の学校教育を経てきた進学者のみならず、多彩な年齢の人々が増加する。第二は、「高等教育の制度ないし機関の側も変質化」[2]し、生涯学習型やリカレント教育型への機会となる。そして第三に「学生集団の学力、進学目的、学習パターンにおける質的な変化」[3]をもたらし、学力の多様化に対して、「補習教育やカウンセリングの整備、入学者の学力・適性にあったカリキュラムの編成、教員の養成等のあらゆる側面で、機能上、制度上、構造上の変革を迫られる」[4]と指摘している。

(2)　日本型ユニバーサル化

日本の高等教育機関は，12年間の学校卒業後に進学する18歳前後の学生を圧倒的に多く受け入れていることから、日本の高等教育は学校教育的性格が強いと考えられている（喜多村, 1999）。そこで、生涯学習社会に向かうユニバーサル型高等教育へと移行するのではなく、全員一斉大学就学（ユニバーサル・アテンダンス）型社会へと発展する可能性が示唆された（喜多村, 1999）。また、情報技術の進歩と発展は、教育の形態、内容、方法等に大きな影響を

表Ⅰ-2-1　M.トロウによる高等教育システムの段階的移行に伴う変化の図式

高等教育システムの段階	エリート型	マス型	ユニバーサル・アクセス型
全体規模（該当年齢人口に占める大学在籍率）	15%まで	15%から50%まで	50%以上
該当する社会（例）	イギリス・多くの西欧諸国	日本・カナダ・スウェーデン等	アメリカ合衆国
高等教育の機会	少数者の特権	相対的多数者の権利	万人の義務
大学進学の要件	制約的（家柄や才能）	準制約的（一定の制度化された資格）	開放的（個人の選択意思）
高等教育の目的観	人間形成・社会化	知識・技能の伝達	新しい広い経験の提供
高等教育の主要機能	エリート・支配階級の精神や性格の形成	専門分化したエリート養成＋社会の指導者層の育成	産業社会に適応しうる全国民の育成
教育課程（カリキュラム）	高度に構造化（剛構造的）	構造化＋弾力化（柔構造的）	非構造的（段階的学習方式の崩壊）
主要な教育方法・手段	個人指導・師弟関係重視のチューター制・ゼミナール制	非個別的な多人数講義＋補助的ゼミ、パートタイム型・サンドイッチ型コース	通信・TV・コンピュータ・教育機器等の活用
学生の進学・就学パターン	中等教育修了後ストレートに大学進学、中断なく学習して学位取得、ドロップアウト率低い	中等教育後のノンストレート進学や一時的就学停止（ストップアウト）、ドロップアウトの増加	入学期のおくれやストップアウト、成人・勤労学生の進学、職業経験者の再入学が激増
高等教育機関の特色	同質性（共通の高い基準をもった大学と専門分化した専門学校）	多様性（多様なレベルの水準をもつ高等教育機関、総合制教育機関の増加）	極度の多様性（共通の一定水準の喪失、スタンダードそのものの考え方が疑問視される）
高等教育機関の規模	学生数2,000〜3,000人（共通の学問共同体の成立）	学生・教職員総数3万〜4万人（共通の学問共同体であるよりは頭脳の都市）	学生数は無制限的（共通の学問共同体意識の消滅）
社会と大学との境界	明確な区分　閉じられた大学	相対的に希薄化　開かれた大学	境界区分の消滅　大学と社会との一体化
最終的な権力の所在と意思決定の主体	小規模のエリート集団	エリート集団＋利益集団＋政治集団	一般公衆
学生の選抜原理	中等教育での成績または試験による選抜（能力主義）	能力主義＋個人の教育機会の均等化原理	万人のための教育保証＋集団としての達成水準の均等化
大学の管理者	アマチュア大学人の兼任	専任化した大学人＋巨大な官僚スタッフ	管理専門職
大学の内部運営形態	長老教授による寡頭支配	長老教授＋若手教員や学生参加による“民主的”支配	学内コンセンサスの崩壊？学外者による支配？

出典：M.トロウ『高学歴社会の大学』（天野郁夫, 喜多村和之訳, 東京大学出版会, 1976）より喜多村和之が図表化（M.トロウ『高度情報社会の大学』（喜多村和之編訳, 玉川大学出版部, 2000）の解説より引用）

およぼすと予想されていたが，現実にマルチメディアを活用した授業はすでに一般化されている。

しかし、ハード面が進展したとしても、優れた教員や優れたプログラムは量的に限られていることから、優れた教員の需要が必要であると述べている（喜多村, 1999）。高等教育のユニバーサル化に向けて、国際的競争力を備えた魅力ある質的向上が求められるため、関西国際大学においてもグローバル化に対応できる大学教育の改善が図られてきた。

2　高等教育のユニバーサル段階における大学選択の要因

(1)　大学の魅力の構成要素

学生集団の多様化は、社会的・文化的背景が多様化することを意味し、入学者の目的意識やライフスタイル等が分散する状態となる。この段階になると、大学を選択する時点で、受験生は教育内容や施設・設備といった従来の条件に加えて、キャンパスの美しさや売店の品揃え、学食のメニューなど「アメニティ」とされる諸条件を大学の魅力としてとらえるようになる。1999年、私立の社会科学系大学の学生を対象に、進学理由や大学選択の理由、大学の魅力事象、理想の大学がもつ魅力事象を明らかにする調査研究（西道, 1999）が行われた。

結果的には、従来から想定されてきた魅力の構成要素に大きな変化はみられなかった。しかし、「その構成要素を評価する基準や尺度が変化」[5]していると指摘されている。これは、大学の構成要素を非常にパーソナルな基準で評価し、個人的な尺度が評価基準となる可能性を示唆している。「自己中心的で、かつ他律的な行動様式」[6]しかもたず、「自律性が乏しいことをほとんど実感していない」[7]学生が増加する。人間関係の観点からは、「限定的で親密な対人関係を構築したい欲求」[8]をもち、フレンドリーな対応を期待していることが考察されている。

大学は「パブリックな空間におけるパーソナルなレベルでの対応」[9]と「アカデミックな体系を基盤にした個人的な実社会での展望の構築」[10]が期待されるが、「学生としての主体性を獲得させる制度と支援システムの構築が大学本来のあるべき魅力につながる」[11]と結論づけられている。次項以降は、この調査研究を要約したものである。

(2)　進学理由

調査対象の多くの学生は、明確な目的意識をもたず、「モラトリアム的な意識と4年間という時間に対する期待感」[12]をもち、自由な時間を確保することが進学理由のベースとなっている。それは同時に、「大卒」という最終学歴は自尊感情につながっている。結果として次の5つの進学理由に要約され、目的的でない時間の保証であるといえる（西道, 1999）。

①　単線型教育レールの到達地点
②　明確でない目的意識
③　モラトリアム
④　時間（4年間）に対する期待感
⑤　自尊感情

(3)　大学選択の理由

大学選択の理由も明確な基準は存在しないが、進学理由に比べるとやや具体的な情報に基づいていることが明らかになっている。情報源は、パンフレットや入試情報誌などの紙面情報、オープンキャンパスなどの模擬体験、高校や予備校の進学指導、家族や友人との相談となっている。これらの情報をボトムアップ的に検討されているのではなく、「各理由から想起される大学の集合の重なる部分（想起集合の積集合）に入った数校に対してだけ、トップダウン的に、かつ確認的に用いられている」[13]と分析されている。大学選択の理由は、次の5つに要約されている。

①　地理的利便性
②　制度的利便性
③　学力
④　職業的展望
⑤　知名度・評判

⑷　現在の大学の魅力

進学理由に、4年間の時間に対する期待感があげられていることと対応して、時間の獲得に重きを置いていることが明らかになった。具体的な魅力を当初18のカテゴリーに分類し、それを13のカテゴリーに再編されている（表Ⅰ-2-2）。

表Ⅰ-2-2　大学の魅力のカテゴリー

具体的な魅力のカテゴリー（13）	
①　施設・環境	⑧　教員
②　立地・通学	⑨　イメージ
③　カリキュラム	⑩　学生のモラル
④　人間関係・交流	⑪　学費
⑤　就職	⑫　事務処理
⑥　授業	⑬　その他
⑦　食堂	

出典　西道（1999）pp.94-95より作成

調査結果から、交通の便やキャンパス周辺の生活・娯楽施設、スクールバスや駐車場など通学に関する要望が多い。また、コンピュータや食堂など学生として利用頻度の高い施設が評価の対象になっており、①施設・環境と②立地・通学を大学の魅力として重視していることがわかる。③カリキュラムや⑥授業に関しては、授業の内容に関する意見より授業スタイルや自由度に対する評価が多い。⑧教員に関しては、教え方の工夫や熱意が感じられないことに対する不満が多く、少人数制による学生参加型の授業を望んでいることがわかる。少人数制については、「学習効率の観点からだけで要望されているのではなく、教員とのふれあいを求める姿勢」[14]から生じていることも指摘されている。ゼミの指導教員や特定の教員に対して、「より親密な関係を求める意見があり、全般的に親和欲求の強さ」[15]を求めている。また、④人間関係・交流では、「交友関係の拡大やそれらを通じた自己の成長」[16]を感じている。自由であることに魅力を感じている一方で、独力で対人関係を築く自信がなく、対人関係を構築するための支援を求めている状態も明らかになっている。

これらのことをまとめると、現在の大学の魅力は次の３つになる。

① 使える施設
② 自由度の高いカリキュラム
③ 交友機会の提供（教員との関係も含めたタテヨコ関係の構築）

(5) 理想の大学

進学理由や現在の大学の魅力で明らかにされたことと同様に、４年間という自由な時間を自己成長のために活用できることを重視している。その中で、「食堂や図書館をはじめとする利便性の高い施設と豊かな環境」[17]が求められている。また、当然のことながら大学の施設・設備は教育・研究につながることが必要であり、学生が「自分の関わりを認識できる教育ソフトが充実していること」[18]が大前提となる。

「興味のある専門性の高い教育を、少人数クラスで、優秀な教員のもとで学べること」[19]、「学生主体の授業展開や他学部の授業を受けられることなど、自由な履修」[20]ができることが理想であると考えている（**表Ⅰ-2-3**）。

結果として、理想の大学は次の３つの観点に要約できる（西道, 1999）。

① 大きな指針と展望
② きめ細やかな支援
③ 親密なコミュニケーション

表Ⅰ-2-3　理想の大学に関する魅力のカテゴリー

再編後の具体的な魅力のカテゴリー（12）	
①　施設・環境	⑦　進学目的
②　カリキュラム	⑧　学費
③　人間関係・交流	⑨　教員
④　立地・通学	⑩　食堂
⑤　授業	⑪　行事
⑥　就職	⑫　その他

出典　西道（1999）pp.97-98 より作成

3　高大接続

1　高校と大学の接続

かつて日本における高校と大学の接続は、「入学試験」という選抜によって解決されていた。すなわち、大学で専門教育を受けるために必要な基礎学力を大学が評価し、一定水準以上であると判定されたものだけを入学させるという仕組みである。初・中等段階の教育水準と大学の教育水準の乖離を埋めるために、高等学校（旧制）での「高等普通教育」が行われるようになった。

第二次世界大戦後のアメリカ型教育システムの導入後は、初・中等教育と高等教育のつながりが一元化、単純化されたが、「入学試験」による学力の判定と選抜の仕組みは存続してきた。高度経済成長期を経て、中等教育はユニバーサル化し、高等教育のマス化が進展する中で、高校と大学の接続の問題は、「ますます入学者選抜、入学試験の一点に焦点づけられる」[21]ことになった。

推薦入試やAO入試といった特別選抜、入試科目の削減などにより、入学試験の「測定の妥当性が低下」[22]し、「大学教育を受けるに足るかどうかを判定しなくなって」[23]いる。

2　高校教育の多様化

高校教育の多様化も高校と大学の接続に影響を与えてきた。卒業に必要な単位数の削減、必修科目の減少により弾力化、多様化が進んできた。それに対応できるように、国立・私立、文系・理系といった類型制がとられることになる。類型を選択する時期が早期化し、類型間の差異が大きいと、変更することができなくなり、大学の入試科目を減らして学生を受け入れていることになる。

3　高大接続の新たな取組

高校と大学の接続を安定したものにするため、いくつかの取組が行われてきた。まず1つは、入学試験の位置づけの見直しである。学力を測って選抜するだけではなく、高校までの学習歴や学力の状態を測定することが必要とされる。次に入学前教育の導入である。オープンキャンパスや進路ガイダンスといった情報提供の機会に加え、大学から高校への出前授業、高校生の大学授業の単位取得プログラム、入学が決定した高校生に対する入学前教育が実施されて、高大連携プログラムと称される。関西国際大学でも積極的に取り組み、高等教育研究所は「学問のすすめ」という高大連携プログラムを実施してきた。

4　初年次教育の導入

1　導入教育用教材

(1)　ショートプログラム

大学生の学力の低下が問題視されるようになってきたが、それは専門的な知識の不足ということ以前に、大学での授業を受けるための学習技術・学習技能（スタディ・スキルズ）が身についていないということである。その課題に対応するために、1999年、学習支援センターで次のようなショートプログラムが提供されることとなった。ショートプログラムとは、短期集中型で開講されるプログラムであり、正規科目ではない。

①「講義の攻略法―要点はこうしてつかめ!!―」

このプログラムは、主にテイク・ノートの方法についての講義である。講義前・講義中・講義後に分けて、学習習慣の心がけやノートの効果的な使用に関する実例を示したものである。

②「ワープロを使った効率的なレポート作成術」

このプログラムは、ワープロを「思考の道具」として活用するための講義である。学生が所持するノートパソコンを利用した実習も含んでいる。

③「わかりやすい文を書くには―文章作成法―」

このプログラムは、読点、文の長さ、修飾語と被修飾語、表記、対応、重複の6つの観点から、わかりにくい文を訂正して、わかりやすい文にするといった内容になっている。

正規科目ではないショートプログラムであるため、受講生は限られていたが、2000年には1年生の必修科目「基礎演習」(当時は通年科目) に、その内容を取り入れられることとなった。

(2) 教材開発

2000年には、上村和美経営学部助教授 (現人間科学部教授・人間科学部長) を研究代表者とする高等教育研究所の「導入教育のための教材開発」プロジェクトが発足し、『知へのステップ―大学生からのスタディ・スキルズ―』(パイロット版) が作成された。教科書の作成に加えて、ワークシートや教授資料も開発され、教授者によって差が出ないように考えられている。本研究は、2001年には科学研究費の研究課題に採択され、同年には「学習技術」が正規科目として開講されることになった。

初年度の授業終了後には、科目担当者と受講者を対象としたアンケート調査の実施や、座談会の開催によって、教材の改善が図られた。

(3) 必修科目としての「学習技術」

2002年、『知へのステップ』(学習技術研究会) が出版された。情報技術の変化に合わせて改訂が重ねられ、2015年には第4版が出版されている。日本中の多くの大学において教科書として採用され、教育効果の高い教材として広く認知されていることはいうまでもない (本書7p、図1-1参照)。

関西国際大学では全学部の1年生を対象とし、入学直後の1年春学期 (留学生は、入学半期後) に必修科目として開講されている。専門領域の異なる複数の担当者が授業を担当することになるが、クラスによって差が出ないように、コーディネータによる説明会が開催し、認識の共有が図られている。必要に応じて合同クラスでの授業も取り入れ、受講者に対する情報提供の共通化を可能にしている。また、ワークシートをファイリングするための専用ファイルを所持させるといった、学習習慣を身につけることについても工夫されている。

2　一年次教育（First Year Experience）と学習支援の可能性

⑴　一年次教育の要素

2002年11月、関西国際大学高等教育研究所は、米国ブリバード大学・一年次教育政策研究センター所長であるランディ・スウィング博士（Randy L.Swing,Ph.D.）を招聘し、ワークショップを開催した。

一年次教育（First Year Experience）は、大学1年生に対する各種の教育支援プログラムを総称したものであり、組織構造、大学の方針、コースおよびカリキュラム、サービス、学生への介入という5つの要素について解説された。

①　組織構造（Structures）

1年生の教育のために設けられている組織であり、例えば「学習集団（Learning community）や学生ホール（resident hall）があり、また組織的単位として一般教養カレッジ（general college）や専門教育カレッジ（university college）[24]がある。

②　大学の方針（Policies）

たとえば「1年間で36単位を取得した後に専攻（major）を決める」[25]と定められているようなことをいう。

③　コース及びカリキュラム（Courses/Curriculum）

1年生のために「一連のコースがグループとして提供されており、学生は順序を経てコースを受講する」[26]ことになっている。

④　サービス（Services）

1年生に対するサービスを指し、「エッセイの書き方などを指導するライティング・センター（writing center）や個人指導を行うチュータリング・センター（tutoring center）」[27]などがある。

⑤　学生への介入（Interventions）

大学が学生の出席状況を管理し、欠席した学生に対して事務局から電話連絡が入るといった介入を行う。

⑵　一年次セミナー

一年次セミナーは、一年次教育の1つのコースである。アメリカにおいて、一年次セミナーが導入された背景の１つは、「これまでの伝統的な学生とは少し違った学生がたくさん入学しているということ」[28]である。いわゆる第一世代の学生と呼ばれる学生に対して、一年次教育を行うことが重要になってきたということである。２つめは、「どれだけ学生が同じ大学に戻っているかという Retention（残留率）に関係」[29]する問題で、大学の財源に直結することから学生を確保するために重要な問題である。

一年次セミナーは、次の４つのタイプに分類される。

① 高校から大学への移行（College Transition Theme）

オリエンテーションの実施や学習技術を学ばせることで、高校から大学への移行をうまく行わせるタイプのものである。多くの大学で実施されているもので、関西国際大学で実施しているものもこれに該当する。

② 主題を取り扱う（Special Academic Theme）

学問的にやや立ち入った主題を取り扱うセミナーで、「教員が学生にとっての役割モデルとなり、学際的または選択的な問題（interdisciplinary and selected topic）、例えば環境問題を調査したり論じたりすることで、学生はさまざまな学問的な観点から、研究アプローチの仕方」[30]を学ぶ。

③ 専攻準拠型（Discipline Based）

学問分野を中心とした専攻準拠型のセミナーである。専攻や学部への導入教育の意味合いがつよくなる。

④ 補習 / 学習技術型（Remedial/Study Skills）

「学習の遅進者に対して補習を行い、学習技術を教え込むもの（study skills for a high-risk population）」[31]であるが、一般的な見解では一年次セミナーとはみなされていない。

(3) ワークショップ

ランディ・スウィング博士が実際に行っている一年次セミナーを、ワークショップとして実施された。最初に紹介されたのは、４人グループで名前を言い合い、相互に名前をしっかり覚えるというものである。次に教員が質問したことについて順番に答え、教員も答えるということを繰り返し、仲間意識、共同体（classroom community）意識をつくっていく。その後、共同して課題を一緒に解くことが紹介された。

「学生にみずからの大学生活を振り返させる（self-reflection）訓練」[32]やポートフォリオについての説明があり、学生を含めた質疑も活発に行われた。

5　おわりに

高校生が大学を選択するための魅力となる要素は大きく変化していないが、評価基準や尺度が変化してきたことが明らかになった。大学には、学生としての主体性を獲得させる制度と支援システムの構築が求められるとされ、そのうちの1つが高大連携プログラムである。

高校への出前授業や入学前教育など、現在も継続して実施されている高大接続の取り組みの背景、導入について振り返った。

米国で導入されていた一年次教育をいち早く取り入れ、現在の「初年次セミナー」の土台となった初年次教育の研究については、多くの成果が残されているが、その一端に触れることができた。また、全学部の必修科目である「学習技術」の教材開発や正規科目としての運用について振り返ることで、今日の教育につなる基盤を確認することができる。

注

1　喜多村和之『「ユニバーサル化」とは何か』ユニバーサル前後の我が国の高等教育　高等教育研究叢書 No.1、8頁、1999
2　同上
3　同上
4　『同上書』9頁
5　西道実『ユニバーサル高等教育段階における大学の魅力要因の探索的検討』ユニバーサル前後の我が国の高等教育　高等教育研究叢書 No.1、99頁、1999
6　同上
7　同上
8　同上
9　『同上書』100頁
10　同上
11　同上
12　『同上書』89頁

13 『同上書』93頁
14 『同上書』96頁
15 同上
16 同上
17 『同上書』97頁
18 同上
19 『同上書』98頁
20 同上
21 濱名陽子『初年次教育と高校・大学の接続』初年次教育と第一世代問題　高等教育研究叢書 No.5、145頁、2004
22 『同上書』146頁
23 同上
24 Randy L. Swing, Ph.D『1年次教育（First Year Experience）と学習支援の可能性』一年次教育と学習支援　高等教育研究所ワークショップ　高等教育研究叢書 No.4、127頁、2003
25 同上
26 同上
27 『同上書』128頁
28 同上
29 同上
30 『同上書』129頁
31 同上
32 『同上書』135頁

参考文献

上村和美（研究代表者）『「知へのステップ」開発報告』大学入学時におけるスタディ・スキルズの教材開発と運用に関する研究　平成13～14年度　科学研究費補助金（基盤研究（C）（1））研究成果報告書、1-13頁

喜多村和之『「ユニバーサル化」とは何か』ユニバーサル前後の我が国の高等教育　高等教育研究叢書 No.1、3-13頁、1999

西道実『ユニバーサル高等教育段階における大学の魅力要因の探索的検討』ユニバーサル前後の我が国の高等教育　高等教育研究叢書 No.1、87-100頁、1999

佐藤広志『高校生の目からみた大学の魅力―高校生の将来展望との関連で―』ユニバーサル化時代の大学の「魅力」　高等教育研究叢書 No.2、87-104頁、2000

濱名陽子『初年次教育と高校・大学の接続』初年次教育と第一世代問題　高等教育研究叢書 No.5、143-154頁、2004

山内乾史『高校生の進路選択の実態（II）』ユニバーサル化時代の大学の「魅力」　高等教育研究叢書 No.2、53-70頁、2000

高等教育研究所　公開シンポジウムのご案内『大学入試をめぐって～大学と高校との接続の視点から～』（共催　EPSE研究会）、1999

高等教育研究所　高校・大学連携プログラム『学問のすすめ』（グリーンピア三木＝現ネスタリゾート）、2001

高等教育研究所　高校・大学連携プログラム『学問のすすめ』（東京都立晴海総合高校）、2002

高等教育研究所ワークショップ『1年次教育（First Year Experience）と学習支援の可能性』

Randy L.Swing, Ph.D、2002
高等教育研究所『一年次教育と学習支援』高等教育研究叢書 No.4、2003
濱名篤（研究代表者）『ユニバーサル高等教育における導入教育と学習支援に関する研究』平成 13 〜 15 年度科学研究費補助金基盤研究（B）（1）研究成果報告書、2004
平成 16 年度文部科学省「特色ある大学教育支援プログラム」採択シンポジウム『2006 年問題を前にした高校―大学接続と学習支援』、2004

第3章　GPA制度導入による成績評価の厳格化

濱名陽子

関西国際大学は、開学当初の1998（平成10）年度から、GPA制度による成績評価を導入した。この章では、GPA制度の簡単な紹介を行ったのち、本学のGPA制度導入の経緯と、その運用の1つとしての退学勧告に焦点を当てて、本学黎明期におけるGPA制度導入時の試行錯誤の日々をふりかえることにしたい。

1　日本の大学におけるGPA制度の導入

GPA（Grade Point Average）制度はもともとアメリカの大学で発達した制度である。半田智久（2012）によれば、アメリカではとくに総合大学において19世紀の段階ですでに科目の選択履修制度が導入されており、その具体的な実施基盤として設けられた単位制の機能を、運用経験を通して実質化させる試みの中でGPA制度は生み出されたという経緯がある。またアメリカでは、多国籍からの留学生の受け入れと、幅広い文化的背景をもつ国民全体に入学の間口を広げたことが相まって、いち早く大学へのユニバーサルアクセス化が進行した結果、自由市場における競争原理と学生の多様化に対応した履修コントロールの有効手段が必要になった。そこで成績と単位を連係させることで、誰でも明快に通用する学修状況を表現した指標、GPAが生み出されることになった。これにより、それまで合格科目に基づき卒業要件を測る量的尺度でしかなかった単位は、成績と対になって学修行動のパフォーマンスを表す質的指標という信用証明（credit）の実質性を担保するものとなった。

この単位の「意味の」実質化によって、GPAはそれまでの大学の成績評価あるいは履修制度に起因していた種々の問題、たとえば安易な履修による過剰履修や履修放棄の多発、成績不振に対する合理的な対処、優良成績に対する説明力のある判別、成績と奨学制度とのより公平な連動、ポジティブなかたちでの転学部/転学科の推進、他大学との単位互換制度認定やスムーズな編入学、国内留学といった流動の促進、早期卒業や学内大学院進学、交換留学など学業成果をもとにした学内選考の際の統一的な基準設定といった課題を、透明性を高めつつ総合的かつ一元的に活用できることになり、アメリカの大学にとっては不可欠な指標として用いられる状況になっている[1]。

GPA制度が広く日本で知られるようになったのは、1998（平成10）年に出された大学審議会答申「21世紀の大学像と今後の改革方策について―競争的環境の中で個性が輝く大学―（答申）」（以下「21世紀答申」と記載する）からである。

当時、高等教育を取り巻く社会状況が大きく変化している中で、21世紀初頭において大学が期待される改革を速やかに推進していくために、大学等の多様化・個性化の推進、国際的な通用性の向上などの視点を踏まえつつ、大学等の自主性・自律性を高めるシステムの柔構造化等の一層の推進と、そのための基礎となる基本的枠組み等についての法令上の明確化を含めた整備を図ることを基本として審議を行い、答申が出された。

この答申の本文は、第1章　21世紀初頭の社会状況と大学像、第2章　大学の個性化を目指す改革方策　の2章から成っており、GPA制度については、第2章の1　課題探求能力の育成―教育研究の質の向上―　の　(1)学部教育の再構築　の　2）教育方法等の改善―責任ある授業運営と厳格な成績評価の実施―の　2）成績評価基準の明示と厳格な成績評価の実施　の中に例示として紹介されている。

「2）成績評価基準の明示と厳格な成績評価の実施」の箇所を少し紹介しておこう。まず前文として、「大学の社会的責任として、学生の卒業時における質の確保を図るため、教員は学生に対してあらかじめ各授業における学習目標や目標達成のための授業の方法及び計画とともに、成績評価基準を明示した上で、厳格な成績評価を実施すべきである。なお、厳格な成績評価の実施の結果、留年者による収容定員超過が生ずる可能性があるが、こうした定員超過については大学の設置認可や私学助成の際に弾力的に取り扱うことが適当である。」との記載がある。

21世紀答申では、まだ「質保証」という言葉は使われていないが、大学教育の「質の確保」という課題が重要な課題として認識されていることがわかる。そしてそのための教育のあり方として、学習目標や目標達成のための授業方法、授業計画とならび、厳格な成績評価が必要だと主張されている。

成績評価基準の明確化と厳格な成績評価に関する記載をさらにみてみよう。21世紀答申の中に以下の記載がある。

(ｲ) 成績評価基準の明示等

a. 学生の卒業時における質の確保を図るため、教員は学生に対してあらかじめ各授業における学習目標や目標達成のための授業の方法および計画とともに、成績評価基準をシラバスなどに明示した上で、厳格な成績評価を実施すべきである。成績評価基準は各授業科目を担当する教員が授業の目的等に沿って適切に定めるべきものであり、学期末の試験のみでなく学生の授業への出席状況、宿題への対応状況、レポート等の提出状況等、日常の学生の授業への取組と成果を考慮して多元的な基準を設定することが望ましい。

b. 学生の学習効果を高めるためには、1学期の中で少数の授業科目を集中的に履修し学期ごとに完結させる制度であるいわゆるセメスター制等の導入を促進し、学期の区分ごとに授業科目を完結させて成績評価を行い次の学期の学習につないでいくことが重要である。

(ｳ) 厳格な成績評価

厳格な成績評価については、たとえばGPAと呼ばれる制度を活用した取組を行っている大学もある。

各大学においては、このような例も参考としつつ、各大学の状況に応じた厳格な成績評価の仕組みを整備していくことが必要である。なお、厳格な成績評価の実施により最低限の質の確保を行うと同時に、優秀な成績を修めた学生には表彰を行うなど、学生の学習意欲を刺激するような仕組みを導入することも重要である。

卒業時における質の確保のために、最終試験や最終レポートだけの一発勝負でなく、複数の評価方法による多元的な評価を行うこと、それをあらかじめシラバスなどに明示すること、厳格な成績評価の例としてのGPA制度の紹介、厳格な成績評価によって最低限の質の保証を行うだけでなく、優秀学生の学習意欲を高めるものとして機能させることが主たる内容となっている。

そして現在、成績評価基準等の明示についての法的根拠としては、「大学設置基準」に下記のように定められている。

（成績評価基準等の明示等）

第二十五条の二 大学は、学生に対して、授業の方法及び内容並びに一年間の授業の計画をあらかじめ明示するものとする。

2 大学は、学修の成果に係る評価及び卒業の認定に当たっては、客観性及び厳格性を確保するため、学生に対してその基準をあらかじめ明示するとともに、当該基準にしたがって適切に行うものとする。

さて21世紀答申から20年経過した現在、日本の大学では、その社会的責任として、学生の卒業時における質の確保を図るために、まず、養成しようとする人材像を定めるとともに、そうした人材を養成するための教育課程を体系的に編成することが求められている。その上で、各授業科目の教育課程の中での位置づけを明確にするとともに、各授業科目で学生が何を学び、何を身につけることが求められるのかを明示することが求められている。

そして、大学が教育課程を通じて着実に人材を養成していくための具体的な方策として、シラバス等における成績評価基準の明示や、その基準に基づく客観的な成績評価を行うことが重要とされている。

その際、GPA制度を導入し、GPAの値が一定値以下の学生に対し進級・卒業制定、退学勧告等の指導を行うことや、逆にGPAの値が一定値以上となった学生を表彰する、あるいは学生の早期卒業を認めるといった方策を採ることが、学生の学修意欲を喚起する観点から有効とされている[2]。

現在GPA制度は日本の大学でどの程度導入されているのだろうか。文部科学省が毎年発表している「大学における教育内容等の改革状況について」をみると、学部段階においてGPA制度を導入している大学数は2015（平成27）年度で634大学と、全大学の85％となっている。

このように現在では導入が8割をこえているGPA制度であるが、2008（平成20）年度の時点でも導入率はまだ46％で、導入している大学は半数にみたない状況であった[3]。そのような中で、本学が21世紀答申が出た同年の1998（平成10年度）に、開学と同時にGPAを導入したことは、誠に先進的な取組であったといえる。

2　本学でのGPA制度の導入の経緯

本学でのGPA制度の導入の経緯について、1998（平成10）年度の業務報告をもとに確認してみよう。業務報告によると、GPA制度の導入にあたって、開学前年の関西国際大学と関西国際大学短期大学部の教授会で審議決定を行い、入学時のオリエンテーション、春学期成績を保護者に送付する際に添付した説明文書、秋学期定期試験を前にした緊急アピールなど、様々な機会を通して学生、保護者に周知を図っていることが記載されている。またGPA制度の導入にあわせ、アドバイザー制度、オフィスアワー、学習支援センター、再履修クラスの編成等、学習支援にも力を注いだことがわかる。

本学がGPA制度を導入した理由について、初代学長であった村上敦は、開学翌年に刊行された『文部時報』において次のように述べている[4]。

　これまでの我が国の大学があまりにも学生の成績評価についておざなりでありながら、歴史的伝統や卒業生の支援、スポーツの振興等で存続してきたことへの反省に立脚し、「大学」が「大学」と称する以上、入学後四年間なら四年間「きっちり」と学生を教育し、少なくとも学業成績の点で自信をもって社会に送り出すことが大学の責務であると考えたのである。
このために初年度から導入したのが、アメリカではごく一般的であると言われているGPA制度である。……（略）……
学生一人一人にとっては自らの学業成績を認識し、その向上を目指す指標となるものである。

村上学長はまた、『大学資料』No143, 144（合併号）（1999（平成11）年6月号）において、次のような発言をしている[5]。

米国の大学で極めて一般的なこの制度は、次第にわが国でも採用されるようになっているが、われわれはこの厳しい成績評価方式による「大学の信頼度」の維持向上が本学の生き残りに連なる重要な要素であると考えた。

……（略）……

これまでのわが国の大学では、一旦入学すれば、あとはスポーツに明け暮れていようと、アルバイトに精を出していようと、家でひねもす寝ていようと、各学期一回限りの試験に「可」で合格し、一定の単位を取得すれば卒業でき、対外的には「成績は極めて優秀……」で就職できた。これはやはりおかしいというのがわれわれの想源（ママ）である。少なくとも「国際大学」を名乗る以上、学業成績の評価には「グローバルスタンダード」を導入しようと考えた。

これらの初代学長の発言から、本学がGPA制度を導入した理由として、大きく2つの理由があったことが読みとれる。
1つは、「国際大学」としての成績評価等の国際通用性への強い自覚、もう1つは、「教育に責任をもつ」大学として成績評価の説明責任への意識である。
さらに当時法人企画室長であった濱名篤は、（財）大学セミナーハウスが2000（平成12）年1月に開催した研究会「どうする『厳格な成績評価』」において、「GPA 制による成績評価と学習支援システム」のタイトルで講演し、本学での GPA 制導入の背景と目的を次のように述べている[6]。

①ユニバーサル化の進行する中での新設大学の社会的評価をいかに高めるか
「（悪平等でなく）信賞必罰の評価システム→実力のつく（やる気のある努力したことが報われる）教育」
②予想可能な入学者の分散の大きさ
基礎学力、学習目的、学習意欲、学習技術……後に発見する「学習習慣」
③「"履修者責任" の問える自己責任・自己管理のシステム」さがし
制服に代表される "うるさい大学" からグローバルスタンダードを取り入れた "大人の大学" をめざして
④結果としての "出口管理""厳格な成績評価" という大学審答申の先取り
⑤設置認可申請書に出てこない GPA・学習支援センター

濱名篤の講演内容からも、本学が日本の大学改革のフロントランナーとして、大学審議会答申に先駆けて、これまでの日本の大学の慣例を打ち破るシステムをつくっていくのだという意気込みがうかがえる。また GPA 制度の導入は学習支援センターの設置とセットでスタートし、厳格な成績評価ときめ細かな学習支援が補完しあって機能させることが最初から企図されていたことも確認できる。

3　GPA 制度導入のインパクト

GPA 制度の運用に際して、成績不振の場合の退学勧告の措置が行われるのが通常となっている。実際の GPA 制度の取扱いの例について、現在文部科学省のホームページでは次のように紹介している[7]。

1　学生の評価方法として、授業科目ごとの成績評価を5段階（A、B、C、D、E）で評価し、それぞれに対して4、3、2、1のグレードポイントを付与し、この単位当たり平均（GPA、グレード・ポイント・アベレージ）を出す。

2　単位修得はDでも可能であるが、卒業のためには通算のGPAが2.0以上であることが必要とされる。

3　3セメスター（1年半）連続してGPAが2.0未満の学生に対しては、退学勧告がなされる。（ただし、これは突然勧告がなされるわけではなく、学部長等から学習指導・生活指導等を行い、それでも学力不振が続いた場合に退学勧告となる。）

なお、このような扱いは、1セメスター（半年）に最低12単位、最高18単位の標準的な履修を課した上で成績評価して行われるのが一般的となっています。

本学においても、GPA制度の導入と同時に「履修規程」に退学勧告に関する規定が定められ、1年間の累積GPAが1.00未満の者に対し、副学長が事情を聴取の上、退学勧告を行うことになった。

この累積GPAが1.00未満といういわばlow gradeの基準であるが、先に紹介した濱名篤の大学セミナーハウスでの講演資料によると、このとき参考にされたのが、私学振興財団（当時）の資料『私立短期大学の挑戦』に掲載されたアメリカ事例とICU、青森公立大学の事例であった。さらにすでに設置されていた短期大学部の学生の成績データからシミュレーションを行い、2.00を“標準”、1.00未満をlow gradeととらえ、退学勧告に関してはその基準を「1年間の累積GPA1.00未満」に置くこととし、「3年終了時1.50以上で卒業研究（必修）登録可能」を基準値とすることとなった。

この基準で退学勧告者を行った結果が**表Ⅰ-3-1**のとおりである。開学1年目の3月末の学部生の人数が260名であるので、65名が退学勧告を受けたということは、1年生の実に4分の1が対象になったということになる。

表Ⅰ-3-1　退学勧告対象者の数（1998年度）

	集計日	短大	学部	備考
GPA1.00未満の者	2/15	28	67	
うち留学生		3	0	
追再試でクリアした者	2/24	4	1	学部は追試のみ
早期退学者		2	1	事情聴取以前に退学の意思表示を行った者
事情聴取出席者	2/22 ～ 26	21	58	短大・留学生も出席
退学勧告を受けた者	3/1 ～ 5	19	65	
退学者	3/31	11	9	
退学～科目等履修生	3/31	7	22	
学業継続者	3/31	1	34	

出典）関西国際大学・関西国際大学短期大学部（1999）

退学勧告を受けた者のうち、進路変更をして自主的に退学した者が9名、いったん科目等履修生になり、一定の成績を取得しての再入学をめざした者が22名、次年度春学期に一定以上の成績を収めれば学業継続ができる猶予期間を選択した者が34名であり、退学勧告ですぐに退学となった者は9名と、退学勧告を受けた者の14%であったが、25%の対象者比率とあわせ、GPA制度に基づく退学勧告の現状は全学に衝撃を与えた。

そこで退学勧告対象者の指導は、副学長を中心に、アドバイザー、学習支援センター、学事課等で一致して対応し、アドバイザーによる調査報告書の作成、GPA計算表に基づくコース選択のアドバイス、カウンセリング室での対応、などきめ細かい指導が行われることになった。

さらに保護者に対しては、「GPAによる『退学勧告』について」と題した学長の署名・公印入りの文書を3月10日に送付し、理解を求めた。この文書の一部を紹介する。

1年が経過した時点で、1年間の累積GPAが1.00未満であり、本学の規定により「退学勧告」を受けることとなる学生諸君が少なからず出て参りました。こうした諸君を対象に2人の副学長から、そうした結果を生むに到った成績等「特別の事情」の有無について、実情を聴く機会がもたれ、そうした特別の事情のない学生諸君には「退学勧告」がなされました。

しかしながら、ここで是非ともご理解を得たいのは、この「退学勧告」が学業成績のかんばしくない学生を必ずしも大学から排除しようとするものではないことであります。

もとより、本学が自分に向いていないという判断から自主的に「退学」の道を選ぶものもいると思います。しかし、熟慮の結果、学業継続を臨むものには、⑴一旦「退学」はするが改めて本学の「科目等履修生」となり、一定の期間に所定の成果を収めれば本学に「再入学」するというルート、⑵「退学」はせず一定期間に所定の成果を挙げることを条件に、本学で学び続けるルートが用意されています。そして、こうしたルートにつきましては副学長から「退学勧告」時に対象学生に十分伝えてあります。

GPA制度はあくまでも学生の学業成果評価のシステムであり、学生の全人格を評価するものではありません。しかし、大学に学ぶ以上学業成果に一定の評価を下すことはわれわれの側での自己評価と併せて必要であり、われわれの責任であると考えています。また、これなくして日本の教育の再生はありえないとすら考えています。

開学初（1998）年度末に退学勧告を受け、科目等履修生になった学生23名（表1では22名であるが、1999年度業務報告では1名増えている）のうち、2年次秋学期に再入学を果たした学生は8名にとどまり、15名は科目等履修を継続となった（復帰率34.8%）。また学業継続を選択した33名（表Ⅰ-3-1では34名）のうち、2年次秋に基準をクリアした者は16名で、9名が退学、8名が新たに科目等履修生となった（復帰率48.5%）。

この数値から、いったん退学勧告を受けて科目等履修生になると、学業継続トラックに留まった学生よりも復帰することが難しいことがわかる。

このことを踏まえ、平成11（1999）年に「履修規程」が改正され、「退学勧告」の前に「厳重注意」を行うことになり（年間GPAが1.00に満たなかった者に対し）、また退学勧告の対象者が「過去1年間の累積GPAが1.00に満たない者」から、「連続する3学期において、3期累積GPAが1.00に満たなかった者」に変更になった。その代わり、「本人およびアドバイザーの意見を聞いた上で、成業の可能性があると判断されれば、この限りではない」の条文がなくなり、「退学勧告を受けた者は、自主的に退学するものとする」だけとなり、退学後も本学での学習の継続を希望する者は、「『関西国際大学科目等履修生規程』に基づき、科目等履修生となることができる」ことが明文化された。

図Ⅰ-3-1は、開設3年目の2000（平成12）年度の退学勧告の状況であるが、厳格な成績評価をいち早く取り入れた開学まもなくの本学の数年間は、退学勧告をめぐって試行錯誤の日々であったことがわかる。

その中で本学が得たとくに重要な教訓は、いったん退学勧告を受けてしまうと復帰が難しく、そうならないための指導と支援がいかに大切かということである。

図Ⅰ-3-2は1999（平成11）年度業務報告に記載されている学習支援センター学習支援室来室者のGPA分布である。学習支援センターの立ち上げについての詳細は別の節で詳細に述べられるが、開学1年目の1998（平成10）年度の学習支援センターの業務報告を見ると、その使命を「経営学部・短期大学部が目指す教育（正規授業）を補充し、より完全に習得させるための指導・支援を行うことにある」と記載されている。開学当初の学習支援センターの役割としては、「大量の退学勧告を出さないための「Low-grade」者の早期発見・早期支援体制にあったといえる。

しかし図Ⅰ-3-2にみられるように、GPAが1.00未満の学生の来室数は64名と全体の29.2%である。この年度のGPA1.00未満学生の比率を調べると、1、2年生を合わせて全体の20%で、実数では126名になる。ということは、この1.00未満の学生の半数が学習支援室を利用していたことになる。この数値が十分かどうかの評価であるが、GPAが1.00を下回るという崖っぷちの状況であると考えると、本来すべての学生が利用していてほしいところであったといえる。

この問題、成績の芳しくない学生にいかに学習支援を届けるか、は今後本学がずっと抱える課題になっていく。

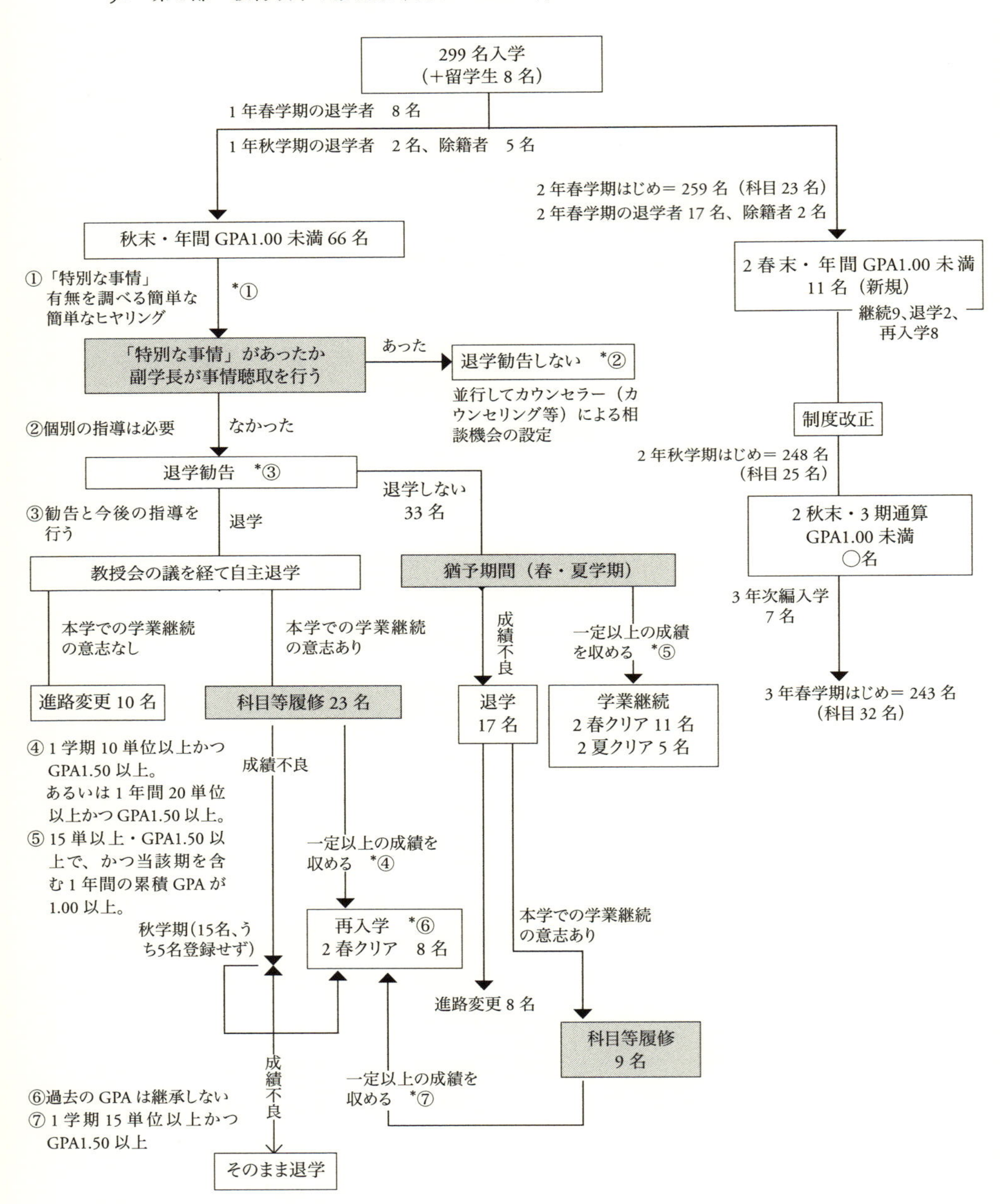

図Ⅰ-3-1　GPAによる指導の動きと'98生の流れ（'99.11.9）改訂

出典）関西国際大学、関西国際大学短期大学部（2001）

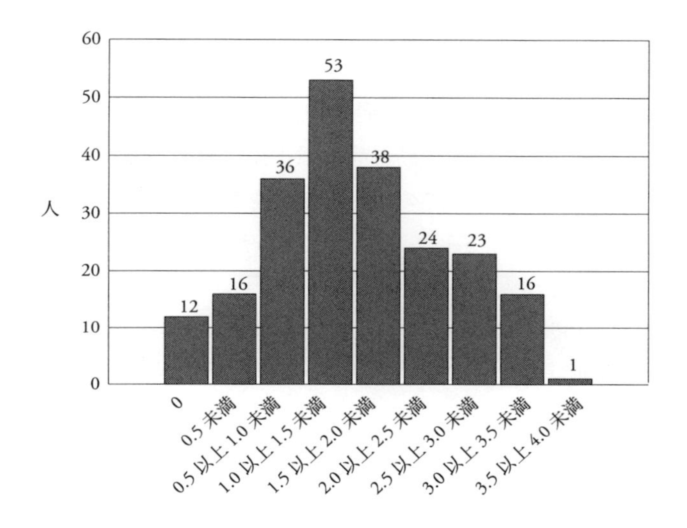

図Ⅰ-3-2　支援室来室者 GPA 度数分布（経営学部）1999（平成 11）年度

出典）関西国際大学、関西国際大学短期大学部（2000）

ちなみに現在では、本学の退学勧告のシステムは、「履修規程」に下記のように定めている。

- 年間 GPA が 1.00 未満の者には、学部長が厳重注意を行う。
- 連続する 2 学期（夏学期および冬学期は除く）において、各学期の GPA が共に 1.00 未満の者には、学部長が保護者同席の上で、厳重注意を行う。
- 連続する 3 学期において、当該期間の累積 GPA が 1.00 未満の者には、学部長が退学を勧告する。ただし、本人およびアドバイザー等の意見を聞いた上で、やむを得ざる客観的事情があると判断されれば、この限りではない。退学勧告を受けた者は、自主的に退学するものとする。
- 入学した最初の学期については、導入学期と見なし、当該学期の GPA は退学勧告の対象に算入しない。
- 退学勧告を受けた者の内、本学での学修の継続を希望する者は、特別履修期間として在学することができる。

開学時に比べ、学生の多様化がいっそう進み、学習面や生活面での支援が必要な学生が増える傾向にある中で、入学して半年間を「導入学期」とし、高校から大学への接続のための移行期間を設け、退学勧告のGPAの算出に入れないようにしたこと、退学勧告前の厳重注意での指導を厚くしたこと、退学勧告を行った学生で本学での学修の継続を希望する者は、科目等履修生ではなく、「特別履修生」として、学籍をもったまま別トラックを走ってもらうことにしたことが大きな変更点である。

大学進学率が50%をこえ、トロウ, M.のいうユニバーサル段階に突入し、加えて少子化の進行により大学全入時代という状況にも直面している日本の大学。このような時代だからこそ、大学は学生に確かな力をつけて社会に送り出すことが求められており、そのために厳格な成績評価を行うことは、公教育としての大学の社会的責任においてもますます必要性が高まっている。

そのような中で本学が開学時から厳格な成績評価を取り入れ、しかも学習支援とセットでスタートさせたことは誠に先進的な取組であったといえる。

本学が黎明期を経て学んだことは、大学で学ぶのは他ならぬ学生自身であり、主役は学生であるということであったといえるのではないだろうか。「教育に責任を持つ」という本学が最初に掲げたスローガンは、休講だらけの授業、いいかげんな成績評価がまかり通っていた日本の大学に対する貴重なインパクトであった。

しかし、学ぶ主体が学生である限り、学習支援というのは、学生にいかにうまく学んでもらうのかということの支援であるはずであり、本学の学習支援はそのためのシステムをいかに整えていくかという方向に舵を切っていく必要があった。厳格な成績評価と学習支援は車の両輪である。厳格な成績評価をうまく機能させるためにも、学生の学習意欲のかき立てに始まる学びの支援のシステムづくりが黎明期以降ますます必要となっていくのであった。

注

1　半田智久『GPA制度の研究―functional GPAに向けて―』大学教育出版、2012年、3-4頁

2　文部科学省ホームページ「大学における教育内容・方法の改善等について」の「大学の教

育内容・方法の改善に関するQ&A（平成26年2月更新）」「Q3 日本の大学の現状について、『授業に出席しなくても単位が取れる』『勉強しなくても簡単に卒業できる』などの声を耳にしますが、これについて大学はどのような対策を講じているのでしょうか。」に対する回答 http://www.mext.go.jp/a_menu/koutou/daigaku/04052801/003.htm

3　文部科学省「大学における教育内容等の改革状況について（平成20年度）」http://www.mext.go.jp/a_menu/koutou/daigaku/04052801/1294057.htm

4　村上敦「大学改革と『成績評価』」『文部時報』No1477、1999（平成11）年9月号

5　村上敦「GPA・退学勧告・学習支援」『大学資料』No143, 144（合併号）、1999（平成11）年6月号

6　濱名篤「GPA制による成績評価と学習支援システム」、（財）大学セミナーハウス「どうする『厳格な成績評価』」、2000（平成12）年1月の講演資料

7　2と同じ

参考文献

関西国際大学、関西国際大学短期大学部『平成10年度業務報告』1999
関西国際大学、関西国際大学短期大学部『平成11年度業務報告』2000
関西国際大学、関西国際大学短期大学部『平成12年度業務報告』2001
大学審議会『21世紀の大学像と今後の改革方策について一競争的環境の中で個性が輝く大学（答申）一』1998（http://www.mext.go.jp/b_menu/shingi/old_chukyo/old_daigaku_imdex/toushin/1315932.htm）（2018年4月3日アクセス）
半田智久『GPA制度の研究一functional GPAに向けて』大学教育出版、2012
文部科学省『大学における教育内容等の改革状況について（平成27年度）』（http://www.mext.go.jp/a_menu/koutou/daigaku/04052801/1398426.htm）（2018年4月3日アクセス）
マーチン・トロウ（天野郁夫、喜多村和之訳）『高学歴社会の大学一エリートからマスへ一』東京大学出版会、1976

第Ⅱ部　教育改革の再構築（2005～2010年）

第1章　全学FD実施による組織的な教育改革の展開　坂中尚哉

コラム　FD外部講師の記録①
IRを活用した小規模私大の教育改善、学生支援、経営戦略について
Dr. Randy L, Swing

第2章　教育目標としてのKUIS学修ベンチマークの導入　山下泰生

コラム　FD外部講師の記録②
ルーブリックのすべて　Dr. Donald L. Rubin

第3章　学修成果の可視化に向けたeポートフォリオ評価　岩井　洋

コラム　FD外部講師の記録③
学生支援と教育改善のためのデータ接続と組織文化
Dr. Charles Blaich, Ms. Kathleen Wise

第4章　多様化する学生への対応　田中亜裕子

コラム　FD外部講師の記録④
アメリカの高等教育におけるIRと質保証　Dr. Randy L. Swing

2005年、第4代学長に濱名篤が就任。強いリーダーシップの元、全学FDによる組織的教養の強化をはかり、目標管理と学修成果の統合化のツール開発などの教育改革の再構築に向けた基盤作りに取り組む。

第1章　全学FD実施による組織的な教育改革の展開

坂中尚哉

1　教育改革の黎明期（1998年～2004年）

1998年（H10）4月に関西女学院短期大学を経て、村上敦初代学長のもと関西国際大学が開学した。開学からの4年間（1998年～2002年）、全学FDは実施されておらず、2003年度（H15）に「高校―大学への移行と適応過程」のテーマではじめて全学FDが開催された。**表Ⅱ-1-1**に教育改革の聡明期（1998年～2004年）のFDの概略表を示している通り、FDでは、GPAシステムの導入及び学習支援センター（現、学修支援センター）の創設に鑑み、初年次教育等の学修支援活動の実態の共有等がなされている。

表Ⅱ-1-1　教育改革の聡明期（1998年～2004年）のFD概略

年代	キーワード	時代区分の概略
1998～2002は未実施		短大から4年生大学へ。 「GPAシステムの導入」による学習評価システムの改革ならびに全国初の学習支援センター創設による学生指導・支援活動の総合化の導入。
2003	高校―大学への移行と適応過程 関西国際大学の生きる道	
2004	初年次教育・キャリアプランニング・ポートフォリオ	

2　教育改革の再構築（2005年～2010年）

2005年度（H17）の組織目標は、①2006年度の入学定員充足率を110%

とする。②2005年度の中退・除籍等によるドロップアウト率を20%以内に抑える。③2005年度の学生実態調査における「本学を後輩に勧めるか」という質問に対する否定回答を40%未満に抑える。④就職・進学を併せて、2005年度卒業生の95%の進路決定を卒業式までに達成する、の4つの目標を掲げている。年間7回のFD・SD合同の研修機会を設定し、「学生が来てよかったと思える大学に向けて～授業改善と学習支援～」をテーマとしている。テーマの趣旨は、本学の短期・中期目標を突き詰めれば、学生が本学に入学してよかったと実感させることであることから、それらを通じて、ドロップアウト率の改善、卒業後の進路の安定等が確保され、結果として大学の評価の向上や志望学生の増加につながり、学生の立場に立った納得できる授業の展開、自分の成長を確認する機会により、学生個人が目指す「就職や進学」につながる。そのため、①初年次教育から2年生への接続、②学内の支援体制や授業の評価、③出口としての就職・進学を総論として、本学の学生特性の把握、授業改善及びICTを活用した授業推進に向けた課題などを共有する内容となっている。

2006年度（H18）は、年間7回のFD・SD合同研修を実施している。1回目は「大学の改革と認証評価」、2回目は「教育方法の改革と学生の授業参画について」、3回目は「教育目標の実現に向けて」、4回目は「Active Learningに関するワークショップ」、5回目は「ゼミ改革について」、6回目は「ベンチマークに向けてのペダゴジートシラバス」、第7回目は「ポートフォリオとベンチマーク」をテーマに開催した。

2007年度（H19）は、年間4回のFD・SD合同研修を実施し、1回目は「ポートフォリオ評価とベンチマークの達成」をテーマとし、「高等教育の多様化と質保証」に関する話題提供が濱名篤学長（以下、学長）よりなされた。この頃から、学生の成長記録の可視化に向けたポートフォリオ作成実績を踏まえ、教員ポートフォリオに着手した。FDでは、「教員ポートフォリオの作り方」などをテーマにしたワークショップが実施された。

2008年度（H20）は、年間4回のFD・SD合同研修を実施した。2008年度の教育目標は、確固たる学習・能動的経験・ふりかえりに基礎づけられた「自ら考え、学び、行動できる世界市民」の育成であった。1回目のFD研修の冒頭に、学長より、「学生が何のために学ぶのかを常に考える習慣」が重要であるとし、学習成果をどのように可視化していくのか、学生のeポートフォリオによるアウトカムの生成を豊かにするためには、教員によるフィードバックコメントが学生のふりかえりを促し、eポートフォリオ作成への動機付けが高められることを強調している。とりわけ、「クラスアドバイザーは日常的に学生が作成するeポートフォリオの添削や指導をどの程度実施できているのか」、と問題提起している。そして、学生の学習効果を高める取り組みとして、eポートフォリオに限らず、科目担当者による中間レポートや中間テスト等の成果物に対する即時的なコメントを実施し始める。また、同年度のFDでは、2009年度開校予定の教育学部を中心とした尼崎キャンパスにともなうツインキャンパス化の教務的な課題の共有がなされた。

2009年度（H21）は、年間4回のFD・SD合同研修を尼崎キャンパスにて実施した。1回目は「ポートフォリオの評価について」、2回目は「多様化する学生に対する―ルーブリックの作成―科目間連携―」、3回目は「秋学期からの科目のクラスター化について」、4回目は「多様化する学生に対応する」といったテーマであった。当時の佐藤広志初年次教育部門長によると、高校生活と大学生活の適応過程に関する質問項目「学習面において、高校生活と大学生活ともにうまくいっていない」項目では、全学の14%が「うまくいっていない」とする結果を報告している。こうした学習面の格差があることの危機感を促す内容となっている。

2回目のFDでは、学長より「学習成果をあげる教育の仕組みづくり」と題した講演があり、専任教員に対して、①所属学科を卒業した学生はどのようなことができるようになっているか。②担当科目を履修した学生は、単位修得により何ができるようになったのか。③自分の担当科目の到達目標が達成できているかをどのように証明するのか、等の複数の質問を投げかけられた。いずれの問いも、本学の教育力を高め、学生の学習成果を上げるための戦略を意図した投げかけであり、学習成果の評価の方針・基準の明確化であり、アセスメントポリシーの重要性を意識したものであった。さらには、「どこで学ぶのか（○○大学△△学部）」のではなく、「何ができるようになったのか」とするアウトカム重視のアプローチこそが本学の目指す方向性であると示唆し、①学生が卒業までに身につけることの明確化、②実現できる教育をどのようにカリキュラム編成を施すか、③学生がどれだけ身につけられたのか証明する、の 3 点が本学の教育改革の課題であることを示唆する。

2010 年度（H22）は、「自律的な学びのプロセスを構築するために」をテーマに年間 3 回の FD・SD の合同研修会が開催された。1 回目は、カリフォルニア州立大学ロングビーチ校の公共政策教授のマイケル博士を招聘し、「Improving Student Learning with Curriculum Maps and Rubric」（通訳、森利枝氏、独立行政法人大学改革支援・学位授与機構）のワークショップを行った。ワークショップでは、以下の学習の改善プロセスにおける 6 つのステップが明示された。

ステップ 1：ラーニング・アウトカムを設定する。
ステップ 2：ラーニング・アウトカムを具体的に定める。
ステップ 3：ラーニング・アウトカムをカリキュラムへマッピングする。
ステップ 4：学生の学習を促進するために教える。
ステップ 5：学生がどう学んだかに関する証拠を集める。
ステップ 6：教育課程の改善のために証拠を用いる。

マイケル教授は、ラーニング・アウトカム（learning outcome、学習成果）とは、「学生が教育課程を通して習得することが期待され、課程を修了したことが証明できる、特定のタイプのスキルや知識のことである」と定義し、シラバス等に明示する「学習目標（learning goal, learning objective）」と同じ意味で用いられることにも言及している。また、ステップ 2 のラーニング・アウトカムは、初級（初年次や入門コース）・中級（特定の専門科目や 2 ～ 3 年生）・上級（最終学年）のレベルに応じたラーニング・アウトカムの設定がされているのが特徴である。たとえば、初級の学習レベルは「基礎的知識の理解」とし、アウトカムには、「～について説明できるようになる」、「～について議論できるようになる」、「～を覚えることができる」。中級の学習レベルは「分析と適用」とし、「～を分析できるようになる」、「～を計算できるようになる」、「～を比較できるようになる」、「～を区別できるようになる」。上級の学習レベルは「統合と評価」とし、「～を評価することができるようになる」、「～を判断することができるようになる」、「～を整理することができる」、「～を計画することができるようになる」など、各レベルに応じた学生に期待されるものが明確になっており、本学がめざす「学生の自律的な学び」を実現するための指針にもなった。ステップ４の「学生の学習を促進するために教える」戦略では、初級レベルは「読書、講義、暗記学習など」、中級レベルは「ディスカッション、ロールプレイ、プレゼンテーション、シミュレーションなどの教室内活動など」、上級レベルは「教室外活動、新たな学問・芸術・研究の創作、学生間の競争など」を取り上げ、カリキュラムマップを活用し、学生に期待される課題をレベルに応じて提示することが重要であると述べている。ステップ５の「学生がどう学んだかに関する証拠を集める」は、ルーブリック（rubric、評価基準）を用い、学生の学習が判断される重要な基準をリスト化する作業であり、こうした個々の教員の取組みの総和が、ステップ６の「教

表Ⅱ-1-2　教育改革の再構築（2005～2010）のFD概略

年代	キーワード	時代区分の概略
2005	KUIS教育ベンチマークの制定と活用・シニア学生の受入れ	2005年度（H17）は、第４代学長に濱名篤が就任する。濱名篤学長の強いリーダーシップの元、全学FDによる組織的教育の強化をはかり、目標管理と学修成果の統合化のツール開発などの教育改革の再構築に向けた基盤作りに取り組む。
2006	アクティブラーニング・ポートフォリオとKUIS学習ベンチマーク	
2007	eポートフォリオ ベンチマーク中項目の見直し	
2008	初年次サービスラーニング・ルーブリックとは何か	
2009	科目のクラスター化・ルーブリックの作成と点検	
2010	ラーニングアウトカムの評価・学生の自律的な学びのプロセスを構築	

育課程の改善のための証拠」集めになり、教育課程の改善に向けたPDCAサイクルが学生の学修成果を上げるために重要なプロセスであることを強調している。

3 「主体的な学びの構築に向けて」（2011年～2016年）

2011年度（H23）は、1回目は「本学のこれまでの取組を検証する」、2回目は「ルーブリックを中心とする組織的なあり方」、3回目は「次年度の効果的な授業運用のために」を各テーマとし、年3回のFD・SDを開催した。1回目のFDでは、羽根拓也氏（株式会社アクティブラーニング）によるアクティブラーニングに関するワークショップを開催し、Lite（Learning In Teaching）やグループワークの方法についての内容であった。とりわけ、「学んだことを他者にアウトプットする」ことの重要性を説きながら、学生が他者に学んだ学習内容を話し、教えるという行為に高い学習効果があることを踏まえ、Liteを使った授業運営の紹介がなされた。Liteは、①クイック・ライト「始動直後に、すばやくアウトプットする方法」、②サマリー・ライト「授業最後にその日の要約をする方法」、③レビュー・ライト「授業最初に前回のまとめをする方法」とし、従来の教員主導の一方通行的な教授スタイルから学生主体の授業に向けた教授技術の工夫であると考えられる。とき同じくして、初年次科目において、Liteを始め、グループワーク、プレゼンテーション、ディスカッションなどのアクティブラーニング技法が導入されるようになった。

2012年度（H24）は、文部科学省大学間連携共同教育推進事業において、「主体的な学びのための教学マネジメントシステムの構築」の取組が採択され、①アクティブラーニング（能動的学修）及びインパクトのある教室外学習プログラムなどの教育方法の開発、②学修成果の可視化に向けた、ルーブリック及び到達確認テストの開発、③全学的な教学マネジメントの構築、④学修支援型IRを用いた本取組の評価を確立し、学生パネルデータを蓄積し、本取組の評価・改善、の四つが取組概要となる。FDでは、先の大学間連携

表II-1-3 「主体的な学びの構築に向けて」(2011年～2016年) のFD概略

年代	キーワード	時代区分の概略
2011	リフクレクションデイ・科目間連携	特色GPをはじめ多種多様な文部科学省事業のプログラムを採択。平成24年度の大学間連携共同教育推進事業において、「主体的な学びのための教学マネジメントシステムの構築」を採択により、学生支援型IRを活用した教育改革が推進される。また、学修成果の可視化ならびに質保証に向けたルーブリック開発が最盛期となる。
2012	到達確認試験の実施に向けてICT環境の活用法・活用事例	
2013	学生面談・授業デザインの点検	
2014	学生支援型IR・国際大学のブランディング	
2015	ディープ・アクティブラーニング化・ルーブリックの作成と点検	
2016	3つのポリシー・Problem Based Learning (PBL)・ラーニング・ルートマップ・配慮の要する学生対応	

共同教育推進事業に鑑み、「主体的な学びの構築に向けて—社会とのレリバンスを実感するために」をテーマに開催した。3回FDでは、学長より、「アメリカにおけるルーブリック活用の動向とこれからの本学での活用」をテーマに、米国カレッジ・大学協会 (Association of American Colleges & Universities, 以下、AAC&U) におけるバリュールーブリックを用いた学修成果の評価に関する紹介があった。バリュールーブリックとは、米国連邦政府の主導にともなう学修成果を測定可能な指標で評価する動きの流れを受けて、学生の多面的な能力を測定・評価するものであり、学修成果の証拠を収集する方法の1つでもある。バリュールーブリックには、①「知的・実践スキル」(探求と分析力、批判的思考力、創造的思考力、文章作成力、口頭伝達力、読解力、量的分析リテラシー、情報リテラシー、チームワーク、問題解決力)、②「個人的社会的責任感」(市民としての知識と責務、異文化間の知識と能力、倫理的思考、生涯学習に対する基盤と能力)、③「学修の統合」の3領域15種類が作成されている。

学長によると「(バリュールーブリックは) 適切な評価データが計画、教育実践そして改善へと導いていくために必要とされており、教室内学修活動と教室外学修活動での学修成果こそが学生の学びを最もよく表している。……(略) ……学生の成果に関する評価は、eポートフォリオに記載することで、広範な学修成果にまたがった多様なデータを収集するための機会を提供する」と述べており、ルーブリック開発は、eポートフォリオなどの学習成果の可視化に向けた取組みとの相即関係にあることが示唆された。

2014年度（H25）のFDは、「関西国際大学の『今』と『10年後』～国際大学としてのブランディング」をテーマに開催している。これまでのFDテーマが、教育改革に関わるテーマであったことを考えると、やや趣を異とする。その背景として、通称「2018年度問題」といわれる18歳人口の減少を見据え、入学者確保に向けた取組みが急がれること、また社会やステークホルダーに向けたブランディング形成が大学の生き残りに向けた重要な施策であることが考えられる。とりわけ、「国際大学」であることの強みをどのように発展させ、社会に訴求していくのかを主要な課題としている。

1回目では、濱名篤学長より「『アジア型GLOCAL大学のリーダー』とそのための組織的教育づくり」が必要であるとの方向性を示し、その方途として、「Asian Cooperative Program（以下、ACP）を通じてのグローバル活躍型＋里程標としての資格追求型＋体験学修追求型」について言及している。ACPは、2014年11月に、本学が国際競争力を高めることを目的として発足した。インドネシア、フィリピン、タイ、ベトナム、マレーシア、ミャンマーなどの東南アジア諸国の有力13大学とACPコンソーシアムを設立し、「安全・安心」（セーフティマネジメント）をテーマにした①海外オフキャンパスプログラムの共同開発・実施、②コアカリキュラムの構築、③共同研究プロジェクトの実施、④学修成果の評価方法の開発と教育の質保証の4つを主に取組む。

元を正せば、本学は、1998年度の開学に向けた設置許可申請書において、「アジア太平洋地域で活躍できる人材育成」と明記しており、また学則第1条には「グローバルな視野に立った教養を基礎とする専門的知識・技術を修得し、国際社会において活躍できる人材育成」を目指しており、国際大学としてのブランディング形成は必然なことであり、本学の恒常的発展には欠かせないキーワードである。

2回目のFDでは、1回目のテーマを踏まえ、中長期的な戦略を立てるためにIRデータを活用した現状分析を行い、現在の課題を共有することを到達目標としている。藤木清評価センター長（以下、評価センター長）による「学生支援型IRの分析」では、本学と加盟校大学全体との比較において、①「コミュニケーション力」、「プレゼンテーション力」、「異文化の人々に関する知識」などの項目について、入学時から1年秋学期までの間に増加したと感じている学生が多いこと、②3年次に「異文化の人々に関する知識」が増えたと感じている学生が調査大学全体と比べて多いこと、の2点が本学の強みであることを報告している。

このようなパネルデータを活用した学生支援型IRの分析は、大学や学部学科が掲げる3つのポリシー（DP, CP, AP）の目標が到達し、達成しているのか、また到達していないとすれば、どのような原因があるのか、そうした現状分析には欠かせない。他大学と比して、評価センター長のこうした取組みに早く着手していること、分析結果を大学の施策に反映する仕組みがあることは、本学の教育改革の強みであり、屋台骨であろう。

2015年度（H26）は、「深い学びを実現する教育実践の構築」をテーマに開催された。第1回では、松下佳代氏（京都大学高等教育研究開発推進センター）を招き、「ディープ・アクティブラーニングの考え方と方法」の講演を行った。松下氏は、教員による一方向的な講義形式の教育とは異なり、学修者の能動的な学修への参加を取り入れた教授・学習法について、具体的な例を取り上げながら、「深い学びには、学生の深い関与がいかに学生の学びと成長につながっているか」と述べ、深い学びには、「この課題は自分にやれそうか」（期待）と「この課題はやる価値があるか」（価値）の動機づけが重要なファクターであることを指摘している。

2016年度（H27）のテーマは「3つのポリシー＋アセスメントポリシーの全学的な実体化（実質化）に向けて」であった。本学では2016年度4月に全国の大学に先駆けて3つのポリシーを策定し、情報公開に取り組んでいる。3つのポリシーの実体化（実質化）に向けた課題として、ディプロマ・ポリシーに定められた到達学修目標に向けて必要な教育方法や教育支援は何か、課題解決に向けた議論を行った。その解決策の一つとして、学科の目標や進路に応じた学びのルートを想定した「ラーニング・ルートマップ」の作成が検討された。ラーニング・ルートマップの作成プロセスを経験することで、学生が主体的に計画を立てることになる。学生が自身の目標を明確にした上で、その達成基準に向けた主体的な学習が期待される。

4 「大学ブランディング構築に向けて」（2017年〜）

グローバル化と地球規模での自然災害多発など将来予測困難な時代環境の中で社会が求める人材像が変化し、大学教育のあり方があらためて問われている。また、高校生や保護者からは入学段階（入口）で将来の進路がわかりやすいコース設定である事や、入学後（出口）の進路に確信をもって選択できる自由なプログラムが望まれている。このような現状を踏まえ、これらの課題に対応するため、①「グローバル化対応の明確化と深化」、②「現場のマネジメントで発揮できる汎用的能力の育成」、③「セーフティ教育の徹底」の3つの視点を軸に、入学後2年次から希望する進路に合った「専攻制」を導入した学部学科改編を行う。新学部は、現行の3学部（人間科学部、保健医療学部、教育学部）から5学部（人間科学部、経営学部、保健医療学部、教育学部、国際コミュニケーション学部）への改組を行い、本学の強み（グローバル化対応、安全・安心）をさらに生かした教育を実践する。

さて、2017年度(H28)は、従来のFD(Faculty Development)とSD(Staff Development)を統合し、PD（Professional Development）に名称を変え、実施している。FD（Faculty Development）とは「教員が授業内容・方法を改善し向上させるための組織的な取組の総称」(文部科学省HP)であり、大学設置基準により2008年に義務規定なされている。SD（Staff Development）は「事務職員や技術職員など職員を対象とした、管理運営や教育・研究支援までを含めた資質向上のための組織的な取組を指す」(中央教育審議会大学分科会, 2014）とし、2017年に大学設置基準により義務規定なされている。

さて、PD（Professional Development）とは「大学の教職員の専門性を強調し、教員研修、職員研修等をカバーし、教職員の専門的能力開発の総称」（小笠原, 2012）とある通り、教職協働を具現化するための方途の一つである。**表II**

表Ⅱ-1-4　本学のSD開催の変遷

年号	全体SD	管理職	主任・係長	一般職員	新人研修	その他（目的別）	キーワード
2013	1	1	0	0	0	0	国際大学に相応しい事務職員
2014	1	6	2	6	1	5	学生募集・コミュニケーション・大学職員の役割
2015	1	3	7		2	1	目標管理・人事給与制度・IR研修
2016	3	1	3		2	2	相互の業務を知る・IR基礎等
2017	2	0	1		1	2	本学を取り巻く状況と対策・教育の質保証に向けたビックデータ活用等

-1-4 は、本学のSD開催の変遷の一覧である。義務化以前より、熱心にSDを実施していることがうかがえるが、中でも2014年度より開催回数が飛躍的に増えている背景には、横田利久事務局長の着任に伴い、職員改革が敢行されてきた。

さて、2017年度のPDでは、「三つの方針策定後の教育課程の自己点検に基づく、ディプロマ・ポリシー達成に向けた内部質保証とは何か」をテーマに開催した。1回目のPDでは、深堀聰子氏（当時国立教育政策研究所）に「学問分野別の学修成果アセスメント―学修成果に基づく教育課程策定の単位―『考える力』を測定する方法―」について講演いただいた。深堀氏は、学位プログラムの「学修成果」と授業科目の「学習成果」が質保証の観点から、「日本の大学教育が保証しようとしているアウトカムについて、未だ合意が形成されているとは言えない」と言及し、学習成果に基づく大学教育の質保証に向けた取組が必要であることを指摘している。また、深堀氏は、「経済協力開発機構による高等教育における学習成果調査（OECD-AHELO）」の工学、経済学分野フィージビリティ・スタディに携わり、その後、国立教育政策研究所において、工学分野に関する問題バンクの取組を行っている。

こうした学問分野別の学位プログラムにおける「知識の活用力」を問う作問開発が求められる背景には、「知識」がないと「考える力」は育たないが、

「知識」があれば「考える力」が育つわけではない、という考え方がある。「考える力」を評価するには、知識を測定する多肢選択式問題に加え、「考える力」に焦点化した記述式問題やパフォーマンスを測定することが重要である。文部科学省（2010）は「大学教育の分野別質保証のための教育課程編成上の参照基準」の依頼を日本学術会議に行い、現在までに25の分野の参照基準を作成、公開している。各分野の参照基準は、各大学がそれぞれの学士課程教育の学習成果を明確にする際の参考となるよう、「すべての学生が身に付けることを目指すべき基本的な素養」を掲げており、学生が獲得する具体的な学習成果を明確にしている。このように学習成果を定義することにより、大学教育の範囲と水準の標準性をもたせ、学習成果重視の質保証への取り組みを自主的・自律的に促すことを意味している。「学習成果」とは、学生が科目の履修を通して習得することが期待されている具体的な知識や能力としてのアウトカムであり、所定の科目の教育内容と対応し、かつ単位認定の要件として、何らかのアセスメントに基づいて測定可能でなければならない。

　こうした学習成果の可視化に向けた「知識の活用力」（考える力）を問う作問バンクの取組は、コンピテンスに対応する学習成果の習得を単位認定の要件とするとともに、学習成果のアセスメントに基づく学位プログラムの枠組みをアセスメントすることが可能にする。しかしながら、我が国では、上述の取組は、深堀らの工学分野に限られており、学問分野別に関する専門知識の定着及び知識を活用する力を測定しようとする試みはなされていない。松下（2017）によると、学習成果の可視化の評価を〈直接評価―間接評価〉、〈量的評価―質的評価〉の2軸によって整理をしている。〈直接評価―間接評価〉軸は、その評価方法が学習成果の直接的なエビデンス（例、標準テスト、プレテスト・ポストテスト、科目ごとの評価等）に基づくか、間接的なエビデンス（学生調査、卒業時のインタビュー、卒業生追跡調査、リテンション率、編入率等）に基づくかに拠っている。一方、〈量的評価―質的評価〉軸の量的評価では、心理測定学に基づく客観テストや質問紙調査等の測定・評価の客観性が重視される。質的評価の方は、ポートフォリオ評価など個々の生徒・学生の学習や指導の改善に関する情報や形成的評価を得るのに適している。

本学では、教育の質保証を確実なものとするため、2年次終了時に、専門教育および専門基礎教育に関する思考ならびに判断力と知的理解の定着の度合いを確認することを目的とした学習達成度を測定する「アセスメント・テスト（学修到達度確認テスト）」を実施している。なお、アセスメント・テストは、3つの方針のCPの教育評価に明記されており、学習成果の達成レベルのアウトカム指標であり、アセスメント・テストの成績は1.2年次の専門必修科目の成績評価との相関関係があることを前提としており、その検証も重ねて行っている。

図Ⅱ-1-1 は、深堀 (2016) のチューニングによる教育改善サイクルを参考に改変している。図Ⅱ-1-1 に示す通り、学問分野別のアウトカムの枠組みに沿って定義されている学位プログラムは、各科目の配置や単位、各科目の学

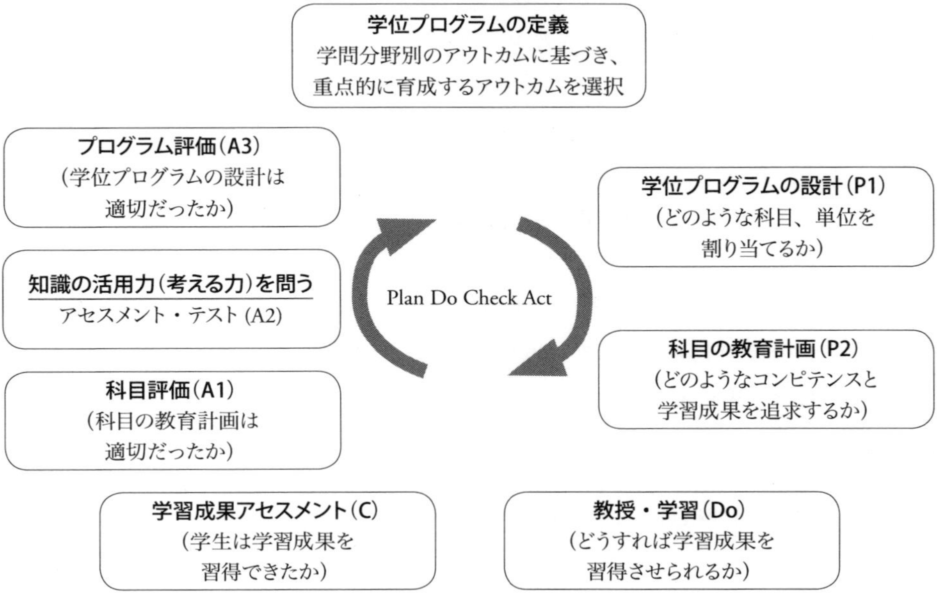

学位プログラムの定義
学問分野別のアウトカムに基づき、
重点的に育成するアウトカムを選択

プログラム評価（A3）
（学位プログラムの設計は
適切だったか）

学位プログラムの設計（P1）
（どのような科目、単位を
割り当てるか）

知識の活用力（考える力）を問う
アセスメント・テスト (A2)

Plan Do Check Act

科目の教育計画（P2）
（どのようなコンピテンスと
学習成果を追求するか）

科目評価（A1）
（科目の教育計画は
適切だったか）

学習成果アセスメント（C）
（学生は学習成果を
習得できたか）

教授・学習（Do）
（どうすれば学習成果を
習得させられるか）

図Ⅱ-1-1　知識の活用力（考える力）アセスメント・テストによる直接評価と学位プログラムの教育改善サイクル

習目標及び学習成果、学修評価と一体となっている。

こうした学修成果の可視化の教育評価の取組みは、現在公表を義務化されていないアセスメント・ポリシー策定に向けたアセスメント方針策定に寄与するものである。

5　最後に

大学設置基準第25条の3の規定によるいわゆるファカルティ・ディベロップメント（FD）は、これまで努力義務であったものを2008年から義務化するものであるが、上述の通り、本学は、開学後の2003年より実施してきた経緯がある。とりわけ、2005年度（H17）、第4代学長に濱名篤学長が就任以後、スピード感を持った教育改革に取組んできた。常々、学長は「PD（FD/SD）は教育改革の扇子の要である」と語られる。その言葉の背景には、グローバル化、AI技術の発展など、これまでの常識が通用しない時代に突入し、私たちは、この先行き不透明な世界を逞しく生き抜く人材を育成する使命に預かり、そして高等教育機関のあり方が社会から問われる時代であることなど、従来の閉鎖的なシステムの限界を踏まえてのことである。本学が注力する「学修成果の可視化」の取組みは、高等教育機関の教育成果を説明するエビデンスであると考えている。

「学修成果の可視化」に向けた教育実践は、本学の教育改革の柱であるとともに、今後のPDを通じて、PDCAサイクルの検証を図りながら、いっそうの教育改革を推進していきたい。

参考文献

安藤厚・細川敏幸・山岸みどり・小笠原正明『プロフェッショナル・ディベロップメント―大学教員・TA研修の国際比較―』北海道大学出版会、2012

深堀聰子『大学教育のアウトカムについての合意形成―テスト問題作成を通じた取組―』名古屋大学高等教育研究第16巻、195-214頁、2016

松下佳代『学習成果のその可視化』高等教育研究第20巻、93-112頁、2017

コラム　FD外部講師の記録①

Dr. Randy L, Swing

: Institutional Research for Private Universities

IRを活用した小規模私大の教育改善、学生支援、経営戦略について

■日　　時　2011年2月15日（火）9：00～17：30、2月16日（水）9：00～14：30
■場　　所　関西国際大学　尼崎キャンパス　507教室
※戦略的大学連携支援事業の一環として、講演内容を比治山大学、神戸神和女子大学へ配信
■講　　師　Randy L. Swing（ランディ L. スウィング）博士
■概　　要
2011年2月15日（火）9：00～17：30、2月16日（水）9：00～14：30の2日間の日程で開催された、関西国際大学平成22年度第3回FDにおいて、AIRのExective Directorである Randy Swing 博士による基調講演およびワークショップを行った。基調講演はIRを活用した小規模私大の教育改善や学生支援、経営戦略についての内容で、本事業の一環として、講演内容は神戸親和女子大学、比治山大学へ配信された。
■講師略歴
Dr. Randy L. Swing（Executive Director, Association for Institutional Research : AIR）
スウィング博士は、米国インスティテューショナル・リサーチ協会（AIR）の専務理事を務めている。AIRは、データを使用した高等教育機関の計画、管理および運営に関する専門的な開発とサポートを1,500の単科大学および総合大学に属する4,000人のメンバーに提供。スウィング博士は米国内および国際会議で頻繁に講演し、ワークショップのリーダーをつとめ、評価、IR、学生の成功に関する書物や雑誌記事の著作も行っている。
ジョージア大学で修士号と高等教育の博士号取得。AIRに関わる前は、アパラチア州立大学でIR、学生評価を含めた機関研究に20年以上携わった。同大学では初年次に関する政策センターの上級研究者および共同所長としてリーダーシップを発揮した。その後、ノースカロライナ州ブリバード大学にある初年次教育政策研究所所長を経て、現職に至っている。

（講師略歴はFD実施時のものです）

第２章　教育目標としてのKUIS学修ベンチマークの導入

山下泰生

関西国際大学（以下、本学）では2006年度（平成18年度）に、KUIS学習ベンチマーク（以下、ベンチマーク）が制定された。このベンチマークは、学生に対して４年間の学修の到達目標と尺度を明確にし、本学の教育理念に基づいた教育目標を具現化するための指標である。換言すると、大学での教育目標に対して具体的な尺度設定をし、学生自身が評価・確認してもらうことを可能にするツールである。

ベンチマークは、2006年度の制定から2018年３月までに４回の見直し・改定が行われてきた。（その間に、名称も「学習」から「学修」に改定されている）ただし、４回の改定を経てはいるものの、ベンチマークの基本的な骨子は変わっておらず、制定時の主旨が2018年現在でも生き続けている。

ここでは、ベンチマークの制定から、これまでの見直し・改定やベンチマークの実効性を高めるための仕組みの開発・導入について述べる。

1　KUIS学習ベンチマークの制定　第１期（2006）

ベンチマークが制定された背景には、社会、特に大多数の企業が大学を卒業する学生に対して求めている「能力」が大きく関連している。それは、日々刻々と変化していく社会の中で活躍していくために、どのような状況下においても汎用的に役立つ能力・態度・志向、いわゆる「ジェネリックスキル」であり、世界的にも強く求められているという社会的背景にも裏付けられる。文部科学省においても、2008年に中央教育審議会から「学士課程教育の構築に向けて」の答申（「学士力答申」と呼ばれている）により、「学士力」という名称で、学士課程教育修了者に求める能力を「知識・理解」「汎用的技能」「態度・志向性」「統合的な学習経験と創造的思考力」の4つの観点から提示された。

本学では、学士力答申に先立ち、学生に汎用的能力を身につけさせるために体験から学ぶ様々な教育プログラムを実践してきていた。その過程で、大きな課題となったのは、体験型教育プログラムの参加を通して、学生にどのような力が身についたのかということを具体的に示すことが十分にできていない、という点であった。たしかに、汎用的な能力を客観的な数値で示すことは難しいことではあるが、学生一人一人が、自分にどのような力が身についたかを自分なりに判断し、対外的（第三者）に説明できるようになることが望まれる。同時に、それを裏付けるエビデンス（証拠としての学修成果）を蓄積していく必要もある。

学生が卒業までに身につける資質や能力についての到達目標を明確にしていくことを目的として、2005年に、本学の教育目標を汎用的能力の育成という観点から整理し、学生にとってわかりやすいように項目に分類して体系化していく検討が開始された。

検討の結果、本学の教育目標である「自律的な人間」、「社会貢献できる人間」、「国際性を身につけた人間」の育成を表した3項目と、それらに加え「問題解決能力」と「コミュニケーション能力」について設定した2項目を、4年間を通して身につける達成目標となる全学共通項目とされた。この5つの共通項目は、本学で学ぶ限り、どの学科・専攻でも、同じく身につけて欲しい能力として示されている。さらに、各学科や専攻ごとの、専門基礎知識の活用に関する目標をもう1項目加えられた構成となっている。

そして、全学生に個々人の到達目標の到達度を定期的にチェックする流れを構築して2006年4月に「KUIS学習ベンチマーク」（第1期）としてスタートした。

また、このベンチマークは、単に学生や教職員に対してだけでなく、制定と同時に本学のホームページなどを通して、大学、教員、学生、社会の間での約束として広く一般に公示された。

ベンチマークは、具体的には先述の通り、全学共通の5項目と学科・専攻の専門基礎知識についての1項目の、計6項目が大項目として設定された（**表Ⅱ-2-1**）。

それぞれの大項目について、より具体的な中項目をそれぞれ3～5項目設定し、各中項目に対して3つのレベルに設定されたチェックシートが準備された。（**図Ⅱ-2-1**）チェックシートを利用して振り返り時に学生自身にセルフチェックをさせる仕組みが構築された。さらに、学生を指導する教員（アドバイザー）用にチェックシート項目の設定レベルのアウトラインに関する解説資料も作成された（**図Ⅱ-2-2**）。

学生に対しては、入学時にベンチマークの意義について説明し、卒業時までにどのような力を身につけてもらうかを明確にさせるところから始まる。一方、教員には自分の担当する科目が、どのようなベンチマークをどの程度まで高めることを目標にしているかを、受講者に説明し、教員自身も明確な目標を意識して授業を進行していくことが求められた。学生は、自分が履修する科目の到達目標を認識し、その達成のために必要な学習に取り組み、学期末にベンチマーク達成度をチェックシートに記入する。それと共に、自分の学習成果を証明するレポートや答案用紙の採点結果などを自分で保存しておき、自分の学習到達度の記録としてのポートフォリオにまとめていってもらう流れが考えられた。

ベンチマークをスタートさせた2006年度のFD（現PD）において、育成する学力・能力の働きをより具体的な姿でとらえ、ベンチマークからシラバスにどのように具体化していくかの枠組みが示された。そこでは、レベル設定されたベンチマークの中項目をベースに各学科で学年ごとの学科・専攻で育成する特性・能力の評価規準を整理し、各授業科目の具体的な評価規準を設定した上でシラバスに記載する枠組みが示された。

表Ⅱ-2-1　KUIS 学習ベンチマーク（第 1 期）項目構成　2006.03

大項目	中項目
＊自律できる人間になる 自らの人生に目標をもち、行動の自己管理ができ、責任をもった行動を取ることができる	◆責任性：自らの感情・思考・行動に責任をもつことができる。 ◆自律性：自らの目標をもち、それに沿って自らの感情・思考・行動を自分で管理することができる。 ◆計画性：取り組むべき課題を設定し、計画に沿って実行することができる。 ◆順法性：決められたルールを尊重し、その意義を理解することができる。
＊社会に貢献できる人間になる 社会の中で自分の責任を誠実に果たすことの重要性を理解し、勇気をもって、前向きに社会に貢献できる	◆誠実性：自らの良心に従って、自分の責任を果たす行動をすることができる。 ◆協調性：他者の意見を取り入れ、協働することができる。 ◆遂行性：課題をやり遂げることができる。
＊心豊かな世界市民になる 世界に多様な人々がいることと、自分たちが暮らす日本社会について客観的に理解でき、社会的に弱い立場の人に対する共感性を身につけ、世界市民として責任感をもって行動することができる	◆共感性：相手の立場に立って考え、行動することができる。 ◆多様性：さまざまな価値観や文化の違いを理解し、それらのものの価値を尊重しようとする姿勢をもつことができる。 ◆行動力：自ら進んで他に人のために行動することができる。
＊問題解決能力を身につける 情報ツール＊を活用した効率的な情報収集ができ、入手した情報を正しく分析でき、事実と意見からなるプレゼンテーション（レポート、口頭発表）ができる	◆企画力：新たなアイディアを生み出し、それを実行計画にまとめることができる。 ◆情報収集力：必要な情報を様々な手法で集めることができる。 ◆情報整理力：集めた情報を取捨選択し、ファイリングなどの方法で保存ができる。 ◆分析力：資料の読み込みやデータの分析ができる。 ◆プレゼンテーション力：事実と意見からなるレポートや口頭発表などができる。
＊コミュニケーション能力を身につける 社会生活を営む上で、他人の考えを正しく理解でき、自分の考えを的確に表現し、他人との意見交換ができる	◆リーダーシップ／フォロワーシップ：グループの中で、自分の役割を実践できる。 ◆聴く力：相手の話や発表を理解し、要点を見つけることができる。 ◆質問／コメント力：相手の話や発表に対して興味をもち、それに対する意見や疑問が述べられる。 ◆説明力：自分の考えを相手にわかりやすく伝えることができる。 ◆ディスカッション／ディベート：自分の考えを述べ、他人との建設的意見交換ができる。 ◆言語コミュニケーション：自分の考えを的確な表現と、効果的な声の大きさ・間などで表現できる。 ◆非言語コミュニケーション：しぐさや表情など言語以外の表現を効果的に用いることができる。 ◆ TPO をわきまえる／状況判断：「場」を理解し、それに合わせた言動や行動がとれる。
＊学科・専攻の教育目標	

問題解決能力のシート

学籍番号		氏　名		実施年月日	年　月　日

Level	企画力	情報収集力	情報整理力	分析力	プレゼンテーション力
III	□ 実行可能なプランをたてることができる □ 自分なりの新たな考えを生み出すことができる □ 自分のたてたプランのよい点・悪い点を検証することができる	□ 自分のテーマに合った資料を見つけることができる □ 他大学の図書館の資料の取り寄せ方を理解している □ 自分の研究計画にそった観察・実験・調査が行える	□ 自分の研究テーマに関する文献リストをコンピュータで作成できる □ ポートフォリオには、指定された資料以外の独自の資料も保存ができる □ MECE で物事を考えることができる	□ 先行研究をもとにして、自分なりの新たな発見や意見を主張できる □ 新聞や白書のデータをレポート（論文）に活用できる □ 目的に合った分析方法を選択し、実施できる □ 疑問に対する仮説を立てることができ、それを検証することができる	□ 3つ以上の章からなるレポート（論文）がワープロで作成できる □ 参加人数や会場に合った発表ができる □ 相手が納得できるように、自分の考えの妥当性が主張できる □ レポートのサマリーが作成できる
II	□ 自分の考えをカードなどに書き出し、分類できる □ 常に1週間の行動予定を手帳などに記録できる □ 催し物の準備から当日までの予定が立てられる □ 催しものの予算を立てることができる □ 取り組む課題に対する目標を立てることができる □ □	□ 検索エンジンで適したｷｰﾜｰﾄﾞが使える □ AND 検索/OR 検索などの検索方法が使える □ OPAC で文献検索ができる □ 書誌情報から実際に図書館資料を探すことできる □ 10 年以上前の新聞記事の探し方を知っている □ 観察・実験・調査などの情報収集法が実際に行える	□ 発想法を利用して考えを整理ができる □ 参考文献リストにあげる論文のデータを理解している □ コンピュータを使って文献リストが作成できる □ 3ヶ月、半年など一定期間に授業ノートや配付資料などの整理ができる □ 文献などの要約を制限文字内で作成できる	□ 文章の中の重要な部分が見つけることができる □ 書き手に対する反対／賛成意見が言える □ 新聞を継続的に購読している □ 用途に応じた「白書」の利用ができる □ Excel や SPSS を使ってデータを分析する方法を理解している □ 自分の疑問に対して仮説を立てることができる	□ PowerPoint のﾌﾟﾚｾﾞﾝﾃｰｼｮﾝﾎｰﾑﾍﾟｰｼﾞを自分で作ったことがある □ ワープロ機能を使ってレポートが作成できる □ 制限時間に合わせた発表ができる □ 発表のツールとして PowerPoint が使える □ ポスターなどコンピュータ以外のツールを使って発表ができる □ 箇条書きで表現することができる □ 図やグラフを使って表現することができる □ 自分の考えを相手に正しく伝えることができる
I	□ 自分の考えを言葉で表現することができる □ 1週間の行動予定を把握している □ 身近な催し物の準備に必要な作業やものがリストアップできる □ 課題のゴールを考えることができる □	□ ブラウザでホームページをみることができる □ 大学図書館の貸出冊数と日数を理解している □ 図書館資料の具体例をあげることができる □ 図書館の配架の順番を理解している □ 観察・実験・調査の基本について理解している □ 新聞の紙面の構成を理解している	□ MECE の意味を説明できる □ 発想法の名前を2つ以上あげられる □ 参考文献リストにあげる図書（本）のデータを理解している □ プリントをもらったら、その日のうちにﾌｧｲﾘﾝｸﾞしている □ 必要な情報を見つけたら、すぐにメモができる □ 読んだ文章から適切なｷｰﾜｰﾄﾞが抜き出せる	□ 先行論文とは何か説明できる □ 文章を読みながら、大切な部分にマーキングできる □ 知らない語句があれば調べる □ 「白書」とはどのようなものか説明できる □ 棒グラフ/折れ線グラフ/円グラフを目的に合わせて使い分けができる □ 疑問を持ち、その答えを想定できる	□ 作成されたﾌﾟﾚｾﾞﾝﾃｰｼｮﾝをｺﾝﾋﾟｭｰﾀ上で見ることができる □ 感想文とﾚﾎﾟｰﾄの違いを理解している □ レポートの構成を理解している □ 手書きで 1,000 字程度のレポートが書ける □ 1分間に話す文字の量を理解している □ 話す分量に合わせた読み原稿が作成できる □ 短い文を書くように心がけている □ 相手の主張を理解できる □ レジュメ／サマリーがどのようなものか説明できる □ A4サイズ1枚程度のレジュメが作成できる

実行できている項目のチェック欄に、チェックマークを入れましょう。

Phase

図II-2-1　KUIS 学習ベンチマーク学生チェックシート（「問題解決能力」用）2006.03

問題解決能力　コミュニケーション能力　ベンチマーク<教員用>

＊はじめに＊

これは、ベンチマークのうち「問題解決能力を身に付ける」「コミュニケーション能力」の項目のレベル設定を教員用に説明したものです。実際に学生がセルフチェックするための「チェックシート」は別バージョンで用意してあります。「チェックシート」では、具体的にわかりやすい用語で表現/説明しています。また、各項目の自己評価に当たっては1（あてはまる）,0（あてはまらない）の2件法になっており、1の場合にチェックボックスにチェックを入れる方式になっています。詳しくは、別紙「問題解決能力のシート」/「コミュニケーション能力のシート」をご参照ください。

＊問題解決能力を身につける＊

情報ツール*を活用した効率的な情報収集ができ、入手した情報を正しく分析でき、事実と意見からなるプレゼンテーション（レポート、口頭発表）ができる

*図書館利用、コンピュータによるWeb検索などのこと

◆　企　画　力：新たなアイディアを生み出し、それを実行計画にまとめることができる

Level 1
与えられた課題達成（ゴール）までのプロセスを具体的にイメージできる。
Level 2
取り組むべき課題の目標をたてることができ、逆算方式で達成までのスケジュールがたてられる。
Level 3
自分なりの新たなアイディアを生み出し、そのよい点/悪い点についても検証できる。

◆　情報収集力：必要な情報を様々な手法で集めることができる

Level 1
図書館資料の基本的項目を理解しており、ブラウザを使ってWebの閲覧ができる。
Level 2
実際に図書館資料を検索することができ、検索エンジンを使っての情報検索ができる。
Level 3
自分のテーマに合った情報検索と資料の活用ができる。

◆　情報整理力：集めた情報を取捨選択し、ファイリングなどの方法で保存ができる

Level 1
様々な手段で集めた情報を、用途に応じて蓄積することができる。
Level 2
蓄積した情報を発想法などの手法を用いて分類/整理した上で、リスト化することができる。
Level 3
分類/整理した情報をコンピュータで蓄積/更新し、自分の研究テーマに活用することができる。

◆　分　析　力：資料の読み込みやデータの分析ができる

Level 1
分析を行うための資料の基本的な扱い方を理解している。
Level 2
資料の中の重要な部分を見つけ出し、自分の課題に対しての仮説を立てることが
Level 3
仮説の検証ができ、目的に合った分析方法を用いることができる。

図II-2-2　教員向けベンチマークレベル設定解説資料（問題解決能力（抜粋））2006.04

2　KUIS 学習ベンチマークの点検・改訂　第 2 期（2007 ～ 2008）

ベンチマークの制度がスタートして 1 年が経過した時点で、第 1 期ベンチマークの点検を行い、2007 年度から 2008 年度に向けて、特に中項目に関する改訂が行われた。

その改訂作業の中心となったのが、2006 年 9 月に設置された、当時のベンチマーク点検プロジェクトである。

ベンチマークがスタートされて第 1 回目の学生のチェックが実施された後、ベンチマーク点検プロジェクトが中心となってベンチマークチェックの実施に関する点検のために教職員から質問や意見を求めた。そこで出た意見を集約して以下の 8 つにまとめられた。

・ベンチマークに示す資質や能力を、どのようにとらえるのか？
・ベンチマークの大項目と中項目を、どう理解するとよいか？
・ベンチマークの到達目標は、どのように設けるのか？
・育成する力と科目内容を、どのように理解すればよいか？
・ベンチマークの資質や能力の評価の前提に、何が必要か？
・シラバスでの資質や能力の示し方で配慮することは何か？
・資質や能力の伸長のために、科目内容をどのように構成するか？
・評価規準を、どのように作成するか？

以上の集約結果をふまえ、第 1 期ベンチマーク中項目に対して以下の点をポイントとして点検がなされた。

・評価の抽象度に関する点検
・対象が広すぎるなどの中項目に関する点検
・趣旨の重複に関する点検
・広い関係（解釈に幅がある）にあると考えられる中項目の点検
・資質や能力の捉え方が一面的になっていると思われる中項目の点検

表 II-2-2　KUIS 学習ベンチマーク項目構成（第 1 期→第 2 期）　2008.03

大項目	中項目	
	第 1 期（23 項目）	第 2 期（15 項目）
＊自律できる人間になる	◆責任性 ◆自律性 ◆計画性 ◆順法性	◇知的好奇心 ◇自己責任感 ◇自律性
＊社会に貢献できる人間になる	◆誠実性 ◆協調性 ◆遂行性	◇誠実性 ◇順法／協調性 ◇社会的能動性
＊心豊かな世界市民になる	◆共感性 ◆多様性 ◆行動力	◇共感的態度 ◇柔軟性 ◇多様性理解
＊問題解決能力を身につける	◆企画力 ◆情報収集力 ◆情報整理力 ◆分析力 ◆プレゼンテーション力	◇思考／判断力 ◇企画力 ◇情報収集／発見力
＊コミュニケーション能力を身につける	◆リーダーシップ／フォロワーシップ ◆聴く力 ◆質問／コメント力 ◆説明力 ◆ディスカッション／ディベート ◆言語コミュニケーション ◆非言語コミュニケーション ◆ TPO をわきまえる／状況判断	◇プレゼンテーション／表現力 ◇リーダーシップ／メンバーシップ ◇話す／意見交換力
＊学科・専攻の教育目標		

上記ポイントを中心としたベンチマーク点検プロジェクトによる検討の結果、それまでの中項目を 23 項目から 16 項目に整理し、各中項目の趣旨説明文も必要に応じて見直された。さらに、調整が 2007 年 12 月まで続き、最終的に中項目 15 項目として第 2 期ベンチマークが完成し、2008 年度から実施された（表 II-2-2）。

3　ベンチマークチェックのシステム化とチェック用ルーブリックの導入（2009～2010）

第2期ベンチマークが開始された後、ベンチマーク制度の運用改善に対する取り組みが2009年度から行われた。それまで学生のベンチマークのチェックはチェックシート用紙で行ってきたが、ベンチマークチェックをeポートフォリオシステムのサブ機能として組み入れることで、オンラインでチェックができるようにシステムの機能拡張が行われた（図II-2-3）。システム化の対象をeポートフォリオシステムとした背景には、学生のベンチマークチェックに対するエビデンスとしての学修成果がeポートフォリオ上に蓄積されているという点があげられる。つまり、チェックした結果を裏付ける情報（学修成果）が同じシステム上にあるために、ベンチマークチェックの情報が一元化されるということである。さらに、学生が中項目単位でレベルチェックした結果を、大項目単位で集計し、レーダーチャートとしてグラフ表示をする機能、および指導教員からのコメント入力機能も拡張された（図II-2-4）。

それにより、以前に比べてベンチマークチェック結果の学生へのフィードバックがスムーズに行われるようになった。また、大項目単位でリアルタイムにグラフ表示されるため、学生にとっても、自分の強みや弱みが視覚的に判断できる効果が期待された。

2010年に、ベンチマークチェックの精度をさらに向上させることを目的として、カリキュラム上での各授業科目とベンチマーク中項目との対応（カリキュラムマップ）とベンチマークのルーブリック化が行われた。

カリキュラムマップについては、まず、全専任教員に対して、自分の担当科目ごとに、ベンチマーク達成にもっとも対応していると思われる中項目を選択してもらい、それを学科単位で集約をしてもらった。しかし、初期段階では項目の選定に対して何の基準もない状態で科目担当者に選定してもらうやり方であったため、当然のことながら集約した結果の選定数は、ベンチマークの中項目間でかなりのバラツキが生じていた。そこで、大まかな基準として科目の単位数で選定数を定め、学科内で中項目間の選定数の調整を行

図Ⅱ-2-3　eポートフォリオシステム上でのベンチマークチェック機能 2009

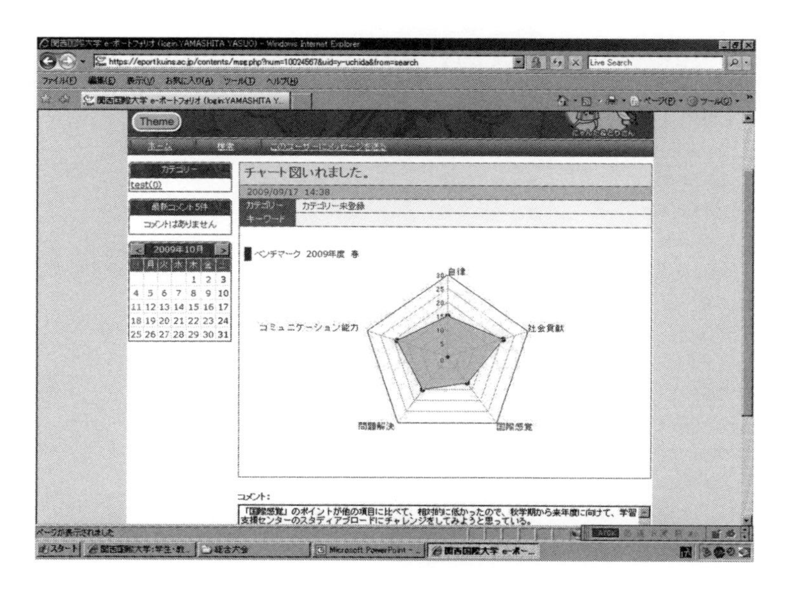

図Ⅱ-2-4　ベンチマークチェック結果（グラフ）表示機能とコメント入力機能 2009

教育基本科目カリキュラムマップ

			科目名				自立できる人間になる			社会に貢献できる人間になる		
							知的好奇心	自己責任感	自律性	順法/協調性	誠実性	社会的能動
基本教育科目	人間学総合教育科目	共通	人間学 I	必	2	1年春秋	○			○		
			人間学 II	必	2	1年春秋	○			○		
			仕事とキャリア形成 I	必	2	2年春	○	○	○			
			仕事とキャリア形成 II	選	2	2年秋	○	○	○			
			身体表現技法 I	選	2	2年春	○					
			身体表現技法 II	選	2	2年秋	○			○		
			リーダーシップ演習	選	2	1年冬	○			○	○	
		人間の理解	倫理と社会生活	選	2	1年秋	○			○	○	
			教育と人間形成	選	2	1年秋	○			○	○	
			人間の心理	選	2	1年秋	○	○	○			
			比較宗教論	選	2	1年春	○					
			日本国憲法	選	2	1年春秋	○	○		○		
			人権と法	選	2	1年春秋	○				○	○
			ボランティア論	選	2	1年春秋	○				○	○
		社会と生活	日本文化論	選	2	1年春	○					
			地域研究 I	選	2	1年秋	○					
			地域研究 II	選	2	1年冬	○					
			世界と日本	選	2	1年夏	○					
			異文化間コミュニケーション論	選	2	1年秋	○					
			経済と生活	選	2	1年春	○		○			○
			社会階層と文化	選	2	1年春	○		○			
		科学と生活	現代と環境	選	2	1年春	○	○				○
			近未来の科学	選	2	1年秋	○		○			○
			生命と倫理	選	2	1年秋	○	○			○	
			情報と社会	選	2	1年春	○	○				
			災害と安全	選	2	1年春	○					○
			食と健康	選	2	1年秋	○	○	○			
			生活マネジメント	選	2	1年春	○		○	○		
	その他の科目	特別研究	特別研究 I	選								
			特別研究 II	選								
			特別研究 III	選								
			特別研究 IV	選								

図II-2-5　ベンチマーク（中項目）対応カリキュラムマップ　2010.12

2010/12/06高等教育研究開発センター作成

心豊かな世界市民になる			問題解決能力を身につける			コミュニケーション能力を身につける			
性理解	共感的態度	柔軟性	情報収集/発見力	企画力	思考/判断力	プレゼンテーション/表現力	リーダーシップ/メンバーシップ	話す・聴く力/意見交換力	
○									
○									
	○	○							尼崎毎年開講
		○							尼崎毎年開講
									三木毎年開講 尼崎隔年（偶数年度）開講
									三木隔年（奇数年度） 尼崎隔年（偶数年度）
									三木隔年（奇数年度） 尼崎隔年（偶数年度）
○	○								三木毎年開講 尼崎隔年（奇数年度）開講
									三木毎年開講 尼崎隔年（奇数年度）開講
○	○								三木隔年（奇数年度）開講 尼崎隔年（偶数年度）開講
○		○							三木隔年（奇数年度）開講 尼崎隔年（偶数年度）開講
○		○							三木隔年（偶数年度）開講 尼崎隔年（奇数年度）開講
○		○							三木毎年 尼崎隔年（奇数年度）開講
	○	○							三木隔年（偶数年度）開講 尼崎隔年（奇数年度）開講
									三木隔年（奇数年度）開講 尼崎隔年（偶数年度）開講
	○								三木毎年 尼崎隔年（奇数年度）開講
									三木隔年（偶数年度）開講 尼崎隔年（奇数年度）開講
									三木隔年（奇数年度）開講 尼崎隔年（偶数年度）開講
									三木隔年（偶数年度）開講 尼崎隔年（奇数年度）開講
○									三木隔年（偶数年度）開講 尼崎隔年（奇数年度）開講
	○								三木隔年（奇数年度）開講 尼崎隔年（偶数年度）開講
									三木隔年（奇数年度）開講 尼崎隔年（偶数年度）開講
									三木隔年（偶数年度）開講 尼崎隔年（奇数年度）開講

うことにした。また、それと並行して、全学共通の基本教育科目に対して、高等教育開発センター主導でカリキュラムマップの作成を行った（図Ⅱ-2-5）。この時に作成されたカリキュラムマップの形式は2017年度まで継続している。

このベンチマーク対応のカリキュラムマップは、学生にとって履修する科目とベンチマーク項目との対応を意識させることはもとより、科目を担当する教員自身にもベンチマーク項目との対応を意識させるねらいもあった。

ベンチマークのルーブリック化については、各中項目の3つのレベルに対して評価の観点を設定するとともに、学生自身が自分のレベルを判断しやすいように、それぞれのレベルに対して思い浮かべる想定場面も参考情報として付記したルーブリックとして作成された（表Ⅱ-2-3）。

そして、学生が前学期の振り返りを行う仕組みとして2010年の秋学期より、秋学期と春学期の各学期開始直前の時期にリフレクションディが開始された。それにより学期末の学修成果（答案用紙、レポート）も振り返り材料として学生の手元にフィードバックされるようになった。

4 「学習」から「学修」、そして第4期へ（2012～2014）

2012年8月28日に行われた中央教育審議会第82回総会において、「新たな未来を築くための大学教育の質的転換に向けて　～生涯学び続け、主体的に考える力を育成する大学へ～（答申）」（「質的転換答申」と呼ばれている）が取りまとめられた頃より、大学教育の現場で「学修」の2文字に関心が注がれるようになった。

本学でも、この時期にベンチマークの名称が「KUIS学習ベンチマーク」から「KUIS学修ベンチマーク」へと改称された。

2013年の秋学期より、個々の学生の自己評価能力を向上させることを目的として、アドバイザーの教員に学期初めの個人面談時に各学生のベンチマーク自己評価に関する確認のためのヒアリングおよび指導を行ってもらうことになった。

表Ⅱ -2-3　ベンチマークのルーブリック　2010.12

学習ベンチマークのルーブリック（目標・2010モデル・第1版）							2010/12/6
	大項目		中項目		3	2	1
1	自律できる人間になる	自分の目標をもち、その実現のために、自ら考え、意欲的に行動するとともに、自らを律しつつ、自分の発言や行動に責任のあることを自覚できる	知的好奇心	新しい知識や技能を学ぶことに関心や意欲をもつことができる	知りえた内容に刺激を受けて、新たな問題関心が芽生え、自ら学習を進めることができる	授業の内容で、「なるほど」「本当にそうなの」「面白いな」と心を動かされることがある	授業内容に対して、新たな興味や関心をもつことができる
2			自己責任感	自分の行動や発言、役割や立場に、責任があることを自覚し、ものごとを最後まで遂行できる	協働的な活動などで、自分の役割を理解し、最後までやり遂げたことについて改善点を整理することができる	グループ学習や協働的な活動などで、自分の役割を理解し、最後までやり遂げることができる	自分に与えられた学習課題や仕事を最後までやり遂げることができる
3			自律性	自分で考えた目標をもち、自分らしさを見失うことなく、自らを律しつつ目標の実現に向けて自主的、主体的に行動できる	具体的な生活目標とそれを実現するための計画を立て、計画通り実行し、振り返ることができる	具体的な学習目標や生活目標とそれを実現するための計画を立て、実行することができる	具体的な学習目標や生活目標とそれを実現するための計画を立てることができる
思い浮かべる場面					キャンパスライフ全般（授業や課外活動、クラブ活動など）や社会活動への参加をとおして	1. 当該学期に受講している科目全般をふりかえって　2.3. キャリアプランニング、基礎演習、専門演習、卒業研究などを思い浮かべて	
4	社会に貢献できる人間になる	社会の決まりごとを大切に考え、自分の責任を誠実に果たすために、勇気をもって行動し、社会に貢献することができる	順法性／協調性	複数の人々と暮らす社会や学校での規則、決まりごとを尊重し、自分を見失うことなく、協調性を発揮して、規則などを順守し、社会的な目的を果たすことができる	社会の一員として、自ら模範となって、他の人の協力を得るような行動をとることができる	社会の一員として、単にきまりごとを守るというだけでなく、他の人と協力しながら行動できる	大学内でのルールや社会のマナーをきちんと守ることができる
5			誠実性	社会の中の個人として権利と義務を理解し、一人の人間として嘘のない誠実な行動や人間関係を大切にすることができる	社会や友人とのあいだで、不正や偏見、無理な強要に対して批判的にとらえ、それに屈することがないように行動することができる	きまりを無視したり約束を破ることに抵抗感を示し、不正のない行動を心がけることができる	自分がした間違いや失敗に気づくことができる
6			社会的能動性	社会や組織、集団の中の一員として、自分の役割や責任を果たすこと、自ら進んで社会や他人のために行動することができる	社会的な奉仕活動に自ら進んで継続的に参加することができる	社会の一員として、自分が正しいと信じることを行動に移すことができる	ゼミなどの活動において決められた役割を果たすことができる

思い浮かべる場面					キャンパスライフ全般（授業や課外活動、クラブ活動など）や社会活動への参加をとおして	4.5. 授業やクラブ活動などのキャンパスライフを中心にふりかえって　6. ゼミやサービスラーニング、あじあん祭などの活動を中心にふりかえって	
7	心豊かな世界市民になる	多様な世界の人々や自分たちの社会について理解を深め、社会的に弱い立場の人たちに対する共感的な感覚や態度を身につけ、世界市民として行動できる	多様性理解	異なる文化や言語、自分と反対の考え方や行動をする人たちがいる多様な社会を大切に考え、世界市民として行動することができる	自国の文化や社会現象に関心をもつとともに、他国の人々を尊重し、多様な価値観を理解することができる	他国の人々の考え方を受け入れることができる	自分の持つ価値観とは異なる価値観を持つ人がいるということを理解できる
8			共感的態度	社会的に弱い立場にいる人、困っている人たちがいることに関心をもち、感覚や感性を働かせ、相手の立場に立って感じる、考える、想像するなどの共感的な態度や理解ができる	社会的に弱い立場の人やつらい思いをしている人たちとの関わりを通して、いろいろなことに気づき、見方や考え方が広がる	社会的に弱い立場の人やつらい思いをしている人たちのことを理解することができる	相手の立場に立ってものごとを考えることができる
9			柔軟性	自分の見方・考え方、行動の仕方を高めるとともに、状況に応じて、その行動を調節し、既有の知識や技能を柔軟に働かせることができる	自分の知識や技能を活用し、状況に応じたものの見方や行動をとることができる	自分の考え方や行動の仕方について振り返り、試行錯誤を経ながらやり方を変えることができる	自分の考え方や行動の仕方について振り返ることができる
思い浮かべる場面					キャンパスライフ全般（授業や課外活動、クラブ活動など）や社会活動への参加をとおして	7.8. キャンパスライフ全般（授業や課外活動、クラブ活動など）をふりかえって　9. 留学生との交流や海外研修／海外サービスラーニング（グローバルスタディ）での活動等をふりかえって	
10	問題解決能力を身につける	状況に応じて、情報ツールを活用し、情報収集や情報分析ができ、問題解決の視点から、解決のアイデアを構想したり、企画したりする思考力や判断力を身につけることができる	情報収集／発見力	必要な情報や信頼できる情報をさまざまな方法を使って集め、解決の視点から必要な情報を取捨選択し、使いやすく整理・保存して、問題を発見することができる。	テーマに合った資料やデータを収集し、整理・保存することができ、課題の発見や解決を導くための情報を取り出すことができる	テーマに合った資料やデータを収集し、整理・保存することができる	テーマに合った資料やデータの収集方法を知っている
11			企画力	問題や課題を分析し、解決のために情報を整理し、計画を立てて、必要な情報や資料を検討し、実行可能にすることができる。	問題や課題を解決するための具体的な作業項目やそれを解決するための方法をほとんど不足なく挙げ、綿密な計画を立てることができる	問題や課題を解決するための具体的な作業項目やそれを解決するための方法を挙げ、大まかな計画を立てることができる	問題や課題を解決するための具体的な作業項目やそれを解決するための方法を考えることができる
12			思考／判断力	よりよい問題解決のために、偏った判断をしない	学問的な理論を使って、現象を	直面している問題や課題を解決	決められたルールや手順を守り、

				公正さを保ち、その時・その場の状況（TPO）に応じて、判断したり、アプローチの仕方を変えたりしながら、道筋を立てて論理的に考えることができる。	不足なく説明することができる	するために、その原因や結果の予測を筋道を立てて説明することができる	周囲の状況を判断しながら自分の言動を考えることができる
思い浮かべる場面					キャンパスライフ全般（授業や課外活動、クラブ活動など）や社会活動への参加をとおして	10.11.12 当該学期に受講している科目のレポート作成やグループ活動、サービスラーニングやあじあん祭での活動をふりかえって	
13	コミュニケーション能力を身につける	社会生活を営む上で、他人の考えを受け止め、理解し、自分の考えを的確に表現するプレゼンテーションができ、意見交換ができる	プレゼンテーション／表現力	レポートや口頭発表、調査結果の報告会などの場で、自分の考えをわかりやすく説明するために、資料をつくったり、説明の仕方を考えたり、声の大きさや間の取り方、文章や映像など表現を工夫したりできる。 ※“資料をつくる”“説明の仕方を考える”“表現を工夫する”のいずれかができていること	プレゼンテーションが巧みに構成されており、主張も正確に、はっきりと述べられていて、聞き手を引きつけるような内容で発表することができる	レポートやプレゼンテーションの構成が形式に沿って組み立てられており、自分の主張を相手に正確に伝えることができる	レポートやプレゼンテーションの構成が形式に沿って組み立てられており、相手に言いたいことを伝えることができる
14			リーダーシップ／メンバーシップ	小集団やグループの目的実現のために、自分の役割や責任を理解し、他者との協働や交流を通して、リーダーシップやメンバーシップを発揮しながら行動することができる。	グループ活動の中で、グループの方針に影響を与えるほどの貢献を行うことができる	グループ活動の中で、グループの方針に沿った活動の提案を行うことができる	グループ活動の中で、グループで決めた方針に沿って活動することができる
15			話す・聴く力／意見交換力	他者の発表や文章を傾聴し、読解して、その内容の要点をとらえ、自分の疑問や意見をまとめ、建設的な意見交換をすることができる。 ※いわゆる「読み・書き・計算」と言った基礎的な知識・理解を含む	他者の発表を傾聴し、その内容に関連した質問や意見をしたり、文章を読解してその内容に関連した疑問や意見をクラスの人に伝えることができる	ゼミなどにおいて、他者の発表を傾聴したり、課題の文章などを読解し、自分なりの考えを持つことができる	ゼミなどにおいて、他者の発表を傾聴したり、課題の文章などを読解することができる
思い浮かべる場面					キャンパスライフ全般（授業や課外活動、クラブ活動など）や社会活動への参加をとおして	13. 当該学期に受講している科目のレポート作成やプレゼンテーションをふりかえって　14. キャンパスライフ（授業や課外活動、クラブ活動など）全般をふりかえって　15. キャリアプランニング、基礎演習、専門演習、卒業研究などでの活動をふりかえって	
※	目標を定めるルーブリックなので、各レベルの説明文の時制は「〜できる」のような現在形に統一した。						

ベンチマークのチェック結果に対する分析は、毎年行われてきていたが、2010年にベンチマーク評価にルーブリックを導入してから4年が経過することもあり、学年の推移による経年でのベンチマークチェックの傾向の変化や卒業時点でのベンチマークの達成度について検証を行った。その結果、入学時から学年が上がるにつれてベンチマークのチェック結果も上昇している傾向は確認できた。しかしながら、ベンチマーク全ての大項目がレベル3に達成している学生は、それほど多くはなく、充分な達成とは言い難い状況であった。大学の組織目標としての「7割～8割の学生が卒業時にはレベル3に到達」という点に関しては、その要因として、それぞれの中項目が3段階でチェックを求めている方式において最高のレベル3を目標として掲げていたことが考えられた。また、心理的にも全項目に対して最高レベルの自己評価はしづらいのではないかとも考えられた。そこで、2014年度に向けて、ベンチマークのチェック用ルーブリックのレベルに、もう一段上位のレベルを設定して4段階設定とする検討がなされた。

5　チェック用ルーブリックのレベル変更から第4期改訂（2014～2018）

2014年度にベンチマークのチェック用ルーブリックのレベルが4段階に変更されて運用が続けられ、その間も継続的に学生のベンチマークチェック結果の傾向や状況の分析が続けられてきた。毎年のFDにおいて、その時点での分析結果が報告され、全専任教員で情報を共有した上で、各学科での課題の抽出やその対応が検討されてきた。

2016年度に、学生の自己評価能力を向上させ、学生にとってのベンチマークの実効性を高めることを目的とした「評価と実践Ⅰ、Ⅱ」という特別な必須科目が、全学的に開設された（看護学科は、完成年度の関係で1年遅れでの開設となっている）。それまで、学生に対するベンチマークの説明は、リフレクションディなどが中心で行われてきたが、正規の授業として時間をかけて説明し、1年次に4年間の学修計画を立てさせて、半年ごとの振り返りとベンチマークチェックを行うようになった。

それと並行して、ベンチマークそのもの妥当性・有効性についても、さらなる検討を進めてきた。その結果、中項目の基本的な構造や考え方が問題となってきた。その問題とは、「自律性」、「社会貢献性」や「多様性理解」など、特に態度特性に関わる大項目に対して、限られた数の中項目の評価の総和で達成度を測ることにどれだけの説明力があるか、という問題である。それは、各科目とベンチマーク中項目とを対応づけたカリキュラムマップの構成自身にも大きく影響を与えることとなった。

そこで、2017年より1年以上かけてベンチマークの大きな見直し作業が行われることになる。その結果、自律性、社会貢献性、多様性理解の大項目については単独の項目とし、問題発見・解決力、コミュニケーションスキルについては、それぞれ3つの中項目を設定して、2018年度末に第4期のベンチマークに改訂された（**表II-2-4(1)、(2)**）。

それまでの改訂（第2、3期）も中項目の見直しを中心としていたが、ベンチマーク全体の基本構造は踏襲されていた。しかしこの第4期の改訂は、ベンチマークの構造自身についても改訂されたことになる。それと同時に、個々のベンチマークの項目が特定の科目に対応させているカリキュラムマップの見直しにも取り掛かっている。

2018年3月のリフレクションディで全学生に新しいベンチマークに対する説明を行い、同年4月から第4期ベンチマークがスタートされた。

参考文献

文部科学省　中央教育審議会「学士課程教育の構築に向けて（答申）」平成20年12月　http://www.mext.go.jp/b_menu/shingi/chukyo/chukyo0/toushin/1217067.htm

文部科学省　中央教育審議会「新たな未来を築くための大学教育の質的転換に向けて〜生涯学び続け、主体的に考える力を育成する大学へ〜（答申）」平成24年8月　http://www.mext.go.jp/b_menu/shingi/chukyo/chukyo0/toushin/1325047.htm

表 II-2-4(1)　KUIS 学修ベンチマーク（第 4 期）　2018.03

項目	項目の説明	レベル 4	レベル 3	レベル 2	レベル 1	具体的に実践する場面例	エビデンスの例
(1) 自律的で主体的な態度（自律性）	自分の目標をもち、その実現のために、自らを律しつつ意欲的に行動することができる	自ら目標をもち、主体的に計画・実行・確認を繰り返し、経験を生かしながら新たな課題に挑戦することができる	自ら目標をもち、主体的に計画を立て、進行状況や目標の達成状況を確認しながら実行することができる	やらなければならないことを、計画を立てて最後までやり遂げることができる	やらなければならないことを、決められた期日までにやり遂げることができる	・日々の学習計画をふりかえるとき ・実習で課題に取り組むとき ・学園祭など、大きなイベント ・リフレクション・デイで半年ごとにふりかえるとき　など	・ラーニングルートマップ ・スケジュール ・eポートフォリオ「成長確認シート」 ・eポートフォリオ記事（自律的で主体的な経験）
(2) 社会に能動的に貢献する姿勢（社会的貢献性）	集団や社会のために他者とともに行動し、貢献することができる	他者と協働しながら、集団や社会への貢献に、より多くの人が参画できるように展開することができる	他者に協力を呼び掛けながら、自主的に集団や社会に貢献することができる	他者と協力しながら、集団や社会への貢献に参加することができる	身近な場面で、困っている人を手助けすることができる	・授業のグループワーク ・GS、CS、実習などの現地活動 ・クラブ、学生会、学園祭などの正課外活動　など	・グループワークのふりかえりワークシート ・実習ノートや、教室外プログラムの最終レポート ・チームワークルーブリックで評価された課題 ・eポートフォリオ記事（集団や社会に貢献した経験）　など
(3) 多様な文化やその背景を理解し受け容れる能力（多様性理解）	世界に住まう人々の文化や社会が多様であることに理解を深め、世界市民として行動できる	自分とは異なる価値観や考え方を持つ人々の社会的・文化的背景を尊重し、差別などの社会的不正義の解消に乗り出すことができる	自分とは異なる価値観や考え方を持つ人々の社会的・文化的背景を尊重しながら、その人々と交流することができる	自分とは異なる価値観や考え方を持つ人々の社会的・文化的背景を理解し、違いがあることを受け容れることができる	自分とは異なる価値観や考え方を持つ人々がいることを理解し、自分たちとの違いを説明することができる	・多様性を考える授業 ・GS、CS、実習等などの教室外プログラム ・留学 ・自分が生きてきた地域とは異なる地域の人々との交流 ・母国以外の人々との交流など	・多様性理解ルーブリックで評価された課題 ・実習ノートや、教室外プログラムの最終レポート ・eポートフォリオ記事（多様な文化や社会に関する経験や学び）　など
(4)問題発見・解決力	根拠にもとづいて、問題を発見したり解決のアイデアを構想したりする思考力や判断力を身につけ、問題を解決することができる	複雑な問題を分析し、複数の原因を究明して、論理的に整合し解決につながる提案を行い、実行できる	データにもとづいて、問題の原因を見きわめ、論理的な解決策を提案できる	普段から問題がないか注意を払い、根拠のある意見を示しつつ解決のために行動することができる	社会の中で問題になっていることを客観的に理解し、解決のための意見を出すことができる	・問題発見・解決型の授業、レポート作成、テスト ・GS、CS、演習、実習などの現地活動や調査活動 ・クラブ、学生会、学園祭などの正課外活動で学生同士、教職員、地域の人々、業者との会議	・学修成果の統合ルーブリックを用いた成果物 ・リサーチルーブリックを用いた成果物 ・クリティカルシンキングの課題レポート ・評価された問題発見・解決型の課題レポートやプレゼンテーション ・到達確認試験の論述問題の評価結果 ・eポートフォリオ記事（問題発見、論理的思考や論理的判断、問題解決のための提案などを行った経験）
中項目：	*問題発見力*	複雑な問題を分析し、複数の原因をとらえ、それらの関係を整理することができる	問題の背景や状況を理解し、原因を見きわめることができる	普段から問題がないか注意を払い、何が問題なのかを理解することができる	社会の中で問題になっていることを、理解することができる		
	論理的思考/判断力	論理的に整合するように、自らの主張を論証できる	データにもとづいて論理的な意見や判断を導き出すことができる	根拠を示しつつ意見や判断を示すことができる	ものごとを客観的に捉え、事実と意見を区別することができる		
	問題解決力	問題の背景や状況をふまえ、解決につながる提案を行い、実行できる	問題の背景や状況をふまえ、解決策を提案できる	問題の解決のために行動することができる	問題の解決のために、自分なりの意見を出すことができる		

表II-2-4(2)　KUIS 学修ベンチマーク（第4期）　2018.03

	問題解決力	問題の背景や状況をふまえ、解決につながる提案を行い、実行できる	問題の背景や状況をふまえ、解決策を提案できる	問題の解決のために行動することができる	問題の解決のために、自分なりの意見を出すことができる		
(5) コミュニケーションスキル 中項目：	国内外を問わず、社会生活の様々な場面で、他者の思いや考えを理解するとともに、自分の考えを的確に表現し、意見を交わすことができる	異なる文化や価値観の人々にも伝わるように表現を工夫しながら、裏づけのある主張を行い意見調整ができる	相手に伝わるように表現を工夫しながら、裏づけのある主張を行い意見調整ができる	多様な方法で情報収集と自己表現ができ、他者との意見交換ができる	決められた条件の中で、情報収集と自己表現ができ、他者と意見の共有ができる	・授業におけるグループワークやディスカッション ・GS、CS、実習などの現地活動でのメンバー、教職員、現地の人々など利害関係者との交流 ・クラブ、学生会、学園祭などの正課外活動で学生同士、教職員、地域の人々、業者等、との会議 ・留学先での交流	・ライティングルーブリックで評価された課題レポート ・プレゼンテーションルーブリックで評価されたプレゼンテーション資料 ・eポートフォリオの記事（国内外を問わず、情報収集、自己表現、意見交換・調整を行った経験）
	情報収集・活用力（読む・聴く・整理する）	必要かつ信頼できる情報を、国内外を問わず広範な情報源から集めることができ、自分の主張やアイデアの裏づけとして活用できる	必要かつ信頼できる情報を自分の主張やアイデアの裏づけとして活用できる	多様な情報源から、必要かつ信頼できる情報を集め、要点を整理できる	与えられた情報源から必要な情報を集めることができる		
	情報発信力（書く・話す・伝える）	言語的・非言語的な表現方法を活用して知見や考えをわかりやすく表現し、相手とのやりとりを踏まえつつ、理解してもらえるように伝えることができる	言語的・非言語的な表現方法を活用して、内容の構成を工夫しながら、知見や考えが相手にわかりやすく伝えられる	言語的な表現だけでなく、非言語的な表現方法も活用して、決められた条件の中で、知見や考えを表現できる	決められた条件の中で、自分の知見や考えを表現できる		
	意見交換・調整力	異なる文化や価値観の人々と、お互いの価値観を尊重しつつ意見を調整し、互いに納得できる結論を得ることができる	他者の主張を理解して、自分の意見と他者の意見を調整して、互いに納得できる結論を得ることができる	自分の意見に対する他者の発言の論点を理解したうえで、自分の意見を示すことができる	他者の発言を聞いた上で自分の意見を伝えられる		
(6) 専門的知識・技能の活用力	自ら学ぶ学位プログラムの基礎となる専門的知識・技能を修得し、実際を想定した場面で活用することができる	専門分野について修得した知識・技能を、実際を想定した場面で活用し、適切な行動をとることができる	専門分野について修得した知識・技能を用いて、様々な現象を説明し、評価・改善・提案することができる	専門基礎知識・技能を相互に関連づけ、その概念を使って学んだ内容を説明できる	専門的知識の獲得に必要な文献・資料を正確に理解し、重要かつ基礎的な概念を説明することができる	・専門科目の授業での課題 ・卒業論文の作成 ・GS、CS ・総合型の実習科目や演習科目	・専門科目の評価されたテストやレポート ・到達確認試験の評価結果 ・卒業論文のルーブリック評価 ・総合型の実習科目の実習ノートや演習科目のふりかえりワークシート

コラム　FD 外部講師の記録②

Dr. Donald L. Rubin

: Rubirics for Improving Learning Outcomes in Higher Education

ルーブリックのすべて

■日　　時　2013 年 2 月 26 日（火）13：05 ～ 15：30
■場　　所　関西国際大学　三木キャンパス
※大学間連携共同教育推進事業の一環として、淑徳大学、北陸学院大学、くらしき作陽大学関係者も出席
■講　　師　Dr. Donald L. Rubin（ドナルド L. ルービン）博士
■概　　要

本事業で進めているルーブリックの開発に関する見識を深めるため、ルービン博士を招き、講演会およびワークショップを実施した。

講演の中ではルーブリックの仕組みや、注意点についての説明があった。ルーブリックは学生の評価のほか、授業における評価の観点の事前説明、授業改善点の発見、学部・学科のプログラム評価等に活用することができる。さらに、ルーブリックの作成に学生が携わることで授業の成果が上がることの説明があった。また、ルーブリックを作成する際の注意点として、解釈に幅のない用語を使い、抽象性を排すること、大学が設定する目標が学生レベルとプログラムレベルで関連付けられ、評価の中に含まれていることが必要であるとの説明があった。

ワークショップではグループに分かれてルーブリックの評価の観点について演習を行った。評価をする教員側と評価をされる学生側で共通認識可能な表現の必要性や、評価をする際にはどのような観点が適するのかについて理解を深めることができた。

■講師略歴

Dr. Donald L. Rubin（Professor Emeritus. Language Analysis and Health Communication, University of Georgia）

アメリカ・ジョージア大学のルービン博士は言語学を専門とする教授であり、同大学の留学プログラムの長を務めた。現在は名誉教授。保健とリスク・コミュニケーション・センターの主席科学者（Senior Scientist）を務めている。

（講師略歴は FD 実施時のものです）

第３章　学修成果の可視化に向けたｅポートフォリオ評価

ePortfolio Assessment toward the Visualization of Learning

岩井　洋

本章では、学修成果の可視化に向けたｅポートフォリオ評価に関する本学の取組について紹介する。

ｅポートフォリオ（ePortfolio）は、学生一人ひとりが、ウェブ上にテキスト、画像、音声等のさまざまなかたちで学修成果を蓄積したものである。学生は、４年間の学修到達目標を定めた「KUIS 学修ベンチマーク」と関連づけて、達成できた態度特性や技能のエビデンス（証拠）と学期ごとの「ふりかえり」（reflection）をｅポートフォリオに蓄積する。

以下、ｅポートフォリオを導入するにいたった経緯（ｅポートフォリオ前史）、ｅポートフォリオ・システムの開発と導入、そして、ｅポートフォリオを活用した教育改善、といったテーマの順に本学の取組を紹介する。

1　ｅポートフォリオ前史

1　紙ベースのポートフォリオの導入

ｅポートフォリオの導入に先立って、2001 年に人間学部が開設された際、紙ベースのポートフォリオを導入した（図Ⅱ-3-1）。新入生全員に大学のロゴ入り２穴ファイルを配布し、定められた内容に沿って、ポートフォリオを作成するように指導した。ポートフォリオの内容は、(1) 履歴等のプロフィール、(2) 学修成果、(3) ふりかえり、の大きく３つからなる。(1) には、いわゆる履歴書の内容とともに、本学の初年次教育において重視している、自己分析の結果等も含まれる。(2) 学習成果は、正課の授業や課外活動に関わ

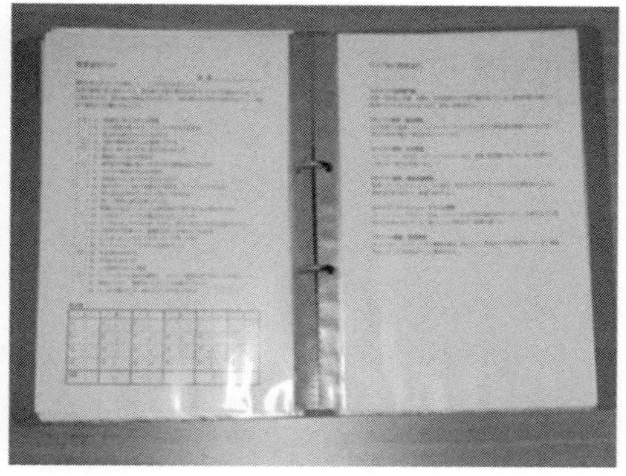

図Ⅱ-3-1　2001 年に導入した紙ベースのポートフォリオ

りなく、自分の学びにとって重要だと思われる事柄に関係するもの、あるいは自分の成長を証明するものを意味する。(3) ふりかえりは、学期はじめに目標設定を行い、学期末にそれがどの程度達成できたかをふりかえらせるものであり、そのふりかえりが次学期の目標設定につながる。

ポートフォリオは、各学期末に回収され、担当のアドバイザー (担任) が付箋紙等にコメントを付し、次学期に返却される。本学では、1 年生から 4 年生までゼミナールが必修化されており、当時、専任教員は平均して 2 学年のゼミナールを担当していた (各ゼミナールの受講生は 17 〜 18 名程度)。

1 年生から 3 年生にかけては、〈目標設定→ふりかえり→目標設定〉の習慣を定着させることをめざしてポートフォリオを活用し、3 年生の前半から 4 年生にかけては、就職活動に向けて「キャリア・ポートフォリオ」としてポートフォリオを活用した。就職活動においては、自己 PR や志望動機の作成だけではなく、キャリアセンター等での就職相談にも、ポートフォリオが活用された。

その後、学生一人ひとりが自分のポートフォリオに愛着をもち、ポートフォリオの作成・編集を継続できるようになることをめざし、毎年「ポートフォリオ・コンテスト」を開催し、内容の充実度や学びに対するふりかえり等の観点から、優れたポートフォリオを選定し表彰する制度をはじめた[1]。

2　ポートフォリオ導入の意義

紙ベースのアナログ型のポートフォリオ、デジタル化されたeポートフォリオにかかわらず、ポートフォリオ導入の意義として、以下の5点があげられる。(1)学修成果の統合化ツール、(2)目標設定とふりかえりのツール、(3)学修到達度を証明するエビデンス、(4)形成的評価のツール、そして(5)教育プログラムの効果測定ツール、である。

(1)については、学修成果物を一元的に管理することにより、学生自身が学びや成長を確認することができ、それが自信にもつながる。このことは、(2)にも深くかかわる。学びや成長が可視化されることにより、何が達成できて、何が達成できなかったのかが明確になる。それにより、次にめざすべき目標が明らかになる。ここに、〈目標設定→ふりかえり→目標設定〉というサイクルができあがる。(1)と(2)に関連して、ポートフォリオは、学修到達度を証明するエビデンスになりうる。通常、学生の学びや成長は、テストの成績という定量的な方法で評価されがちだが、学生のふりかえりやそこにみられる「気づき」は、定量的には適切に評価することが難しい、定性的データとして活用することが可能である。(1)から(3)の要素は、教員の視点からみた場合、ポートフォリオが形成的評価のツールとして活用できることを意味する。教員が、学生の学びや成長のプロセスを確認しながら、学期途中にコメントや評価をすることで、学期末のテストやレポート等による総括的評価だけではなく、学期全体のプロセスを通した形成的評価が可能になる。さらに、組織の視点からみた場合、ポートフォリオによって提供される定性的データは、学生の評価のみならず、教育プログラムの効果測定にも活用可能である。学生の成績の伸びや中退率の減少といった定量的データでは把握できない事柄を知るためには定性的データが必要になり、ポートフォリオの内容はその重要なデータとなる。

3　初年次教育とポートフォリオ

人間学部を開設し、紙ベースのポートフォリオを導入した際、本学では「初年次教育」というスキームを明確に意識しながら教育を展開した。初年次教育という言葉は、いまでこそあたりまえのように使われるが、当時としてはまだ十分に普及していなかった[2]。ポートフォリオを初年次教育の枠組の中で活用しはじめ、さらに学士課程教育全体で有効活用しようとする着想は、海外の先行事例から学んだ知恵を、本学が積極的に吸収していくことから生まれたといえる。

2000年代に入り、筆者は濱名篤教授（現学長）に随行し、米国における初年次教育やポートフォリオの先進校を視察した。同視察は、初年次教育の第一人者であり、現在、米国インスティテューショナル・リサーチ協会（AIR: Association for Institutional Research）の専務理事でもあるスウィング（Randy L. Swing）氏の紹介によるものである。訪問した大学等は、ミシガン州のカラマズー・カレッジ（Kalamazoo College）、ノース・カロライナ州のイーロン大学（Elon University）、同州のアパラチアン州立大学（Appalachian State University）、さらにはサウス・カロライナ州のサウス・カロライナ大学（University of South Carolina）付属の初年次教育研究機関（National Resource Center for the First Year Experience© and Students in Transition）などであった[3]。

カラマズー・カレッジは、海外研修／留学（study abroad）プログラムで高い評価を得ているとともに、eポートフォリオの先進校でもあった。同校では、当時、急速に普及しはじめていたインターネットの技術を活用し、学生が個人のホームページを作成し、多様な表現を使ったポートフォリオとして活用している事例を学んだ。イーロン大学[4]は、リベラルアーツ型大学として評価が高く、「イーロン・エクスペリエンス」（Elon Experiences）と呼ばれる体験型学習プログラムが充実していた。アパラチアン州立大学では、組織的かつ体系立った初年次教育プログラムが構築・実施されていた。サウス・カロライナ大学の初年次教育研究機関では、所長であり初年次教育の世界的権威であるガードナー氏（John N. Gardner）とベアフット氏（Betsy O. Barefoot）にインタビューした。そこでは、初年次教育を個別の授業科目やプログラムとしてではなく、学生の高校から大学への円滑な移行と、大学生活への適応を促進する教育プログラムの総体としてとらえることの重要性が再確認された。

これらの視察の成果が、eポートフォリオの開発・運用や初年次教育プログラムの充実、さらには、海外研修プログラムやサービス・ラーニングの推進に展開していったといえる。

2　eポートフォリオの開発と運用

2006年7月、本学の取組「初年次教育の総合化と学士課程教育への展開」が文部科学省「特色ある大学教育支援プログラム」（特色GP）に採択された。この取組は、初年次教育の方法論を4年間の学士課程教育全体に継続的・発展的に展開しようとするものである。本学では「初年次教育研究開発センター」[5]（2004年設立）を中心に、独自の教材や教育手法を開発し、その情報とノウハウの学内共有を推進してきた。また、アクティブ・ラーニングの手法を全学的に導入し、学生の主体性の育成や大学生活への適応力向上をめざしてきた。これらの取組を総合化する重要なツールとして開発したのが、eポートフォリオである[6]。

1　紙ベースのポートフォリオからeポートフォリオへ

前述のように、本学ではすでに紙ベースのポートフォリオを導入していたが、特色GPの採択を契機に、eポートフォリオの導入を決定した理由は、以下の4つである。すなわち、(1)学外活動への柔軟な対応、(2)多様な表現形態の可能性、(3)eラーニング等との連携、(4)物理的・空間的制約、などである。

(1)は、インターネットに接続していれば、世界のどこからでもアクセスできるというeポートフォリオの特性と大きくかかわる。スタディ・アブロード（海外における体験学習）や海外インターンシップ、さらには国内におけるさまざまな体験型学習を推進する場合、紙ファイルを持ち歩くことなく、これまでの学修成果を参照しながら学生が自分の体験をふりかえることができるという意味で、eポートフォリオの利便性は高い。

また、(2)の多様な表現形態の可能性について、eポートフォリオは紙ベースのそれと大きく異なり、テキスト、動画、画像、音声をはじめ、さまざまなファイル形式を簡単に統合できるというメリットがある。

(3)のeラーニング等との連携については、学修管理システム（LMS: Learning Management System）あるいはコース管理システム（CMS: Course Management System）や、eラーニング・システムとeポートフォリオを接合することで、学修環境の整備をめざすものである。eポートフォリオと他のシステムがシームレスになることで、学生の学修に関する利便性も向上されると考えられる。

(4)の物理的・空間的制約は、eポートフォリオがハードディスク以外に場所をとらないという特性にかかわる。前述のように、紙ベースのポートフォリオを活用した場合、学期末にアドバイザーの元に40冊近いファイルが集まる。学期はじめにそれを返却するという作業は、教員と学生の相互にとって煩雑なものになる。eポートフォリオは、この煩雑さと物理的・空間的制約の問題を解決してくれる。

以上が、紙ベースのポートフォリオからeポートフォリオへ移行した理由であるが、紙ベースのポートフォリオを運用した約5年間の経験から、われわれは、eポートフォリオによって失われる紙ベースの「良さ」についても認識していた。それは、紙ファイルを実際に手にとって、全体を概観しながら学修成果を編集していくという一覧性と手作業の感覚である。

2　先進事例から得た知見

eポートフォリオの開発にあたっても、米国の先進事例が役に立った。2006年を中心に、筆者は米国のeポートフォリオ先進校を視察した。本学の取組が特色GPに採択された2006年、本学のもう1つの取組「大学、住民及び行政等の協働と地域活性化～シニア学生受け入れモデルとサービスラーニングモデルの開発」も文部科学省の「現代的教育ニーズ取組支援プログラム」(現代GP)に採択された。このこともあり、視察先として、eポートフォリオとサービス・ラーニングの先進校である、インディアナ州のインディアナ大学＝パデュー大学インディアナポリス校（IUPUI: Indiana University-Purdue University Indianapolis）とオハイオ州のボーリング・グリーン州立大学（Bowling Green State University）を選定した。両大学は、当時、eポートフォリオを推進するeポート・コンソーシアム（ePortConsotium）[7]の中心メンバーだった。

IUPUIでは、同校のeポートフォリオに関わる責任者であったハミルトン（Sharon J. Hamilton）氏とカーン（Suzan Kahn）氏を中心にインタビューした。両氏は、eポートフォリオの開発過程において、教育サイドと技術サイドの調整[8]がいかに大切であるかを強調するとともに、eポートフォリオと学修到達目標をいかに関連づけるかについて、重要な示唆をあたえてくれた。

1997年、IUPUIは、すべての学部生が到達すべき学修成果の枠組であるThe IUPUI Principles of Undergraduate Learning（PULs）[9]を提示した。これは、(1)基本的なコミュニケーション・スキルおよび数量分析スキル（Core Communication and Quantitative Skills）、(2)批判的思考（Critical Thinking）、(3)知識の統合と適用（Integration and Application of Knowledge）、(4)知的な深さ、広がり、適応性（Intellectual Depth, Breadth, and Adaptiveness）、(5)社会と文化の理解（Understanding Society and Culture）、そして(6)価値観と倫理意識（Value and Ethics）の6つから構成されている[10]。これらは、eポートフォリオ上で学修成果物と関連づけて蓄積されていた（**図Ⅱ-3-2**）。

列には6つの学修到達目標（PULs）が示され、行には「入門」（Introductory）、「中級」（Intermediate）、「上級」（Advanced）、「経験型」（Experiential）の4つのカテゴリーが示され、各セルには、該当する学修成果物が電子ファイルの形式で埋め込まれている。それぞれのファイルのアイコンをクリックすると、学修成果物の内容が立ち上がる。また、セルの色分けは、青（教員による評価済み）、黄（未評価／保留）、赤（未許可）というように、信号機に見立てて、学修の進捗を表している。

ボーリング・グリーン州立大学では、eポートフォリオの普及を推進してきたハッケル（Milton D. Hakel）氏にインタビューした。同校でも、eポートフォリオでIUPUIと同様の学修マトリックス[11]を活用するとともに、学

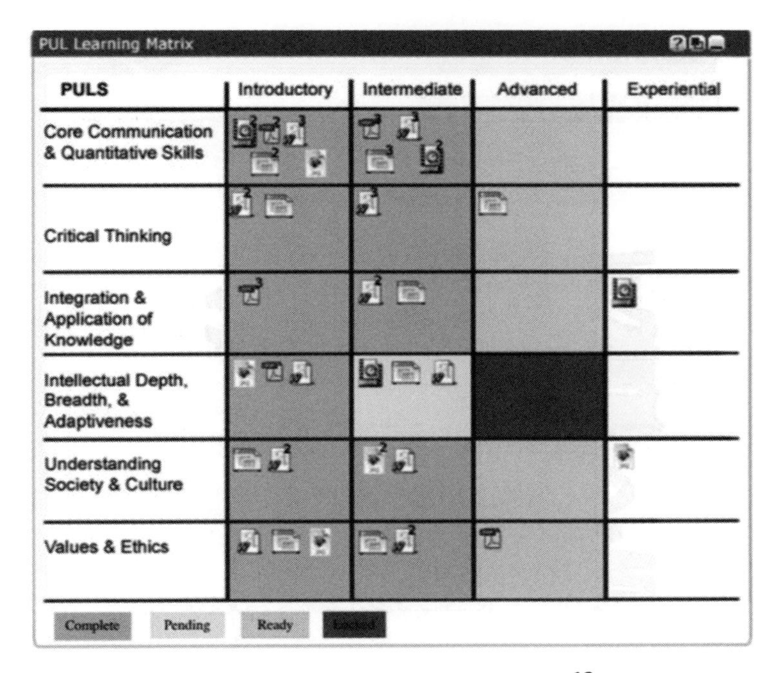

図II-3-2　IUPUIの学修マトリックス[12]

生が自分をアピールするための「ショーケース」(showcase) としてもeポートフォリオが活用されていた。

3　eポートフォリオの運用と改善

本学では、前述の海外の先進事例に学びつつ、2006年の特色GP採択以降、同年10月から翌年3月にかけて、eポートフォリオのプロトタイプを開発した。4月から9月までは、「学生メンター」(2、3年生から選ばれた、1年生のモデルとなる学生) をモニターとしてeポートフォリオの試験運用を実施し、学生メンターの報告書をeポートフォリオに掲載した。また、5月7日から27日まで、前述のIUPUIのハミルトン氏を本学に招聘し、eポートフォリオ・システムの構築・運用についてコンサルテーションを受けた。その後、学生メンターによるモニター結果とハミルトン氏のコンサルテーションをふ

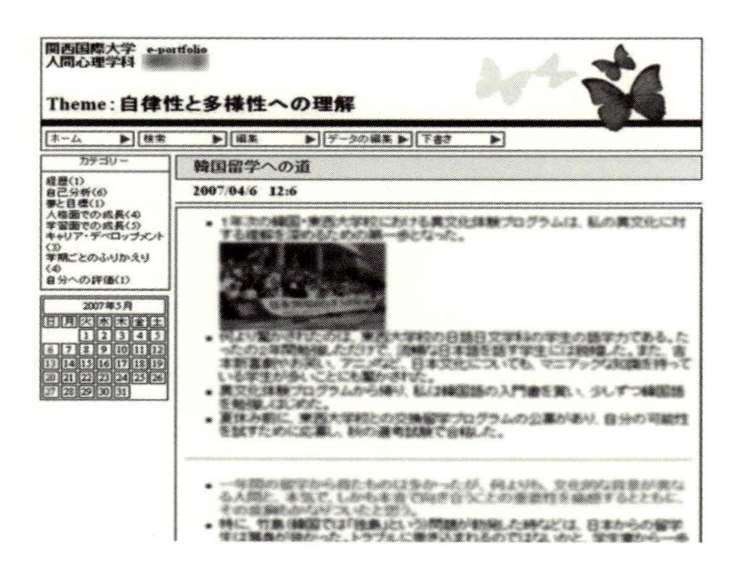

図Ⅱ-3-3　e ポートフォリオ・システム（Ver.1）

まえて、一部システムを改良し、2007年10月からeポートフォリオの本学運用を開始した。2008年度には、eポートフォリオと並行して使用してきた紙ベースのポートフォリオ（2001年から使用）を廃止し、eポートフォリオに全面移行した。

2007年4月に試験的に運用を開始したeポートフォリオ（Ver.1）は、**図Ⅱ-3-3**に示すようなものである。入力画面やエディターなどのインタフェイスはブログとほぼ同じものであるが、ブログと大きく異なることは、学生間の相互参照ができないことである。閲覧は、作成した学生本人とそのアドバイザーに限定される。また、学生に対するコメントはアドバイザーのみに権限が設定されている。学生間の相互閲覧機能はオプションとして装備していたが、個人情報の流出や学修成果の盗作・剽窃等の可能性を考慮し、使用しなかった。

試験的な運用期間を経て、2007年10月にeポートフォリオ・システムの本格運用を開始したが、操作性の向上等の改善すべき点が明らかになり、翌

図Ⅱ-3-4　eポートフォリオ・システム（Ver.2）

年10月、システムを改善し、eポートフォリオ・システム（Ver.2）をリリースした（**図Ⅱ-3-4**）。新バージョンのインタフェイスは、ナビゲーション・ボタンの操作性を向上させるとともに、オンライン・ヘルプも充実させた。また、カテゴリー欄には、「自律性」「社会貢献」「国際性」「問題解決能力」「コミュニケーション能力」など、「KUIS学修ベンチマーク」（以下「ベンチマーク」）に対応した項目を表示した。各カテゴリーには、該当する学修到達目標に関連した学修成果が蓄積されている。

新バージョンでは、インタフェイス以外にも入力画面を改善した。たとえば、記事の投稿画面に、新たに「キーワード」入力欄を追加した。この目的は記事検索の利便性を向上させることであるが、実は隠れた目的として、学生の「要約力」を向上させるもくろみがあった。自分の書いた記事を見直し、3～5個のキーワードを付すことで、文章を的確に要約する能力を育成しようとしたのである。

また、10種類以上のテンプレート（スキン）を用意し、ユーザーの好みにあわせて、eポートフォリオの外見を変更できるようにした。これは、学生が自分のeポートフォリオに愛着をもち、作成・更新を継続させるための仕掛けでもある。かつて紙ベースのポートフォリオを導入した際、リボンやシール等で飾ることで、自分のポートフォリオに愛着をもち、継続的に作成・更新をしている学生（特に女子学生）が目立った。テンプレートの変更という機能は、これにヒントを得た。

3　ポートフォリオを活用した教育改善

ここまで、本学におけるeポートフォリオの開発・導入と、その背後にある設計思想について紹介したが、本節では、eポートフォリオを活用した教育改善の取組について紹介する。

1　学びと教育の「見える化」：ベンチマーク・シラバス・eポートフォリオ

2006年、本学では全学共通の学修到達目標である「ベンチマーク」を制定した。これは、「何を学んだのか」ではなく、「何ができるようになったか」あるいは「どのような能力を身につけたか」を、学生自身が点検し、目標設定ができるように到達目標を示したものである。eポートフォリオには、ベンチマークがどの程度達成できたかを示すエビデンスが蓄積されることになる。すでに述べたように、eポートフォリオ・システムにはベンチマークの各項目に対応したカテゴリーが設定されており、項目ごとのエビデンスを蓄積する仕組みが整備されている。

また、学生がベンチマークを意識した学びを深められるように、各科目のシラバスには、当該科目がベンチマークのどの項目に関連し、どのような知識や能力を身につけるように授業設計されているのかを明記している。さらに、ベンチマークに関して、学生自身が学修到達度を自己点検し、自己評価能力を養うための評価基準として、2009年にルーブリックを明確化した。その後、改訂が重ねられ、最新の「KUIS学修ベンチマークルーブリッ

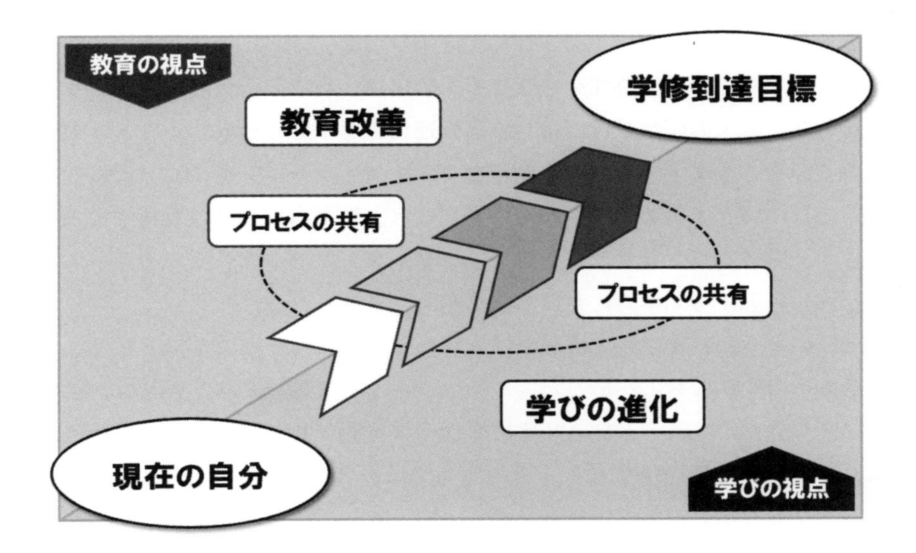

図Ⅱ-3-5　学びと教育の「見える化」

ク」(2018年度)[13]では、ベンチマークの各項目について、「具体的に実践する場面例」と「エビデンス (達成根拠)」の具体例が示され、学生生活のさまざまな場面で、学生にベンチマークを意識させる工夫が加えられている。このようにして、〈ベンチマーク (ルーブリック) →シラバス→eポートフォリオ〉という関連性が生まれる。この仕組みは、学生にとっては学びの深化、教員にとっては教育改善を促すものであり、eポートフォリオというツールを通して、学びと教育の「見える化」が実現する (図Ⅱ-3-5)。

本学では、IUPUIやボーリング・グリーン州立大学にみられた学修マトリックスをeポートフォリオに実装しなかったが、ベンチマークおよびルーブリックとeポートフォリオを連動させることで、現実には同様の仕組みを実現している。

2　アクティブ・ラーニングとeポートフォリオ

〈ベンチマーク (ルーブリック) →シラバス→eポートフォリオ〉という連動

とともに、各シラバスに明記された学修到達目標、さらにはベンチマークに掲げられた能力や態度特性を育成するためには、教育方法自体を再考する必要がある。従来の座学だけでは、学修到達目標を十分に達成することは困難である。そこで本学では、早くからアクティブ・ラーニングに取り組んできた。ここでいうアクティブ・ラーニングには、教室内における教育手法のみならず、海外研修プログラム、海外インターンシップやサービス・ラーニングをはじめとする、学外における諸活動も含まれる。

前述のように、本学がeポートフォリオを導入した理由の1つとして、学外活動への柔軟な対応があった。インターネットに接続されていれば、世界中の活動先からeポートフォリオにアクセス可能であり、学修成果の蓄積とふりかえりが随時可能になる。その意味では、アクティブ・ラーニングとeポートフォリオの親和性は高いといえる。

アクティブ・ラーニングとeポートフォリオの関連性についても、米国における先進事例が参考になった。たとえば、IUPUIでは、「テーマ別ラーニング・コミュニティ」（TLC: Themed Learning Communities）[14]と呼ばれるコース群が設定されている[15]。1年生は、学問分野を横断したさまざまな研究テーマから1つを選択し、テーマ別に25名のラーニング・コミュニティを形成する。ラーニング・コミュニティでは、学内外での諸活動を通じて、参加学生が協働して学びを深めていく。TLCは、初年次ゼミナールの役割をすると同時に、文化体験、ツアー、サービス・ラーニング、講演会などのさまざまな活動を通じて、IUPUIのキャンパスとコミュニティに慣れ親しむ機会を1年生に提供している。TLCも、IUPUIの学修到達目標であるPULsに関連づけられており、その学修成果はeポートフォリオに反映される。

また、ボーリング・グリーン州立大学では、BGeXperience（BGeX）[16]と呼ばれる初年次教育プログラムがあり、プロジェクト型学習（project-based learning）の実施や高校から大学への移行に関するトピックが取り上げられていた。また、学修到達目標であるUniversity Learning Outcomes[17]に対する意識づけやeポートフォリオへの学修成果の蓄積についても促す内容になっていた。

これらの事例は、本学におけるベンチマークを達成するための教育手法としてのアクティブ・ラーニングと、その学修成果が蓄積されたｅポートフォリオ、という関連性と同じ仕組みであるといえる。

3　ｅポートフォリオとIR

ｅポートフォリオが、教育プログラムの効果測定ツールになることはすでに述べたが、このことはIR（Institutional Research）と密接に関係する。

図Ⅱ-3-5（前掲）に示したように、ベンチマークの達成をめざした学生による学びの深化と教員による教育改善を「見える化」するツールとしてｅポートフォリオがある。同時に、ｅポートフォリオに蓄積された学修成果とふりかえりは、教育プログラムの学修効果を示す重要な定性的データでもある。また、ルーブリックに示されるように、学修到達目標の達成度に応じて1～4までの数値に変換することができるため、達成度の数量データ化やレーダーチャート等による可視化も可能である。これらの学びと教育に関する定量的・定性的データを収集し、学生のさまざまな属性、GPA等の成績評価や取得単位数、資格・検定の取得、課外活動、面談記録などとあわせて分析することにより、きめ細かな学生支援が可能になる。さまざまなIRデータを分析することで、ディプロマ・ポリシーとカリキュラム・ポリシーの整合性を多角的に点検・評価することができ、分析結果次第では、教育方法や教育プログラムのあり方自体を見直すことも考えられる。

ｅポートフォリオ・システムから得られたデータをIRにいかに活用するかについては、全国的にまだ明確な方法論が確立しているとはいいがたい。また、ｅポートフォリオ・システムのデータをLMSあるいはCMSシステムのデータや学内の諸データといかに紐づけるか、という技術的な課題もある[18]。本学では、ｅポートフォリオ・システムから得られた諸データを重要なIRデータの1つとしてとらえ、その活用方法について模索している。

本章では、学修成果の可視化に向けたｅポートフォリオ評価に関する本学の取組について紹介した。

2001 年の紙ベースのポートフォリオの導入にはじまり、2006 年の特色 GP の採択を契機とする e ポートフォリオの開発と運用、そして 2008 年の e ポートフォリオへの全面移行に至る本学の取組の根本には、初年次教育に対する明確な理念と学修到達目標（ベンチマーク）を前提とした学修成果の可視化ツールとしての e ポートフォリオの活用という教育の設計思想があった。また、ルーブリックに準拠したベンチマークの達成を促進する教育手法としてのアクティブ・ラーニングの推進、その学修成果の e ポートフォリオへの反映、さらに、e ポートフォリオ・システムから得られた諸データを IR データとして活用しようとする指向性は、先駆的なものであったといえる。

このような取組の背景には、早くから海外の先進校に学び、そのエッセンスを吸収・咀嚼し、本学の教育に適合するようにカスタマイズするという、一種の組織的な習慣があったことも付け加えておく。

本章で紹介した本学の取組は、明確な理念に裏づけられた体系的かつ先進的なものとして、全国でも高く評価されてきた。このような取組が実現したのも、2005 年に学長に就任した濱名学長のリーダーシップのもと、全学的な FD による組織的な教育が強化されたことによるといえる。

注

1　本学の取組は、『読売ウィークリー』（2006 年 12 月 3 日号）の特集「新指標『GP』で測る 286 大『教育力』ランク」で、「教育力のある大学」の 1 つとして取り上げられた。この記事において、紙ベースのポートフォリオの取組についても紹介されている。

2　初年次教育学会が設立趣意書を公表したのが 2007 年 12 月、学会設立大会を開催したのが翌年の 3 月である。

3　イーロン大学とアパラチアン州立大学は、ともに 2018 年版大学ランキング（U.S. News & World Report）の初年次教育部門で、注目すべき 10 大学にランキングされている。https://www.usnews.com/best-colleges/rankings/first-year-experience-programs（2018.7.30 閲覧）

4　イーロン大学が、いかにして無名大学から高い評価を得る大学に変貌したかについては、ジョージ・ケラー（堀江未来監訳）『無名大学を優良大学にする力：ある大学の変革物語』（学文社、2013）を参照。

5　当センターでは、前述のスウィング氏を客員教授に、カンタニス（Tanya Kantanis）氏（オーストラリア・モナシュ大学、初年次教育担当ディレクター）とペッチャウアー（Joni Webb Petschauer）氏（米国・アパラチアン州立大学、初年次教育担当ディレクター）を客員研究員にむかえた。

6　e ポートフォリオに関する本取組の成果報告としては、特色 GP 採択記念シンポジウム「初年次教育とポートフォリオ評価」（2007 年 5 月 18 日、神戸国際会館）および特色 GP シンポジウム「eポートフォリオの多様な展開と可能性」(2008年9月26日、神戸国際会館）がある。前者については、シンポジウムの記録『初年次教育とポートフォリオ評価』（関西国際大学高等教育研究開発センター、2008）を参照。後者については、以下のリンクを参照。http://www.kuins.ac.jp/kuinsHP/extension/gp2006/sympo080926/sympo.html（2018.7.30閲覧）

7　現在は存在しないが、かつてはhttp://eportconsortium.orgのURLで活動していた。詳細については、ePortConsotium *Electronic Portfolio White Paper*（*Version 1.0*), November 3, 2003（https://www.immagic.com/eLibrary/ARCHIVES/GENERAL/EPORT/E031103J.pdf）（2018.7.30閲覧）を参照。

8　両氏は、「教育畑の人びと」(education people) と「技術屋さんたち」(technology people) という言葉を対比させ、両者の葛藤や協働について詳細に説明してくれた。

9　PULsは、2005年と2007年に改訂されている。またPULsは、「全米カレッジ・大学協会」（AAC & U: Association of American Colleges and Universities）が「教養教育とアメリカの約束」(LEAP: Liberal Education and America's Promise) と呼ばれるキャンペーンの中で制定した「必須の学修成果」(Essential Learning Outcomes)（https://aacu.org/leap/essential-learning-outcomes）（2018.7.30閲覧）に呼応するものといえる。

9　https://due.iupui.edu/undergraduate-curricula/general-education/principles-of-undergraduate-learning/index.html（2018.7.30閲覧）

10　ハミルトン氏によると、当時、米国のアクレディテーション (accreditation)（日本の認証評価に相当）機関の多くが、マトリックスを使用した評価を推奨していたという。2007年時点で、米国の教育機関で多く導入されていたLMSシステムであるBlackboardには、学修マトリックスが実装されていた。しかし、筆者がWebCT（2006年にBlackboard社に買収されたeラーニングシステム）のユーザー会議で、IUPUIのマトリックスを紹介した際も、その意味を理解している日本のユーザーはきわめて少なかった。岩井　洋「学習成果の統合化ツールとしてのEポートフォリオ」第4回WebCTカンファレンス（熊本・阿蘇）2007年11月17日。

12　http://www.eport.iu.edu/about_the_project_frameset.htm（2018.7.30閲覧）

13　http://www.kuins.ac.jp/library/PDF/20180402/rublic2018.pdf（2018.7.30閲覧）

14　https://tlc.iupui.edu（2018.7.30閲覧）

15　IUPUIは、2018年版大学ランキング（U.S. News & World Report）のラーニング・コミュニティ部門で、注目すべき10大学にランキングされている。https://www.usnews.com/best-colleges/rankings/learning-community-programs（2018.7.30閲覧）

16　筆者の視察時には、同校の初年次教育の中核的プログラムであったが、現在、大学ホームページでその名前を見つけることはできない。

17　https://www.bgsu.edu/catalog/general-information/the-univeristy/university-learning-outcomes.html（2018.7.30閲覧）

18　この課題も含めて、eポートフォリオ・システムの導入・活用における問題点については、筆者が委員長をつとめた、私立大学情報教育協会の大学情報システム研究委員会の最終報告書『学修ポートフォリオシステムの導入・活用等の参考指針』(http://www.juce.jp/info-system/port.pdf) で詳細にふれている。

参考文献

Jafari, Ari & Kaufmann, *Catherine Handbook of Research on ePortfolio*, Idea Group Publishing, 2006

岩井　洋『大学教育のFYEにおけるポートフォリオの利用』高等教育研究叢書（関西国際大学高等教育研究所）No. 5、47-69頁、2004

岩井　洋『eポートフォリオを活用した教育改善』大学教育と情報（私立大学情報教育協会）

145 号、2013
小川賀代、小村道昭編著『大学力を高める e ポートフォリオ：エビデンスの基づく教育の質保証をめざして』東京電機大学出版局、2012
関西国際大学『初年次教育とポートフォリオ評価』関西国際大学高等教育研究開発センター、2008
私立大学情報教育協会 大学情報システム研究委員会『学修ポートフォリオシステムの導入・活用等の参考指針』私立大学情報教育協会、2017 http://www.juce.jp/info-system/port.pdf（2018.7.30 閲覧）
濱名　篤、川嶋太津夫編著『初年次教育：歴史・理論・実践と世界の動向』丸善、2006

コラム　FD 外部講師の記録③

Dr. Charles Blaich, Ms. Kathleen Wise

: Connecting data and culture for student support and educational improvement

学生支援と教育改善のためのデータ接続と組織文化

■日　　時　2013 年 8 月 6 日（火）10:40 ～ 16:50
■場　　所　関西国際大学　尼崎キャンパス
※大学間連携共同教育推進事業の一環として、淑徳大学、北陸学院大学、くらしき作陽大学関係者も出席、遠隔配信
■講　　師　Dr. Charles Blaich（チャールズ・ブライチ）博士
　　　　　　Ms. Kathleen Wise（キャスリーン・ワイズ）氏
■概　　要
本事業の取組における教育改革の適切な推進にあたり、学生に関する情報を収集・分析するとともに、これを改善計画に活用することが必要となるため、先進的な取組を行っているワバッシュ大学センター・オブ・インクワイアリー調査所長のチャールズ・ブライチ博士、キャスリーン・ワイズ調査副所長を招き、学生のデータに基づく教育改善の講演およびワークショップを行った。

講演では次の内容について説明があった。全米で 49 大学が参加しているセンター・オブ・インクワイアリーでは、教育の実施と学生の学びとの関係についてパネル調査を行っている。具体的には、大学での体験、経験、条件が 12 の学修成果にどのように影響しているかを分析している。調査結果から、学生が成長するためには 4 つの大きな要因が必要であることが判明している。1 つ目は良い教育と有能な教員との相互作用、2 つ目は授業の予習復習や教員のフィードバック、学問的に難易度の高いことに取り組むこと、3 つ目は多様性との関わり、4 つ目は深い学習（Deep Learning）により分析したり、統合したり、他の人と会話し、自分の考えをまとめていく高度な知的作業を伴うことである。

ワークショップでは、ある大学を想定したデータに基づく、組織的な教育改善についての議論、ハイ・インパクト・プラクティスの検証にどのようなデータが必要となるかについての議論が行われた。

■講師略歴

Dr. Charles Blaich（Director of Inquiries, Center of Inquiry, Wabash College）
（Director, Higher Education Data Sharing Consortium〔HEDS〕）

ブライチ博士は、ワバッシュ大学センター・オブ・インクワイアリー調査所長兼高等教育データ共有コンソーシアム（HEDS コンソーシアム）会長の職にある。

同氏は 1986 年にコネチカット州立大学で心理学の博士号を取得した後、1987 年から 1991 年までイースタン・イリノイ大学で、またその後、2002 年までワバッシュ大学で教鞭をとった。2002 年からはセンター・オブ・インクワイアリーの現職に就き、2011 年には HEDS 会長を兼ねて現在に至っている。

Ms. Kathleen Wise（Associate Director of Inquiries, Center of Inquiry, Wabash College）

ワイズ氏は、センター・オブ・インクワイアリーの調査副所長である。同氏は 2001 年にシカゴ州立大学で MBA を取得した。その後、2001 年から 2003 年までイーライリリー社の財政分析主任を勤め、2004 年にセンター・オブ・インクワイアリーの主任研究員となった。2007 年にセンター・オブ・インクワイアリーの現職に就き現在に至っている。

（講師略歴は FD 実施時のものです）

第4章　多様化する学生への対応

田中亜裕子

1　はじめに

関西国際大学では1998年の開学当初から初年次教育に力を注いできた。開学と同時に全国初の学習支援センター（2015年度より学修支援センターに改名）を設立し、アカデミックスキルが十分でない学生をターゲットにサポートを始めた。そして2001年には、必修型の基本教育科目である「学習技術」を開講し、それ以降の初年次教育科目も必修化することで、すべての学生がもれなく必要なスキルを身につける機会を提供した。また、入学前教育として2004年にウォーミングアップ学習を開始し、2007年にはピアサポートとして学生メンター制度[1]を導入するなど、全学共通の初年次教育を推進してきた。こうしてふりかえると本学の歩みは、学力のみならず対人関係力の差も大きい多様な学生たちが、早期に大学への適応を果たすために、どのような教育を行うべきであるかと試行錯誤を重ねてきた歴史そのものといえる。

経営学部からスタートした本学は、現在、ツインキャンパス3学部（人間科学部、教育学部、保健医療学部）へと発展し、2019年度には5学部となる予定である。学部増設の流れの中で学科間の学生の特徴にも違いが目立つようになってきた。このような経緯から、現在、全学共通の初年次教育プログラムを各学科の特徴に合わせてカスタマイズする作業に着手している。

そしてこの数年、大学における学びや大学生活になじめない学生の存在が目立つようになってきた。2016年4月、障害者差別解消法が施行され、大学においても障害のある学生に対して「合理的配慮」が求められることとなった。このような流れを受けて、全国の大学や関係機関が「障害学生修学支援ネットワーク」を構築し学生への支援体制の整備を進めている。高等教育機関で学ぶ障害のある学生への支援はどの大学においても重要な課題となっている。本学においても障害の有無にかかわらず、さまざまな理由から従来の必修型初年次教育の網の目からこぼれおちてしまう学生に対して、個別の支援を検討する機会も増えてきた。入学を果たしたすべての学生が、学問を修めるプロセスを通して、その個性を伸ばし社会人として必要な教養と能力を身につけるために、大学はどのような教育を提供できるのだろうか。

本稿では多様化する学生への対応として、初年次教育における学科別カスタマイズの経緯と、学生の個性に応じた個別支援の取組について報告する。

2　初年次教育の検討―全学共通必修型から学科別カスタマイズへ―

先に述べたように、本学は開学当初、経営学部のみであったが、2001年に人間学部（人間行動学科・英語コミュニケーション学科）を開設した。そして2006年の改組を経て、翌年には人間科学部（ビジネス行動学科・人間心理学科）と教育学部（教育福祉学科・英語教育学科）に改編した。2009年に尼崎キャンパスに教育学部を移転し、2011年には三木キャンパスに保健医療学部看護学科を開設し、社会科学系、人文科学系、そして自然科学系の3系統の学科がそろった。こうして本学は興味関心の向かうところが異なる多様な学生たちが学ぶ場となった。学部増設に伴う学生の多様化に対応するために、初年次教育部門ではこれまでの全学共通必修型の初年次教育から学科毎にカスタマイズされた初年次教育へと転換すべく検討をすすめている。本節では学生データの分析を示しながら、本学の初年次教育の検討経過について報告する。

1　全学共通必修型の初年次教育

本学では入学前、入学時、春学期、秋学期の4つの時期に応じた内容の初年次教育プログラムを配置している（**図Ⅱ-4-1**）。まず、入学前には不安の低減と大学への期待感の向上をねらいとして、入学前教育である「ウォーミングアップ学習」を実施している。ウォーミングアップ学習では、入学予定者は入学前の２月〜３月にまる１日をかけて、在学生が実施するコミュニケーションワークで緊張をほぐし、ゼミナール形式の授業などを経験する。入学時には仲間づくりと、学生生活に向けて必要な情報を提供することを目的として、４月第１週の１週間を使ってフレッシュマンウィークを実施している。このフレッシュマンウィークではピアサポートとして学生メンターが各クラスに入り、初対面の人間関係づくりのワークを実施し、履修登録などをサポートしている。そして学生メンターは春学期中、１年生のクラス単位で行われる「初年次セミナー」に出席して、グループワークのサポートを行い、大学生活にまつわるさまざまな相談に応じている。

そして春学期の初年次教育科目では、ライティングの「学習技術」、キャリア教育と論理的思考力を養う「初年次セミナー」、人生について主体的に考え、生き抜いていくために必要な“考える手がかり”を提起する「人間学」、ふり返りの方法と機会を提供し、アドバイザーとふり返りを共有することを通して、自己評価能力の育成を目的とした「評価と実践」などの科目を通して大学で求められる基礎的な学習スキルの獲得を目指している。秋学期には

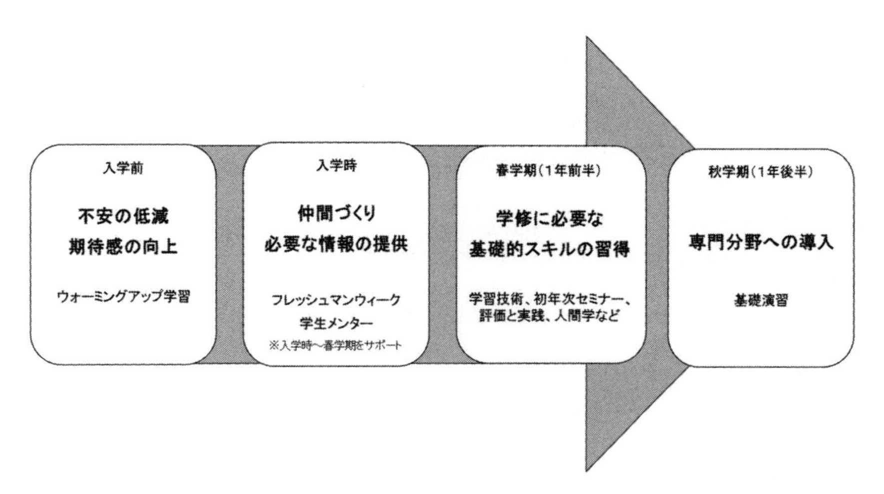

図Ⅱ-4-1　現在の初年次教育プログラム

クラス単位の「基礎演習」でキャリア教育の積み上げと専門分野への導入を行っている。

入学前から春学期にかけて初年次教育を集中的に行うことで、多くの学生が本学への適応を早い時期に果たし、秋学期には専門分野の学修へと円滑な移行を果たせるよう設計されている。

2　多様化する学生像

保健医療学部を開設し、3学部体制となった2013年度のFDでは、今後の初年次教育について検討するために、「大学への適応過程に関する調査」[2]（2013年6月実施）で得られた当時1年生の学生データを用いて、全学共通の学生の特徴と学科により違いのある学生の特徴について分析した。**表Ⅱ-4-1**にその結果を示す。学部学科を超えた学生に共通する特徴は、体験型プログラムや専門領域への興味関心の高さと、睡眠や体調の問題であった。一方、学部学科によって異なる特徴は、大学を選んだ理由、学習に対する自己評価、

表Ⅱ-4-1　1年生の特徴

全学共通の特徴
睡眠、体調の問題
・「朝起きるのがつらい、いつも疲れている」と感じている学生が半数以上いる
教育システムへの関心
・学習に関するシステムには関心が低い
・インターンシップや実習、海外プログラムへの関心が高い
学科により違う特徴
大学を選んだ理由
・経営学科はクラブ、他学科は専門領域の学びに魅力を感じている
学習習慣、学習スキル
・基礎的な学習習慣や学修スキルが身についていないと感じている学生の割合は学科により差がある
自尊感情
・看護学科に比べると、その他の学科は低い
対人関係能力
・看護学科を除き、他学科は「初対面の人と話すのが苦痛」「進んで話しかけることはしない」と答えた学生が半数以上いる

自尊感情、対人関係力であった。

そして、本学が毎年実施している基礎学力を予測するためのテストである「日本語運用能力テスト」によると、2014年度1年生について25点満点中10点以下の比率は経営学科47.2%、人間心理学科29.5%、看護学科1.1%、教育福祉学科子ども学専攻教育・保育コース22.5%、教育専修コース21.0%、福祉学専攻22.2%、英語教育学科14.3%と、学科間の得点差があった。

3　初年次教育のカスタマイズ

その他多数の学生データの分析結果や、日々の教育活動に携わる教職員の意見を踏まえ、2016年度の初年次教育委員会では、初年次教育の内容を整理し（**表Ⅱ-4-2、図Ⅱ-4-2**）、今後の初年次教育のあり方について検討を始めた。

検討を進めていく中で、最も優先度が高いと判断された初年次教育の要素は、「ライティング」の基礎的スキルであった。「日本語運用能力テスト」の結果からも明らかなように、日本語の語彙や表現に関する能力には学科間でかなりの差がある。そこで、1年春学期にレポート課題を課す科目につい

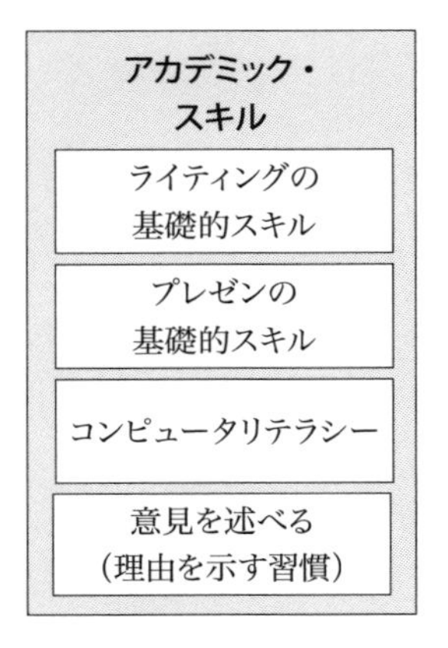

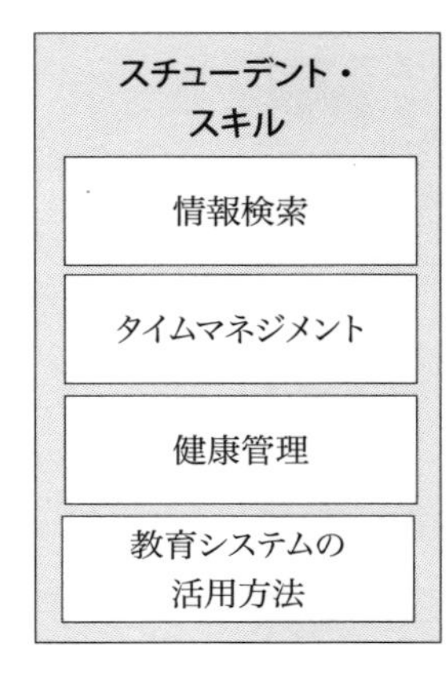

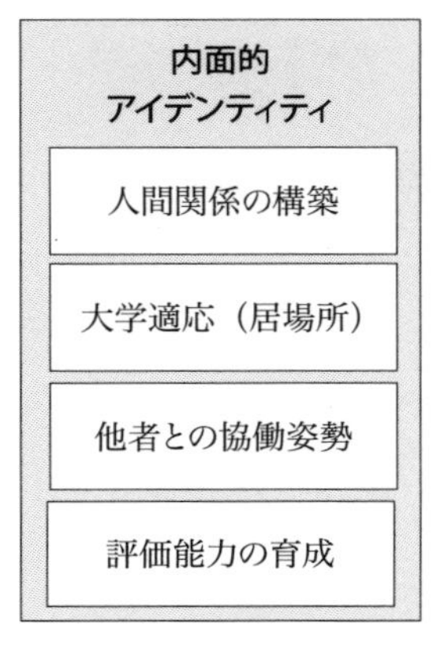

図Ⅱ-4-2　本学が提供する初年次教育の内容

※分類は山田礼子（2009）を参考にした。

表Ⅱ-4-2　初年次教育プログラムとその内容（2016 年度）

	共通プログラム、科目			支援プログラム☆学生データ		
時期	アカデミック・スキル	スチューデント・ソーシャルスキル	内面的アイデンティティ	アカデミック・スキル	スチューデント・ソーシャルスキル	内面的アイデンティティ
入学前	ゼミナール入門（素材：続ける力）	読書「続ける力」 KUISドリル タイムマネジメント 健康管理	コミュニケーションワーク			
FMW		履修ガイダンス キャンパスライフガイダンス タイムマネジメント 健康管理	コミュニケーションワーク 学生メンターサポート 自校教育 入学式			
春	初年次セミナー（協働姿勢、プレゼン） コンピュータリテラシー演習 学習技術（ライティングスキル） 人間学（ライティング）	初年次セミナー（キャリア、図書館利用）	初年次セミナー（協働姿勢） 評価と実践（評価能力の育成） 個別面談		◎KUISドリル（学習習慣） ☆基礎学力診断テスト結果 ◎欠席調査面談（生活リズムの改善、スケジュールの練り直し） ☆春欠席調査による欠席状況 ◎タイムマネジメント（生活リズムの改善、スケジュールの練り直し） ☆春欠席調査による欠席状況	◎欠席調査面談（適応面の把握）☆春欠席調査による欠席状況
夏	リサーチ入門		サービスラーニング（協働姿勢）			
秋	基礎演習（ライティング）	基礎演習（キャリア）	基礎演習（協働姿勢） 個別面談	◎レポート対策プログラム（ライティング）☆春夏学期GPA	◎欠席調査面談（生活リズムの改善、スケジュールの練り直し） ☆秋欠席調査による欠席状況 ◎タイムマネジメント（生活リズムの改善、スケジュールの練り直し） ☆春資格喪失科目数、秋欠席調査による欠席状況	◎欠席調査面談（適応面の把握）☆秋欠席調査による欠席状況
冬			サービスラーニング（協働姿勢）			

ては、「学習技術」の進度に合わせた課題設定となるよう調整し、2018年度には1年春学期に開講される「学習技術」の進度に応じて、各学科で所属学生に必要と思われるライティングスキルプログラムを「初年次セミナー」(1年春のアドバイザー担当科目) に補完する形で導入することとなった。たとえば、「書く」スキルを補完する形で、レポート課題などを設定したり、「読む」スキルを向上させるために文章を要約する課題を実施するなどである。

4　これからの初年次教育の課題

学生データの分析が示すように、各学科に所属する学生の特徴の違いを考慮すると、共通の初年次教育プログラムを展開する際には、プログラムの難易度や優先順位、提供時期について学科ごとに検討する必要がある。また、学科独自のプログラムについても柔軟に検討する必要がある。たとえば、看護学科は国試に向けて多くの専門基礎知識の習得が求められることから、初年次教育に割くことができる時間は限られている。基礎学力、対人関係能力が他学科に比べて高いことを考慮すると、大学での学びに必要なアカデミックスキルに絞って1年次春学期に集中して初年次教育の充実を図ることがよいかもしれない。一方、クラブ所属学生が多い経営学科は、1年春に集中しているプログラムを秋学期に分散させて、クラブと勉学を両立させるための時間的余裕が生まれるような配慮が必要と思われる。そして、その後の分析によると人間心理学科と英語教育学科は、対人関係やアイデンティティの問題を抱えている学生が多数存在することがわかっている。このような特徴を有する学生が多く在籍する学科は1年秋学期についても引き続き、内面的アイデンティティを促進するようなプログラムを配置することも検討すべきであろう。

3　個別のサポートが必要な学生への取組

本学では全学必修の初年次教育と並行して、個別支援の取り組みにも力を入れてきた。保健室と学生相談室では1年生の保健調査票とUPI (University

Personality Inventory）から得られた情報をもとに、健康状態の確認が必要な学生を把握し、4 月末までに面談を実施している。そして学修支援センターでは授業開始後 5 回までの授業欠席回数を学生ごとに取りまとめ、欠席の多い学生についてはアドバイザーが個別面談を実施している。このように早期に個別対応を行っているにもかかわらず、リタイアする学生は増加傾向にあった。

そこで 2013 年度に 2 つの取組がスタートした。第一に、全 1 年生を対象とした個別面談の実施である。最も身近な教員となるアドバイザーとの関係をできるだけ早く構築することをねらいとして、個別面談を入学直後の 4 月半ばまでに実施することとなった。新入生であれば誰もが感じる不安に焦点を当て、学生があらかじめ記入した面談準備シートに沿って 10 分〜15 分程度の面談を行った。第二に、基礎学力強化プログラムの開始である。入学前に実施した日本語運用能力テストで低得点の新入生を対象に学修支援センターが個別支援を始めた。これらの取り組みが功を奏したのか、2013 年度の 1 年生の中途退学率は減少した。

本節では学生データの分析から退学・除籍学生、そして成績不振学生の特徴を明らかにしつつ、本学が行っている個別のサポートが必要な学生への対応について報告する。

1　退学・除籍等の理由

退学、除籍等の理由を、アドバイザーの所見をもとにして分類したものが**図Ⅱ-4-3** である。

経営学科は「進路変更」と「退部」が多く、人間心理学科は「心身疾患」についで「進路変更」「学修意欲」「経済的困難」が多い。教育福祉学科では「進路変更」と「経済的困窮」「学修意欲」の順で多く、英語教育学科は「学修意欲」についで「ミスマッチ」が多い。

以上のことから、三木キャンパスでは、進路を再考し、本学を去っていく積極的な出学が多く存在する一方で、心身疾患のために学生生活を続けられないという不本意な出学も多い。また、強化クラブの影響も大きいと考えられる。そして、尼崎キャンパスでは、おもに、学習に関する理由で退学して

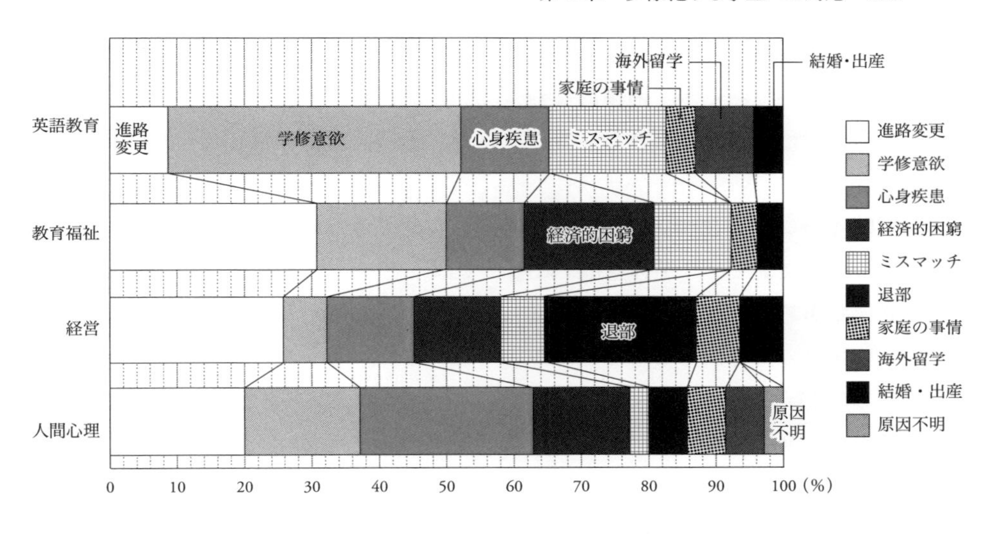

図Ⅱ-4-3　退学等の理由（アドバイザー所見に基づく再分類）

いく学生が多いことが確認された。

また、中退理由の再分類のデータについて、JASSOの奨学金受給者を集計したところ、「経済的困窮」で中退した学生はJASSOの奨学金受給率が高くないことが確認できた。

同じく延納・分納希望者を集計したところ、経済的困窮を理由とする退学・除籍者のうち、延納分納希望者は29%にとどまっていた。

以上のことから、三木キャンパスについて、経営学科は「進路変更」「退部」という理由の退学が目立つ。学科の学びにコミットしていない学生、クラブへの所属意識を強くもって入学したが、クラブ内で自分の居場所をみつけられなかった学生が退学となりやすいことが推測される。これらのことから、学科の学びに興味をもたせる工夫が必要であると同時に、強化クラブに属さない一般学生の入学者数を増やすことが目標としてあげられる。また、クラブを退部したときに、学科の学びを生かした人生設計に移行できるよう、クラブと学科の接続を意識し、強化していく必要がある。人間心理学科については、対人関係に消極的な学生がそのまま在学することで、就職活動でつまずく学生が増加していることも事実である。学生を退学に追い込むようなストレスは論外であるが、消極的な対人関係に働きかけ、コミュニケーション力に自信をつけさせるようなプログラムを、開発、継続実施していく必要があろう。

尼崎キャンパスについては、「進路変更」、「学修意欲」、「ミスマッチ」が上位を占めている。「学修意欲」に関してはモチベーションを喚起する施策が必要であることに加え、目標が変わったり、見失ったり、目標を見出していない場合の受け皿としての施策が求められる。

そして「経済的困窮」への対処としては、制度の周知や相談窓口などに関する工夫の余地がないか再度点検する必要があるだろう。

2　基礎的能力と退学・除籍との関係

退学・除籍等の理由に「学修意欲」に関する問題も大きいことが確認されたが、学習に関する基礎的な能力の低さは退学・除籍に影響を与えているのだろうか。

入学時における基礎的能力を予測するための「日本語運用能力テスト」「論理思考テスト」結果について、大学全体の得点分布と退学・除籍者における得点分布を示したものが**図Ⅱ-4-4**、**図Ⅱ-4-5**である。グラフからは大学全体

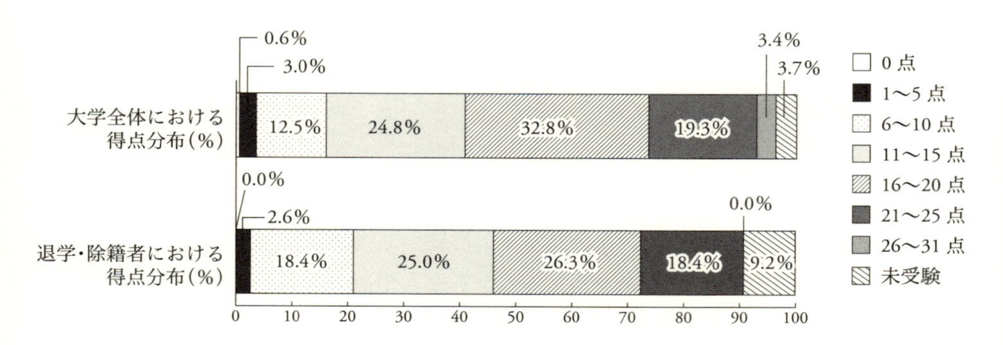

図Ⅱ-4-4　入学時における日本語運用能力テスト結果

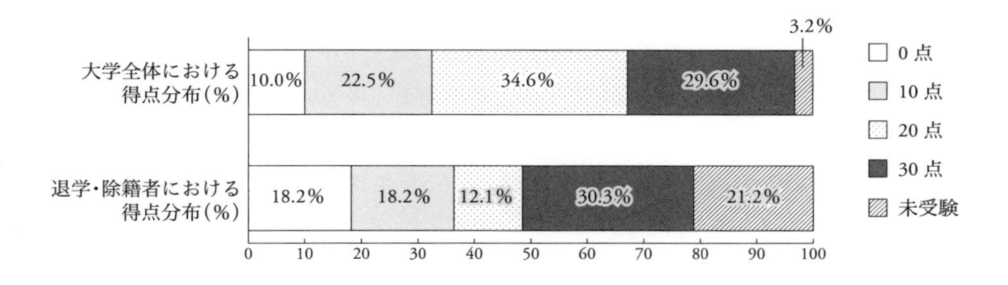

図Ⅱ-4-5　日本語運用能力テスト結果と退学率の関係

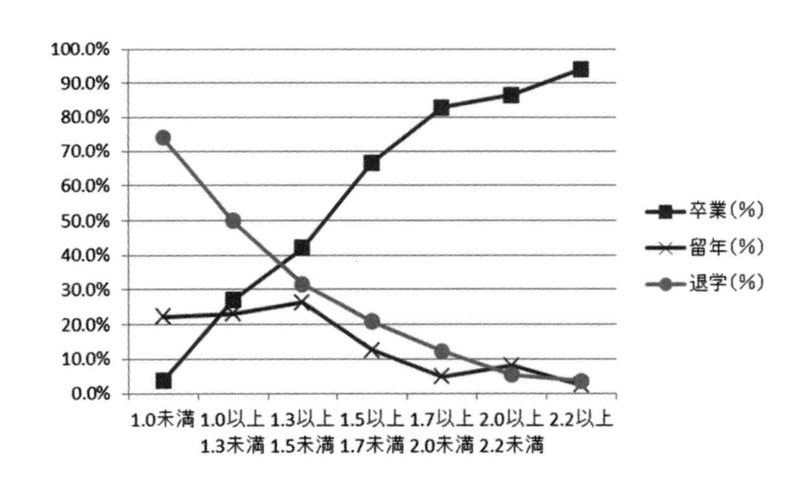

図Ⅱ-4-6　1年終了時のGPAにおける出学結果（2009年度生）

の得点分布と退学・除籍者の得点分布に明確な違いは見いだせない。

図Ⅱ-4-6は、1年次終了時のGPAにおける出学結果である。1年終了時のGPAが1.5～1.7未満の学生は、卒業率が7割を切っていることがわかる。そしてGPAが低くなるほど退学率は悪化している。

以上のことから、学習能力と退学・除籍との関連については基礎的能力の問題よりも、低いGPAから予測されるように、学習を含む大学生活全般を継続できたかどうかにかかっていると思われる。たとえ基礎的能力に課題を抱えているとしても、授業への出席率が高く、まじめに課題に取り組んでいれば、GPAはある程度保たれているはずである。しかしながら、退学に至る学生の背景には、学習習慣はもとより、基本的生活習慣が身についていない可能性、あるいは、何らかの事情により、学生生活（本学）に適応できなかった可能性が予測される。

3　成績不振学生の特徴

では、退学・除籍に至る可能性が高い成績不振学生は、平均的な学生と比べてどのような特徴があるのだろうか。**表Ⅱ-4-3**は本学が毎年実施している「大学への適応過程に関する調査の項目」において、成績不振群（GPA1.50以下）と平均群において有意差があった項目である。

この結果から成績不振群は学習習慣、学習スキルが身についていないと感じており、大学での学びに消極的であると思われる。また自尊感情が低く、生活リズムに問題を抱えている可能性がある。

これらのことから成績不振学生については学習、心身、生活面からの多角的なサポートが必要であることが伺える。

4　アドバイザーによる個別面談の実施と課題

学生データの分析が示すように、個別の学生支援を実施するときに、キーパーソンとなる人物がアドバイザーである。本学では開学当初から全学年にアドバイザー制度を適用している。アドバイザーは学生の状態を把握し、必要に応じて他部局や保護者と連携し学生をサポートしている。2013年度からは全1年生を対象に4月中の個別面談を実施している。最も身近な教員となるアドバイザーとの関係をできるだけ早く構築することをねらいとして、「面談準備シート」[3]を学生に配付、記入してもらい、このシートに沿って10分～15分程度の面談を行っている。

また2013年度より、9月と3月に実施されるリフレクションデイ[4]の後に、

表Ⅱ-4-3　累積GPA低群と中群の比較

	GPA1.5以下 (N=70)		GPA中群 (N=359)			t値	
	平均	SD	平均	SD	差		
q6_1 学習面でうまくいっている	2.15	0.75	2.68	0.71	-0.52	4.95	***
q6_2 対人関係でうまくいっている	2.96	0.82	3.16	0.72	-0.20	1.85	
q6_3 生活全般でうまくいっている	2.65	0.71	2.99	0.65	-0.34	3.25	**
q7_1 学科・専攻の学びは、自分の興味・関心に合っている	2.79	.91	3.22	.73	-0.43	3.27	**
q8_1 自分は必要とされている存在である	2.56	.64	2.77	.67	-0.22	2.17	*
q8_2 自分は人の役に立つことができる	2.60	.72	2.85	.66	-0.26	2.43	*
q8_3 物事の取りかかりが遅い	3.21	.70	2.96	.85	0.25	2.01	*
q8_4 物事をてきぱきとこなせない	3.00	.77	2.68	.85	0.32	2.78	*
q8_5 朝起きるのがとてもつらい	3.42	.67	2.93	.97	0.49	4.61	***
q8_6 日中、眠くてしかたがないことが多い	3.19	.72	2.77	.90	0.42	3.23	**
q9_2 課題の完成に十分な時間と労力をかける方だ	2.27	.74	2.55	.73	-0.28	2.55	*
q9_3 学期末などの試験準備には十分な時間と労力をかける方だ	2.08	.59	2.48	.71	-0.41	4.51	***
q10_1 授業時間以外に、授業課題や準備学習、復習をする	2.38	1.30	2.92	1.19	-0.53	2.97	**
q11_1 正当な理由なく授業を欠席する	2.51	.775	1.87	.825	0.64	5.28	***
q11_5 授業中に学生同士でグループワークをする	2.89	.640	3.21	.598	-0.33	3.65	**
q11_6 授業課題のために図書館の資料を利用する	2.70	.696	3.08	.738	-0.38	3.50	**
q11_7 授業課題のためにweb上の情報を利用する	2.85	.864	3.22	.705	-0.37	3.43	**
q11_8 授業時間以外に、他の学生と一緒に勉強したり、授業内容を話したりする	2.58	.667	2.99	.765	-0.42	3.72	***
q11_18 授業に集中して取り組む	2.75	.757	3.12	.680	-0.36	3.57	***

***：p＜.001, ** :p＜01, * :p＜.05

すべての学年でアドバイザーによる「リフレクションのための個別面談」が行われるようになった。1年生は年3回、2年生以上は年2回のアドバイザー面談を行っている。本学の専任の教員は30 ～ 40名の学生を担当しているため、年間1回15分の面談を60回～ 100回程度実施していることになる。

個別面談がスタートしたことで、本学の中途退学率は年度により波があるものの減少傾向となった。しかし、一方で課題もある。

表Ⅱ-4-4は本学のアドバイザーによる役割の一覧である。担当学生への個別面談に加え、学生への連絡事項のほとんどがアドバイザーを通して行われていることがわかる。このことでアドバイザーは担当学生の状況をよく把握できる仕組みとなっているが、教員の負担は年々増加傾向にある。

学生の抱える悩みはさまざまであって、その種類によっては、専門家（カウンセラー、医師、奨学金団体、キャリアサポート室員）等のアドバイスのほうが有効という場合もある。メンタル面での問題を抱えたケースでは、教員の素人判断によって状態を悪化させる場合もないわけではない。教員がそれぞれの属性としてもっている諸条件（その専門性、業務上の役割、それに伴う業務時間等の制約）を前提にして、アドバイザーとして果たしうる役割と他の職員や専門家がなすべき役割を整理することと、学生情報の共有と取り扱いについて検討をすすめることが、全学的な課題としてあげられる。

5　人間心理学科によるレポート対策プログラム

学生の個別支援については、全学的な取組だけではなく、各学科もさまざまな対策を講じている。その一例として、人間心理学科による取組を紹介する。

「成績不振学生の特徴」の分析を受けて、人間心理学科の教員と学修支援チューター（学修支援を行う学生）が学習面、生活面での個別支援を実施した。対象となった学生は、2014年度生（実施当時2年生）のうち、累積GPA、1年秋GPAのいずれかが1.7未満の学生であった。

実施内容はレポート対策プログラム（春秋いずれかかが1.7以上で、生活リズム

表Ⅱ-4-4　アドバイザーの役割　高等教育研究開発センター作成【暫定版】2012/04/28

1. アドバイザー制の目的
アドバイザー制は、本学に入学した学生がよりよく本学に適応し、有意義かつ充実した学生生活が送れるよう、アドバイザーが学生それぞれの環境と個性に即したきめ細かい指導と適切な助言を行うことを目的とする。
2. 教務関連（項目指導のポイント）
2-1　リフレクションデイの指導 ・成績表とエビデンス等の返却 ・リフレクションデイへの出席 ・「成長確認シート」（e ポートフォリオ）入力指導 ・「成長確認シート」（e ポートフォリオ）確認とコメント入力
2-2　新入生受け入れ（ウォーミングアップ学習、フレッシュマンウィークまで：1 年生担当アドバイザー） ・ウォーミングアップ学習への参加 ・日本語運用能力テスト結果の返却 ・フレッシュマンウィークにおけるガイダンス、ゼミアワー等に出席 ・入学時の個人面談実施および面談シートの記入と提出 ◎カリキュラム（共通教育および所属学科の専門教育）の理解と学生への説明ができる
2-3　1 年生 ・必修科目等の周知および履修相談 ・UniversalPassport の使用／入力方法の指導 ・UniversalPassport で個別学生の履修登録状況の確認 ・キャップ制（履修単位上限）の確認 ・履修単位上限オーバー学生への履修削除指導 ・履修取り消し手続き指導
2-4　2 年生 ・厳重注意・退学勧告学生の学部長面談、保護者への連絡調整→報告書作成 / 提出 ・必修科目等の周知、必修科目等の再履修の指導および履修相談 ・Universal Passport で個別学生の履修登録状況の確認 ・キャップ制（履修単位上限）の確認 ・履修単位上限オーバー学生への履修削除指導 ・履修取り消し手続き指導 ・履修指導（主に履修登録期間）
2-5　3 年生 ・「卒業研究」登録要件のチェック ・厳重注意・退学勧告学生の学部長面談、保護者への連絡調整→報告書作成 / 提出 ・必修科目等の周知、必修科目等の再履修の指導および履修相談 ・Universal Passport で個別学生の履修登録状況の確認 ・キャップ制（履修単位上限）の確認 ・履修単位上限オーバー学生への履修削除指導 ・履修取り消し手続き指導
2-6　4 年生 ・卒業要件単位の確認 ・厳重注意・退学勧告学生の学部長面談、保護者への連絡調整→報告書作成／提出 ・必修科目等の周知、必修科目等の再履修の指導および履修相談 ・Universal Passport で個別学生の履修登録状況の確認 ・キャップ制（履修単位上限）の確認 ・履修単位上限オーバー学生への履修削除指導 ・履修取り消し手続き指導

2-8　学籍関連 ・休学、退学、転専攻／転学科／転学部等学籍の異動にかかる面談等 ・休学、退学、転専攻／転学科／転学部等学籍の異動にかかる書類の所見記入・押印 ・休学学生等への復学意思の確認依頼 ・卒業研究履修資格認定試験の案内 ・卒業延期者への学費減免等に関する確認 ・「学費延納・分納願」の内容確認と押印
2-9　その他教務関連 ・教職履修願（中高） ・免許及び資格取得願　回収・押印 ・免許及び資格取消願　所見記入・押印 ・留学願
3.　学生支援関連
3-1　キャリア関連 ・「学生状況調査」実施 ・ポータル上の「就職 DB」を閲覧し、学生の進路希望、進捗状況を把握 ・「エントリーシート」等、就職に必要な書類の指導 ・模擬面接の実施 ・学生への各種説明会／ガイダンス／キャンプの周知と参加促進 ・企業マッチングへの協力 ・「緊急保護者就職説明会」面談対応 ・キャリアサポート室や教職委員会等主催で行う各種ガイダンス等の行事への参加告知 ・教員志望学生に対する支援・推薦書に係る事項 ◆主に教育学部のアドバイザー ・幼保学生に対する求人マッチング ・小幼保に係る情報の提供
3-2　学生支援 ・年度初め、アドバイザー交代等における個別面談実施 ・「学生調書」の活用と管理 ・該当学生の e ポートフォリオの記事投稿の確認とコメント記入 ・「適応調査」、「学生生活実態調査」、「卒業時調査」の実施 ・教育懇談会出席・地方会場ゼミ生情報提供 ・事件、事故等学生指導にかかわる事項および懲戒申し渡し時に同席 ・学生本人および保護者の慶弔に関すること（学生課への連絡、式への出席等） ・あじあん祭／ハートフェスタへのゼミ参加 ・ゼミ長の選出 ・同窓会世話人選出 ・各部局から依頼のあった配付物をゼミ時間等で配付 ・各部局が該当学生と直接連絡がとれなかった場合の伝達事項 ◆該当者があった場合のみ ・インターンシップ／ボランティア参加に関する連絡事項 ・「保護者会奨学金」申請時所見記入 ・「交換留学エントリー用紙」所見記入 ・「派遣予定留学生奨学金推薦書（JASSO，HUMAP）」所見記入 ・「兵庫県私費外国人留学生奨学金学生推薦書」記入 ・「朝鮮奨学会奨学金学生推薦書」記入 ・「平和中島財団奨学金学生推薦書」記入 ・「共立国際交流財団奨学金学生推薦書」記入 ・「六甲奨学金学生推薦書」記入

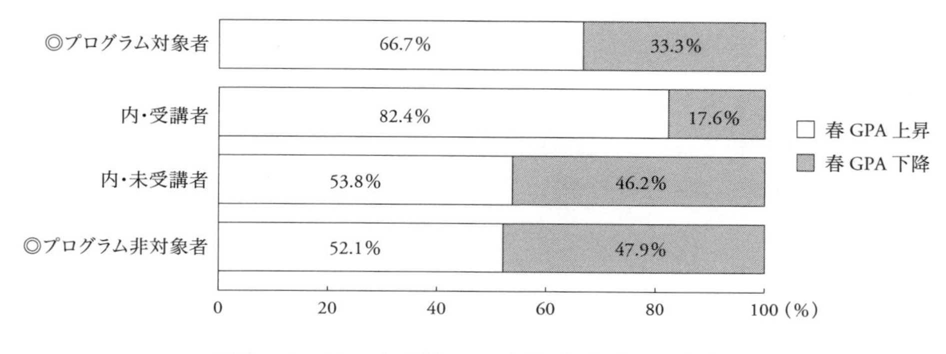

図Ⅱ-4-7　2014 年度性 GPA 変化（1 年秋→ 2 年春）

プログラム該当者は除外）と生活リズム改善プログラム（2015 春 7 月時点で履修科目のうち 3 回以上欠席 3 科目以上該当）であった。対象学生に成績の詳細データと申込書をアドバイザーより手渡し、申し込みを勧めた。「レポート対策プログラム」については対象者の 56.7%、「生活リズム改善プログラム」については対象者の 23.5%から申し込みがあった。

図Ⅱ-4-7 はプログラム対象者のうち受講者と未受講者、非対象者の GPA 変化である。プログラム非対象者の成績上昇率が 50%超であるのに比べ、プログラム受講者のうち 82.4%の成績が上昇している。

なぜこのような成績の上昇がみられたのであろうか。1 ～ 2 回のレポート指導で、アカデミックスキルや学力が伸びたとは考えにくい。むしろ課題への取組の姿勢に変化があったのではないかと考えることが妥当であろう。すなわち、教員や学修支援チューターによる個別の関わりが、レポートや試験への学修の動機づけを強めたのではないかと推測される。

6　まとめ

本稿では、多様化する学生への本学の対応として、学生データの分析結果を示しながら、初年次教育の学科別カスタマイズの経緯について報告し、個別対応が必要な学生への個別支援の取組について紹介した。初年次教育の学科別カスタマイズについては、今後さまざまなプログラムについて積極的に検討を進めていく予定である。そして効果的な個別支援を実現するためには、対象学生の情報を共有し、教職員が連携して学生をサポートする組織的な体制の確立が求められるが、同時にアドバイザーの負担軽減をどのように実現するかについても検討することが求められよう。

注

1　上級生が新入生に援助活動を行うことで、双方の学びと成長を促進することを目的とした、本学の教育システムの一つ。
2　本学が全学生を対象に継続的に実施している学生調査。
3　通学・アルバイトなどの基本情報を問う項目と、これからの大学生活に向けて計画していることなどを問う項目、そして新入生であれば誰もが感じる不安に焦点をあてた質問で構成されている。
4　新しい学期の始まる9月末と3月末に、前学期の試験やレポートなどの学修成果物を返却し、学習活動のふりかえりを行い、新学期の学習計画を立てる。

参考文献

山田礼子『大学における初年次教育の展開』クォリティエデュケーション VOL.2、158-174頁、2009
田中亜裕子『学生データを活用した大学適応型初年次教育の実践―関西国際大学の事例を通して』初年次教育学会誌第9巻1号、21-26頁、2017

コラム　FD 外部講師の記録④

Dr. Randy L. Swing

: IR and Quality Assurance in Higher Education in the United States

アメリカの高等教育におけるIRと質保証

■日　　時　2014 年 9 月 24 日（水）13：50 ～ 17：05
■場　　所　関西国際大学　三木キャンパス
※大学間連携共同教育推進事業の一環として淑徳大学、北陸学院大学、くらしき作陽大学関係者も出席、遠隔配信
■講　　師　Dr. Randy L. Swing（ランディ L. スウィング）博士
■概　　要

米国高等教育における IR と質保証に関する現状と課題について学ぶべく、スウィング博士を招き、講演会およびワークショップを実施した。

アメリカの大学での課題点（①大学卒業率、②学位の質問題、③卒業までにかかる費用）とそれを改善するための取組事例を紹介しながら、本学の教育内容や取組みと照らし合わせ、グループワークでの検証、議論を行った。講義の中では、個別の学生の集団として何が問題であるかを考え、それに積極的に働きかけることで問題解決ができること、教育改善のための共同体、ネットワークの必要性、また専門分野の学びの統合化、科目間のつながりを意識する事の重要性などが説明された。

最後に、教育の問題を社会のより大きな問題と関連付けて考えていくことが、高等教育がめざすべき方向であるとまとめ終了した。

■講師略歴

Dr. Randy L. Swing：(Executive Director, Association for Institutional Research：AIR)

スウィング博士は、米国インスティテューショナル・リサーチ協会（AIR）の専務理事を務めている。AIR は、データを使用した高等教育機関の計画、管理および運営に関する専門的な開発とサポートを 1,500 の単科大学および総合大学に属する 4,000 人のメンバーに提供。スウィング博士は米国内および国際会議で頻繁に講演し、ワークショップのリーダーをつとめ、評価、IR、学生の成功に関する書物や雑誌記事の著作も行っている。

ジョージア大学で修士号と高等教育の博士号取得。AIR に関わる前は、アパラチア州立大学で IR、学生評価を含めた機関研究に 20 年以上携わった。同大学では初年次に関する政策センターの上級研究者および共同所長としてリーダーシップを発揮した。その後、ノースカロライナ州ブリバード大学にある初年次教育政策研究所所長を経て、現職に至っている。

（講師略歴は FD 実施時のものです）

第Ⅲ部 「主体的な学びの構築に向けて」(2011 ～ 2016 年)

第 1 章　教育方法の活性化　尾﨑慶太

特別論考　FD 外部講師の記録①
ディープ・アクティブラーニングの考え方と方法　松下佳代

第 2 章　ハイ・インパクト・プラクティスによる教育方法の充実
—オフキャンパスプログラムの必修化—　山本秀樹

特別論考　FD 外部講師の記録②
「わかった」を引き出すアクティブラーニング　森　朋子

第 3 章　学修成果の評価方法の開発（ルーブリック評価の開発）　吉田武大

特別論考　FD 外部講師の記録③
アクティブラーニングで学生の学習を深める　中井俊樹

第 4 章　一人ひとりの力を引き出す“学生支援型 IR”
—先駆的な取組の今までとこれから—　藤木　清

特色 GP をはじめ多種多様な文部科学省事業のプログラムが採択されたことにより、学内の先進的な教育システムの取組が加速化する。平成 24 年度の大学間連携協働教育推進事業において、「主体的な学びのための教学マネジメントシステムの構築」が採択され、学生支援型 IR を活用した教育改革が推進される。また、学修成果の可視化ならびに質保障に向けたルーブリック開発が最盛期となる。

第1章　教育方法の活性化

尾﨑慶太

1　はじめに

関西国際大学は、濱名篤氏が学長に就任した2005年以降、さまざまな教育改革を推進してきた。そこには、「複雑な現代社会においては、主体的に考え行動できる力を持ち、予測困難な時代に対応できる人材の育成が求められている。そして、そのような社会からの要請に応えるには、大学の教育方法も変わらなければならない。つまり、従来の講義型授業で専門的知識を伝達する教育から、学生が能動的にお互いに議論や提案ができる教育へと転換していかなければならない」（「主体的な学びのための教学マネジメントシステムの構築」最終報告書）という問題意識が通底している。

濱名篤氏が提起するこの問題意識のもとで推進される本学の教育改革は、2005年中央教育審議会答申「我が国の高等教育の将来像」や2008年中央教育審議会答申「学士課程教育の構築に向けて」（以下、学士課程答申）、そして2012年中法教育審議会答申「新たな未来を築くための大学教育の質的転換に向けて」（以下、質的転換答申）と呼応しながら推進してきた背景がある。この一連の教育政策について、若干ではあるが触れておくことにする。

たとえば、学士課程答申では、急速に変化している社会の中で、「学習意欲や目的意識の希薄な学生に対し、どのようなインパクトを与え、主体的に学ぼうとする姿勢や態度を持たせるかは、極めて重要な課題である」という認識のもと、「学習の動機付けを図りつつ、双方向型の学習を展開するため、講義そのものを魅力あるものにすると共に、体験活動を含む多様な教育方法を積極的に取り入れる」ことを推奨している。具体的には、以下のような提案であった。

> 学生の主体的・能動的な学びを引き出す教授法（アクティブ・ラーニング）を重視し、例えば、学生参加型授業、協調・協同学習、課題解決・探求学習、PBL（Problem/Project Based Learning）などを取り入れる。大学の実情に応じ、社会奉仕体験活動、サービス・ラーニング、フィールドワーク、インターンシップ、海外体験学習や短期留学等の体験活動を効果的に実施する。学外の体験活動についても、教育の質を確保するよう、大学の責任の下で実施する。

質的転換答申では、「生涯にわたって学び続ける力、主体的に考える力を持った人材は、学生からみて受動的な教育の場では育成することができない。従来のような知識の伝達・注入を中心とした授業から、教員と学生が意思疎通を図りつつ、一緒になって切磋琢磨し、相互に刺激を与えながら知的に成長する場を創り、学生が主体的に問題を発見し解を見いだしていく能動的学修（アクティブ・ラーニング）への転換が必要である。すなわち個々の学生の認知的、倫理的、社会的能力を引き出し、それを鍛えるディスカッションやディベートといった双方向の講義、演習、実験、実習や実技等を中心とした授業への転換によって、学生の主体的な学修を促す質の高い学士課程教育を進めることが求められる。学生は主体的な学修の体験を重ねてこそ、生涯学び続ける力を修得できる」と説明している。そして、アクティブラーニングを以下のように定義した。

> 教員による一方向的な講義形式の教育とは異なり、学修者の能動的な学修への参加を取り入れた教授・学習法の総称。学修者が能動的に学修することによって、認知的、倫理的、社会的能力、教養、知識、経験を含めた汎用的能力の育成を図る。発見学習、問題解決学習、体験学習、調査学習等が含まれるが、教室内でのグループ・ディスカッション、ディベー

ト、グループ・ワーク等も有効なアクティブ・ラーニングの方法である。

この質的転換答申によって、大学教育におけるアクティブラーニングがこれまで以上に注目され、教育方法の改善が加速することになる。

これら一連の教育政策の方向性は、まさに本学における教育改革の肝となっている。とりわけ、質的転換答申で定義されたアクティブラーニングは、次節で示すとおり、教育改革をスタートさせた当初から議論されてきた重要なキーワードである。そこで、本学 FD ／ PD におけるプログラムの中で、アクティブラーニングがどのように登場し、発展してきているのかについて概観する。

2　FD ／ PD におけるアクティブラーニングの推進

本学の FD は 2003 年から始まった。この間、さまざまなプログラムを実施しているが、その中でもアクティブラーニングに関連したプログラムを抽出し、**表Ⅲ-1-1** に整理した。なお、抽出・整理した際に使用したアクティブラーニングの定義は、質的転換答申の示すとおりである。

1　アクティブラーニングの導入

まず、本学 FD の歴史の中でアクティブラーニングが登場するのは、2005 年度であった。米国より Randy Swing 氏を招聘し、「アクティブラーニングの紹介」として講義をいただいた。これが、本学におけるアクティブラーニングの第一歩である。その紹介を受け、2006 年度からは、各授業に導入する方法について検討と試行が始まる。再度講師として招聘した Randy Swing 氏と Jean Henschied 氏からは、アクティブラーニングの活用方法とあわせて評価方法についても知見が示された。

2007 年度後半には、体験型学習としてサービスラーニングが FD のプログラムに登場する。学士課程答申でも触れられているサービスラーニングを、本学では初年次教育の一環としてカリキュラムに位置づけた。この試みは、

2008年に教育GP「初年次サービスラーニングの取組―学士課程における複合的・重層的サービスラーニングの展開―」として採択を受ける。この取組のねらいは、学士課程答申にある「学習の動機づけと双方向型学習を展開するため」の体験活動の積極的導入を図ることにある。そして、初年次サービスラーニングを基盤に、2年次以降の上位プログラムへと発展させ、体系的な学習を進め、学生の問題解決能力の向上に資することを目的としていた。これ以降、本学でのアクティブラーニングは、教室内でも実施可能なグループワークやディベートといった手法と、教室外で体験活動を行い座学との往還を図る手法とを推進していくものとなる。

2　アクティブラーニングの推進

2008年の教育GP「初年次サービスラーニングの取組」採択を機に、FDプログラムはアクティブラーニングに関連した内容へと充実していく。たとえば、サービスラーニングのプログラム検証、アクティブラーニングの具体的な手法(PBL(問題解決型学習)、LITE、グループワークなど)の推進である。また同時に、様々な場面でアクティブラーニングを展開しやすくするために、クリッカー、Wivia、e-黒板などのICT環境も整備が進んでいく。2015年度時点で高等教育研究開発センターが整理した本学におけるアクティブラーニングの分類は、**図Ⅲ-1-1**のとおりとなっている。このような急速なアクティブラーニングの推進の背景の1つには、大学教育・学生支援推進事業テーマA大学教育推進プログラム「科目のクラスター化によるカリキュラム改革～ラーニングコミュニティの実質化による知識と経験の総合化～」(2009年)、同事業テーマB学生支援推進プログラム「『出遅れない就職活動』へと誘うための重層的支援」(2009年)、大学教育充実のための戦略的大学連携支援事業「データ主導による自律する学生の学び支援型の教育プログラムの構築と学習成果の測定」(2009年)の文部科学省採択プログラムに採択されたことがあげられる。さまざまなかたちで、学生を主体的な学習者へと育てるための仕組みが構築されてきたといえる。

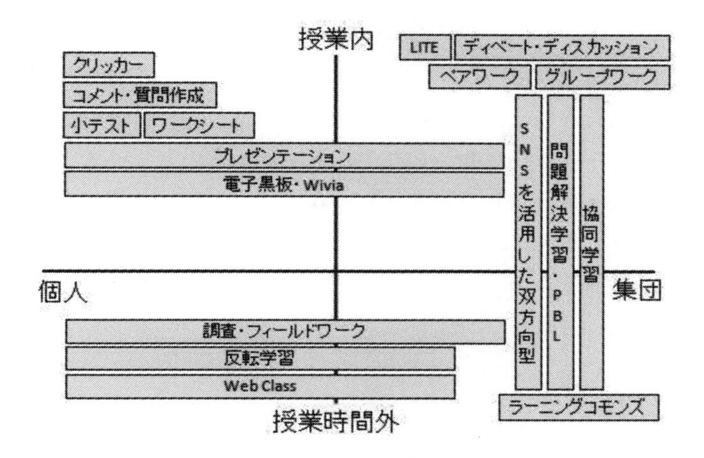

図Ⅲ-1-1　アクティブラーニングの分類

3　深い学びへ誘うアクティブラーニング

2015年度のFDプログラムからは、これまでの内容からさらなる高みへと挑戦することになる。その契機となったのは、2013年度第3回FD（2014年2月）による濱名篤氏の総括から読み取ることができる。そこでは、IRで蓄積されたデータをもとに「学生たちは教育改革を実感している側面がある。しかし、表面的なアクティブさはあってもDeep Learningとしては不十分」であり、学生が「答えが一つとは限らない問題」に取り組み、問題解決を考えることが学びのファシリテーションであると指摘する。すなわちActive LearningからDeep Learningへ引き上げることが必要であるということだった。かくして、2015年度以降のFDプログラムで取り上げられるアクティブラーニングは、学生を深い学びへと誘う方策に関する議論が中心となっていく。

2015年度のFDでは、松下佳代氏を招聘し「ディープ・アクティブラーニングの考え方と手法」について講義をいただいた。それを受け、授業改善に向けたワークショップを実施している。他方、体験学習として運営しているコミュニティ・スタディ（CS）やグローバル・スタディ（GS）プログラムの授業設計を検討する機会を設けている。2016年度は、アクティブラーニングに詳しい、森朋子氏と中井俊樹氏を招聘し、それぞれ「『わかる』を引き出すアクティブラーニング」、「アクティブラーニングで学生の学習を深める」について講義をいただいた。森朋子氏からは、深い学びへと誘うためには、授業設計が「内化→外化→内化」のサイクルになっていることが重要であるという示唆を得た。中井俊樹氏からは、学生が深く考えるためには、教員からの適切な「発問」が肝要であるということが強調された。これらを踏まえ、各教員の担当授業に単にアクティブラーニングを導入するのではなく、学習目標を達成するための授業設計を行い、効果的にアクティブラーニングを導入する方策について検討する段階に至っている。

なお、2012年度から採択を受けている大学間連携共同教育推進事業「主体的な学びのための教学マネジメントシステムの構築」において、本学、淑徳大学、北陸学院大学、くらしき作陽大学の4大学の協力により、アクティブラーニング型授業の要件を整理している。その詳細は、本章巻末に資料として掲載している。

これまで、FD／PDプログラムを概観しながら、アクティブラーニングの取組について整理してきた。次節では、アクティブラーニングの現状や課題について、データを踏まえながら述べていくことにする。

3　アクティブラーニング導入の実際

2005年のFD／PDによってアクティブラーニングが紹介されて以降、10年以上もの間、その議論を続けてきている。ここで、その実際について、もう少し詳しくみていくことにする（表Ⅲ-1-1）。

1　アクティブラーニングの実施状況

2008年度第4回FD（2009年2月17日）において、広沢俊宗氏（当時、教育開発部門長）による「教育改善の現状とゼミ改革の骨子について」の報告がなされている。そこでは、授業に対する学生アンケート実施結果をもとに、次のような指摘がなされている。「討論やグループワークの取り入れ」や「添削

表Ⅲ-1-1　FD／PDで実施されたアクティブラーニング関連プログラム一覧

年度	アクティブラーニングに関連したプログラム	外部講師
2005	アクティブラーニングの紹介	Randy Swing 氏
2006	アクティブラーニング―どの科目にも使える方法	
	アクティブ・ラーニングを取り入れた授業のあり方－キャリアプランニング第1回の模擬講義を通して－	
	Using and Assessing Active Learning in the College Classroom	Jean Henschied 氏
	Assessment: Tools and Techniques to Prove and Improve Student Success	Randy Swing 氏
2007	アクティブラーニング－課題と評価の方法－	
	教育目標－基本教育－専門教育のつながりとサービスラーニングの位置づけ	
	サービスラーニングの運営について	村上むつ子 氏
	初年次サービスラーニングプログラム案	
2008	初年次サービスラーニングの課題と評価について	
	各学科の初年次サービスラーニングの概要説明	
	初年次サービスラーニングの意義と評価の視点	和栗百恵 氏
	PBL（問題解決型学習）のすすめ	
	アクティブラーニングを活用しよう－キャリアプランニングから基礎演習へ－	
	教育GP「初年次サービスラーニングの取組」について	
2009	アクティブラーニング セミナー	羽根拓也 氏
	アクティブラーニングをどのように取り入れるか	
	サービスラーニングを深めるために	Jeannie Kim-Han 氏 Jennifer Ponder 氏
	SLプログラムの全体の流れの例示	
	本学の取り組みについての問題点の洗い出し	
	今年度秋学期のSLプログラムについての計画チェック	
	サービスラーニングとクラスターの融合のねらいについて	
2011	アクティブラーニングに関するワークショップ①「ITEについて」	
	アクティブラーニングに関するワークショップ②「グループワークの方法について」	
	授業での取り組みをふりかえる―経営学科「総合マネジメント演習」をふりかえって（アクティブラーニング社・羽根先生とWeb会議システムを使った質疑応答）	羽根拓也 氏
2012	PBLの活用、クリッカーの活用	
	Wivia操作法、e-黒板	
	ICT環境の活用事例：プレゼンテーションシステムWiviaの活用事例報告	
2013	授業デザインの点検　学習活動を明確にする：アクティブラーニングの設定	
	サービスラーニングの理念と実践	田中義信 氏
	サービスラーニングの具体的実践事例報告	矢尾板俊平 氏
	アクティブラーニングの促進（①アクティブラーニングについて ②アクティブラーニングの実践）	
2014	サービスラーニングプログラムの発表	
	サービスラーニングプログラム開発における課題と教職協働の必要性について	田中義信 氏
	実践報告「反転授業」	
2015	関西国際大学におけるアクティブラーニング	
	ディープ・アクティブラーニングの考え方と手法	松下佳代 氏
	授業の中で目指すディープ・アクティブラーニングの試み（実践発表）	
	ディープ・アクティブラーニングをめざした授業改善のワーク	
	HIPにおける「設計－運用－評価」－立教大学BLPの取り組みから	津吹達也 氏
	「深い学び」へ誘うCSの「設計－運用－評価」	
	「深い学び」へ誘うGSの「設計－運用－評価」	
2016	PBL導入のための問題整理とPBL入門のワーク	
	学科別PBLリソース作成の試み	
	秋学期からの導入に向けたPBLのワーク	
	「わかる」を引き出すアクティブラーニング	森朋子 氏
	アクティブラーニングで学生の学習を深める	中井俊樹 氏
	PBL実施のふりかえりと次年度に向けた課題	
	学習の外化と内化の往還に向けたグループワーク	
2017	オフキャンパスプログラムの活動報告・課題	
	オフキャンパスプログラムの全学的課題と今後の方向性について	
	オフキャンパスプログラムシンポジウム	大森昭生 氏 前橋国際大学学生

やコメント記入」はその他のアンケート項目に比して相対的に低く、改善目標であるという。

以降、FD を中心として教育改革を続けてきた結果、2015 年度の本学におけるアクティブラーニング普及の実際は、**図Ⅲ-1-2** のとおりとなっている（濱名篤氏および藤木清氏（評価センター長）による「3 つのポリシーの実質化で見えてきた本学の現状と次年度に向けた課題」報告：2016 年度第 3 回 FD（2017 年 2 月 16 日））。これによれば、質的転換答申で定義されたアクティブラーニングの手法を、ほぼすべての講義科目で導入していることがわかる。その内訳は、グループワーク、プレゼンテーション、ワークシート、ペアワークの順に多い。これらは、講義科目でも容易に導入することが可能であると考えられる。

また、大学 IR コンソーシアム学生調査によれば、本学の学生は調査全大学に比して、「授業中に学生同士が議論をする」「学生が自分の考えや研究を発表する」機会が多くあると実感している（**図Ⅲ-1-3**）。

授業科目へのアクティブラーニング導入に関する FD での報告は、引き続き 2017 年度第 3 回でも実施されている。坂中尚哉氏（現高等教育研究開発センター長）からの授業期末アンケートに関する報告では、質問項目「この授業では、学生同士の討論やグループワークなどを取り入れる工夫が見られた」の全科目の平均値が 3.35（4 件法）と高い値を示しており、アクティブラーニングの実践が浸透しているということだった。また、アクティブラーニングの工夫が授業満足度を高める可能性があることも報告されている。他方、授業の履修者数が 40 名を超える場合は、さらなる導入や実施の工夫が必要であることを課題として指摘している。この点については、高等教育研究開発センター所属の教員を中心に、授業におけるアクティブラーニングの定性的データを収集し、問題改善を図ることを目的とした授業参観を進めているところである。

2　アクティブラーニングの実践事例

アクティブラーニングを導入して以降、さまざまなかたちで実践が取り組まれている。その結果は上述したとおりであるが、その実践事例について筆

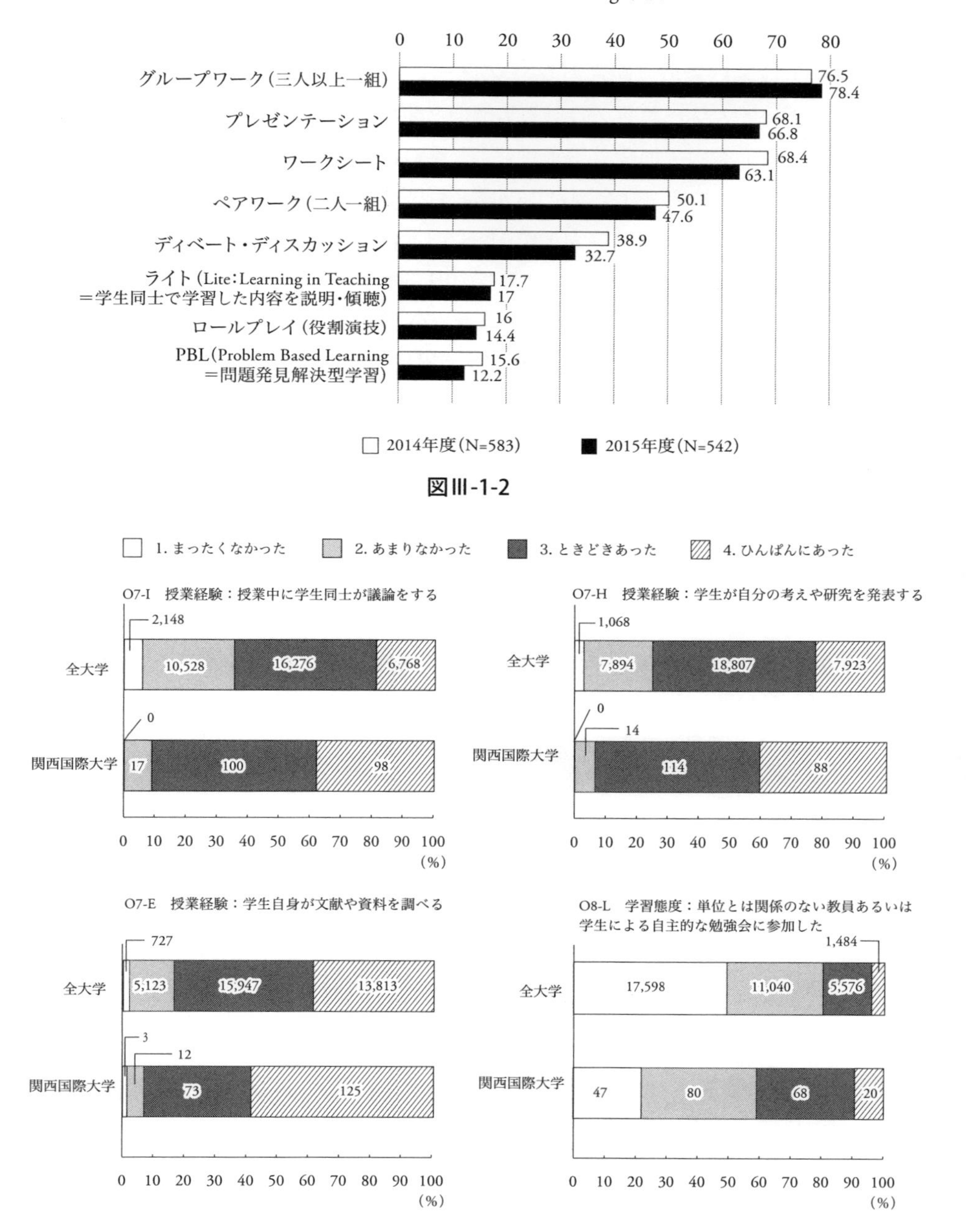

図Ⅲ-1-2

図Ⅲ-1-3 大学IRコンソ学生調査結果

者の所属する教育学部教育福祉学科福祉学専攻での取組を紹介する。具体的には、⑴授業内で取り組んだワークシートの導入事例と、⑵授業外で取り組んだサービスラーニングの導入事例の2事例である。なお、⑴の事例は笠原千絵・山本秀樹・加藤善子 (2008)「講義科目でアクティブ・ラーニングを可能にする基本構造―社会福祉専門職教育関連科目における実践から―」[1]の一部を、⑵の事例は尾崎慶太・山田一隆 (2016)「社会福祉実習前教育としてのサービスラーニングの検討」および山田一隆・尾崎慶太・丹羽恵理 (2015)「大学初年次におけるサービスラーニング受講を契機とした態度特性変化その8―受講時期による態度特性変化の差異に着目して―」[2]の一部を引用して整理している。事例の根拠となる出典の詳細は、本章末の参考文献一覧に示しており、共同研究者の許可を得て掲載している。

⑴　ワークシート導入事例

講義系科目におけるアクティブラーニングの普及の実際でも3番目に位置しているのが、ワークシートの導入である。本事例では、必修科目におけるワークシートの導入を図り、導入以前と以後の履修学生の受講状況について検討している。

①　選択した科目の内容とカリキュラムの位置づけ

半期30回、4単位の必修講義科目である「老人福祉論」と「障害者福祉論」を選定した。両科目とも配当学年が1年生であるため、専門科目の新しい授業形式に順応させやすく、さらに、従前からの形式に慣れている過年度生との比較も可能となるからである。科目履修の内訳は、「老人福祉論」が過年度生7名、今年 (2008) 度生26名の合計33名であり、「障害者福祉論」が過年度生12名、今年度 (2008) 度生28名の合計40名である。

②　評価の構造

学習目標として、1年生の必修科目であることから、知識定着の準備段階として「学習習慣の定着」を第一の目標とした。そしてとりわけ関連の高いベンチマーク項目として「老人福祉論」では大項目「コミュニケーション能力」の下位項目「相手の話や発表を理解し、要点を見つけることができる」、「障害者福祉論」では大項目「自律できる人間になる」の下位項目「豊かな人生のために、我慢することや継続することの大切さを理解して学習などに取り組んでいる」を選択した。この目標の達成基準として獲得が望まれる行動は、ⅰ毎回遅刻せずに出席する、ⅱ 90 分の授業を聞く、ⅲ学んだ事柄を書き留める、ⅳ講義内容のつながりを把握することであると設定した。

ⅰからⅳの行動を促すため、評価の割合を次のように配分した。ⅰに対応する出席は 30 回をもって 20 とした。ⅱからⅳの評価対象はワークシートであり、ワークシートと小テストを合わせて 40 とした。そして、全体の学習の定着度合いを測定するための期末試験を 40 とした。小テストの設問はワークシートに書き留めた重要語句や意味の説明を問うものである。結果のフィードバックでは答案用紙の返却だけでなく、20 分程度の時間をかけて、過去に実施してきたワークシートと設問の関連性について解説し、さらに学生の得意、不得意領域についての分析を交えながら期末試験に向けた学習の取組についてのアドバイスを行っている。一方の期末試験は、講義期間中に作成したワークシートと 2 回分の小テストを含んだ形で実施することをあらかじめ学生に示している。つまり、ワークシートから小テストへ、小テストから期末試験へと学びの場面が相互に関連し合っているものとして意識させている。

③　ワークシートの活用方法

ワークシートは講義ごとの主題の重要項目について記録する、いわば「学習ノート」の位置づけである。A4 用紙の両面印刷で一葉のワークシートは、教科書をもとに編集したものであり、あらかじめ記入枠と項目を指定することで、配布時に当日の学びのポイントがわかるようになっている。教員は事前に板書内容および講義メモを同じワークシートに準備し、必要に応じて板書をする。受講生は講義および教科書を参考にワークシートを作成して担当教員に提出する。

学生に望ましいノートの取り方を学習させるために、提出されたワークシートは、A、B、Cの3段階で評価し、おおむね1週間以内にすばやく返却することとした。評価基準(ルーブリック)も定め、この評価基準は一学期間変更していない。板書または教科書のポイントのみの場合を標準のBとし、これに満たない場合をC、説明が加えてある場合をA、さらに教員が口頭で説明した、教科書に載っていない例などが書かれてある場合、それぞれに1ポイント加点することがあるため、最高はA+となる。教員に依存する行動を抑制するため正答はとくに配布しないが、A+該当者の人数を発表し、参考に見せてもらうように指示して、学生同士のフィードバックと反省を促している。欠席者については後日の提出も認め、評価の対象としている。通常の提出と加点の度合いは異なるが、必ず提出するということを習慣化させる意味で、未提出者には評価の対象となることをその都度説明し提出を促している。

30回にわたる授業でほぼ毎回ワークシートの提出を求めるため、提出状況の自己管理が必要となる。そこで、「自己管理シート」を作成した。これは、遅刻・早退を含めた出席状況、ワークシートの配布日、提出日を学生自身がチェックするものであり、最上段には達成目標を意識化させるためベンチマークを明記した。つまり、講義には必ず出席し、教員の指示に従って課題を提出することの積み重ねが学習者としての基本条件の一つであり、設定するベンチマーク達成の第一歩であることを示しているのである。あわせて、毎回の授業のふりかえりとして「老人福祉論」では「今回の主題のキーワード3つ」、「障害者福祉論」では「今回の授業でわかったこと、わからなかったこと」を記入する欄を設けた。これにより受講生は各自の学習課題を明確にし、担当教員は受講生の理解度を確認する材料として利用することができる。さらに、必要に応じて前回のワークシートを参照することで科目内容全体の構成や学習の見通しをもち、自分の行動の結果として成績を理解することができるようになると考えられる。

④　取組の成果検証

i　出席率

出席は講義回数30回のうち15回分を分析した。欠席の扱いは学則通りとし、通常の欠席に合わせ、入室20分超過および遅刻3回につき1回の欠席とした。また、学則により3分の1以上欠席した場合、期末試験の受験が認められないため5回以上の欠席者は除いた。

出席率（**表Ⅲ-1-2**）では、今年度生は「老人福祉論」85.9%、「障害者福祉論」88.8%とともに9割近くの出席率であったが、一方の過年度生については「老人福祉論」が71.4%、「障害者福祉論」68.9%と7割程度であった。

表Ⅲ-1-2　出席率（出席が必要な日数＝15日）

	老人福祉論	障害者福祉論
今年度生（%）	85.9	88.8
過年度生（%）	71.4	68.9

ⅱ　ワークシート提出率

ワークシートは10回分の提出を分析した。提出率（**表Ⅲ-1-3**）をみてみると、今年度（2008）生は「老人福祉論」90.4%、「障害者福祉論」84.3%とともに高い値を示したが、一方の過年度生については「老人福祉論」が67.1%、「障害者福祉論」50.9%に止まり、過年度生と比較して今年度（2008）生が優位になっていることがわかる。

表Ⅲ-1-3　ワークシート提出率（提出が必要な回数＝10回）

	老人福祉論	障害者福祉論
今年度生（%）	90.4	84.3
過年度生（%）	67.1	50.9

ⅲ　ワークシート評価

提出されたワークシートの評価の割合（**表Ⅲ-1-4**）をみてみると、内容と表現の両方が標準（B）を上回っているA+とA評価について、「老人福祉論」、「障害者福祉論」ともに今年度生が過年度生に比較し全体的に高い割合を示していることがわかる。

表Ⅲ-1-4　ワークシート評価

		A+	A	B	C
老人福祉論	今年度生（%）	19.1	36.6	35.7	8.5
	過年度生（%）	2.1	27.7	42.6	27.7
障害者福祉論	今年度生（%）	12.7	51.3	18.2	17.8
	過年度生（%）	4.9	27.9	29.5	37.7

これら出席率とワークシート提出率、評価の割合をあわせてみると、毎回出席し出席率が高いほど、指示されたとおりにワークシートを提出する率も高く、ワークシートの内容評価も高いと考えることができる。また、これらの行動をとっている学生の割合は過年度生よりも今年度生に多い。最終的な学期末の成績評価は必要であるが、従来の授業形式に慣れている過年度生に比較し、新しい取組を導入した今年度生の優位性を理解することができる。

(2)　サービスラーニング導入事例

授業において学外での経験と座学とを往還させるサービスラーニングを導入する実践が急速に進んだのは、2008年教育GP「初年次サービスラーニングの取組」の採択が契機となっている。本事業の取組では、「大学初年次にサービスラーニングを通して、問題解決能力を身につけさせるとともに、現実社会の課題と専門的知識との関連性を意識させることで、体験と知識を総合化する方法を学ばせること」を企図しており、1年次全員がサービスラーニングに従事参加している。それを契機に、社会福祉士養成課程を置く福祉学専攻では、2010年度生と2012年度生を対象に初年次サービスラーニング以降の専門科目において、サービスラーニングを導入する実践を試みた。そのプログラム概要をまとめたものが、**表Ⅲ-1-5**である。

①　専門科目におけるサービスラーニングの目的

両年度生に共通する点は、専門科目の学びを深めることにある。これは実施科目が、養成指定科目であり、科目内容（知識や技術）の理解を促進するためにサービスラーニング活動を経験させていると理解できる。相違する点は、

表Ⅲ-1-5　専門科目におけるサービスラーニング導入の概要

2010 年度生の SL プログラム		2012 年度生の SL プログラム
○科目の専門性理解 ●態度やスキル（「情報収集力／発見力」「話す／聞く力」「共感的態度」「豊かな心」）の獲得	目的	○専門科目の学習効果を高める ●将来福祉現場で働くための動機づけを図る ●活動の経験をもとにした課題設定や授業でのふりかえりを計画する
● 1 回生後期、2 回生前期	活動時期	● 3 回生前期
○ 48 時間 （2 回生時は選択でさらに＋ 24 時間も可）	活動時間数	○ 48 時間
● 1 回生後期：老人福祉論、障害者福祉論、地域福祉論 2 回生前期：社会福祉援助技術論Ⅰ	SL 実施科目	●社会福祉援助技術論Ⅲ 相談援助演習Ⅰ
○大学周辺の福祉施設、機関、団体	活動先	○大学周辺の福祉施設、機関、団体
●受入機関が希望する活動、作業補助	活動概要	●福祉関係機関・施設で働く職員の方の業務に準じる活動
○活動実数に応じたふりかえりシートの記入（必須） ○各科目による定期的なふりかえり（科目担当者による）	ふりかえりの手法	○活動実数に応じたふりかえりシートの記入（必須） ○各科目による定期的なふりかえり（科目担当者による）

［凡例］○：共通するもの、●：相違するもの
出典：関西国際大学（2011）とサービスラーニング実施科目のシラバスより筆者が作成。

2010 年度生対象プログラムが、態度やスキルの獲得、いわゆる汎用的能力の涵養であるのに対し、2012 年度生対象プログラムは、将来福祉現場で働くための動機づけ、経験をもとにした課題設定やふりかえり（省察）となっている点である。前者は、教育 GP の趣旨 にある要素が含まれている一方、後者は、3 年次前期に実施しており、3 年次後期に実施される現場実習本体への接続やその後の就職を意識したものであると捉えることができる。

② 科目と活動先、活動概要

養成課程におけるカリキュラムは、概ね低年次時に総論を学び、そこから、各論や方法論（演習、実習を含む）を積み重ねていく構造になっている。そのため、2010 年度生では各論での学習内容（利用者の理解、制度・政策の理解など）とのつながり、2012 年度生では方法論での学習内容（対人援助技術、ソーシャ

ルワークの方法論など）とのつながりを意識したサービスラーニングとなっている。他方、実施する科目や学年が異なっているが、基本的な活動先や活動概要は、両年度生ともに同様である。つまり、両年度生ともに活動実態は同じであり、そこから学ぶ角度が異なっているということになる。

③　ふりかえりの手法

両年度生とも同様の手法を用いている。つまり、科目の中で課題として提示される活動時のふりかえりシート（日報）の提出は必須とし、実施している科目の中での省察については、科目担当者に委ねられているということである。上記にもかかわることだが、活動から得た経験を、どのように省察させ、その後の専門科目における学習意欲や目標の具体化と結び付けることが重要である。科目担当者が意識的に、学生の活動経験を意味づけるような省察の工夫が、技術的にも求められているということである。

④　導入による効果検証

「学業」「キャリア」「市民としての責任」「エンパワーメント」の29項目4類型で構成された「自己評価シート」を用いて、入学時点から卒業時点までの縦断調査を行った。調査の時期は6～7月、12～1月の春学期と秋学期の終了時期に行っている。

福祉学専攻は、そのカリキュラム特性から、多くの科目でサービスラーニングを紐付ける取組が試行的に実施された。GP事業終了後も、「相談援助実習」に収斂する現場にふれる活動の配置の工夫と改善が重ねられた。その結果、2010年度生から2012年度生まで、サービスラーニング活動を中心とした科目の配置が毎年変更された。2010年度生は、1回生後期から2回生前期にかけて、いくつかの科目（いずれも養成課程の指定科目）の授業外学習時間を活用して、のべ50時間のサービスラーニングが課された。2011年度生は、この枠組みが外され、随意の活動となった。2012年度生は、多くの学生が「相談援助実習」に赴く直前の学期となる、3回生前期にサービスラーニング活動をともなう科目が配置され、のべ20時間のサービスラーニングが課された（2014年度実施）。

各学年の「自己評価シート」の29項目のデータを上述の4類型に集計し、半年、1年、1年半、2年の間隔で各学年の態度特性の変化を観察した。

i　サービスラーニングがもたらす態度特性変化

サービスラーニングが課された2010年度生と2012年度生に共通するのは、1）活動前に比べて活動中に「学業」の態度特性が積極的なほうに、2）活動終了後に「学業」の態度特性が消極的なほうに、それぞれ有意に変化することである。

2010年度生では、2回生前期までで事実上必修の活動は終了する。2回生前期を基準にして、活動前の1回生前期（1年前）と比較して5%水準で、有意に積極的なほうに変化している。半年後の2回生後期と比較して1%水準で、1年後の3回生前期と1%水準で、1年半後の3回生後期と5%水準で、それぞれ有意に消極的なほうに変化している。2012年度生では、3回生前期で事実上必修の活動を行っている。3回生前期を基準にして、活動前の2回生後期と比較して5%水準で、有意に積極的なほうに変化している。半年後の3回生後期と比較して5%水準、1年後の4回生前期と10%水準で、それぞれ有意に消極的なほうに変化している。

ii　「相談援助実習」前後の態度特性変化

分析対象の各学年は、3回生後期に「相談援助実習」に赴く。その前後の態度特性の変化をみてみる。

3回生後期を基準として、前後半年の変化をみてみると、3回生前期と比較して、2010年度生では「キャリア」（5%水準）で、2011年度生では「市民としての責任」（5%水準）で、それぞれ有意に積極的なほうに変化している。4回生前期と比較して、両学年とも、有意な変化はみられなかった。2012年度生では、3回生前期と比較して、「学業」（5%水準）で、有意に消極的なほうに、また、4回生前期と比較して、「キャリア」（1%水準）「エンパワーメント」（5%水準）で、それぞれ有意に積極的なほうに変化している。

3回生前期と4回生前期の1年の変化をみてみると、2010年度生では、「キャリア」（1%水準）「市民としての責任」「エンパワーメント」（以上、5%水

2010年度生	1回生		2回生		3回生		4回生	
	前期	後期	前期	後期	前期	後期	前期	後期
academic	4.88	5.08	5.33	5.09	4.96	5.00	5.20	4.96
半年								
1年								
1年半								
career	4.29	4.64	4.34	4.42	4.19	4.63	4.77	4.82
半年								
1年								
1年半								
civic responsibility	4.49	4.56	4.39	4.51	4.34	4.48	4.73	4.62
半年								
1年								
1年半								
empowerment	4.38	4.63	4.79	4.51	4.31	4.62	4.82	4.53
半年								
1年								
1年半								

図Ⅲ-1-4　2010 年度生の態度特性変化

2011年度生	1回生		2回生		3回生		4回生	
	前期	後期	前期	後期	前期	後期	前期	後期
academic	5.02	4.87	5.07	5.20	5.11	5.43	5.46	5.43
半年								
1年								
1年半								
career	4.18	4.26	4.42	4.25	4.56	4.71	4.66	5.04
半年								
1年								
1年半								
civic responsibility	4.34	4.42	4.44	4.59	4.27	4.56	4.51	4.46
半年								
1年								
1年半								
empowerment	4.51	4.34	4.50	4.54	5.00	4.77	4.71	4.96
半年								
1年								
1年半								

図Ⅲ-1-5　2011 年度生の態度特性変化

2012年度生	1回生		2回生		3回生		4回生	
	前期	後期	前期	後期	前期	後期	前期	後期
academic	5.59	5.18	5.42	5.31	5.63	5.38	5.27	
半年								
1年								
1年半								
career	4.38	4.21	4.69	4.42	4.81	4.51	4.99	
半年								
1年								
1年半								
civic responsibility	5.01	4.89	4.63	4.68	5.07	5.04	4.98	
半年								
1年								
1年半								
empowerment	4.57	4.64	4.68	4.72	4.53	4.43	4.81	
半年								
1年								
1年半								

図Ⅲ-1-6　2012年度生の態度特性変化

準）に関する態度特性で、2011年度生では、「市民としての責任」（1％水準）で、2012年度生では、「エンパワーメント」（5％水準）で、それぞれ有意に積極的なほうに変化している。2012年度生の場合、3回生前期からサービスラーニングに従事しており、体験・実習活動が連続していることを考慮して、2回生後期から4回生前期にかけての1年半の変化もみておくと、「キャリア」（5％水準）が有意に積極的な方向に変化している（**図Ⅲ-1-4～1-6**）。

福祉学専攻で取り組むサービスラーニングの導入の成果を5年間のパネル調査を用いて、受講時期による態度特性変化の際に着目して、こうした試行錯誤の検討を試みた。サービスラーニングがもたらす態度特性変化と、「相談援助実習」前後の態度特性変化を概括した。これらの結果を重ね合わせると、サービスラーニングや実習後の省察が効果を発揮しているのではないかという、他の研究においても枚挙にいとまなく指摘されている仮説が浮上する。2010年度生のサービスラーニングは、いわゆる「GP事業」により編み込まれたタイトな取組であった。それにふさわしい丁寧な省察の取組があれば、直後の態度特性の消極化は免れたのかもしれない。他方、2012年度生は、3回生前期の実習直前のサービスラーニングは、それに続く「相談援助実習」とあわせ、指定科目の指導の一環として、相対的に入念な省察が行われたと考えられる。その結果、教育目的に合理的な「キャリア」「エンパワーメント」での態度特性の積極化をみたのではないかと考えられる。いずれにせよ、事実上必修のサービスラーニングがなかった2011年度生に比較すると、「相談援助実習」のほかにサービスラーニングを課すことの意義は大きいといえる。学年間にもともとある差や、サンプル数の少なさなど、統計的な課題があることは、本データの限界である。インタビューやふりかえりシートなどの定性的なデータとの照合、さらに、シラバスとの照合、吟味による教育目的的合理性の検討を今後の課題としたい。

4　おわりに

本章では、本学の教育改革の中心に据えられてきたアクティブラーニングが、FDでどのように導入され現在に至っているかを概観してきた。また、教員調査にとどまらず、学生への授業アンケートを通して、アクティブラーニングの実施状況の把握を試みた。

従前のFDでは、当初はアクティブラーニングの手法の紹介にとどまることが多かったが、2012年採択の大学間連携共同教育推進事業「主体的な学びのための教学マネジメントシステムの構築」以降、学生を主体的な学習者へと育てるための方策として、より議論が深まっていく。2012年の中教審答申である大学教育の質的転換と相まって、アクティブラーニングの普及から、深い学びへと誘うためのアクティブラーニングに深化させるFD／PDプログラムが充実することになる。

これまでの本学がめざす教育改革の方向性を体現しようと、筆者が所属する教育福祉学科福祉学専攻では、講義系科目へのワークシート導入やサービスラーニングの積極的推進を図ってきており、その事例を紹介した。いずれ

【資料】大学間連携協働教育推進事業によるアクティブラーニング型授業の要件

学生の主体的な活動と学修成果の獲得を意識したアクティブラーニング型授業の要件

大学間連携共同教育推進事業では、学生の主体的な学びのために、ハイ・インパクト・プラクティスを充実させていくことが1つの柱となっている。そこで、教室で行われる授業を想定し、学生の主体的な活動を促進し、学修成果を得るためのアクティブラーニング型授業の要件を以下の通り整理する。これらの要件を満たす授業を各連携校において充実していく。

……

授業科目の「学習目標」、その達成に向けた「学習活動」、達成度を測定する「評価方法」を三位一体として明確に設定することが必要である。その上で、次の要素を満たすことが重要である。

《学習目標》

11.　各授業科目の学習目標として、学修成果を設定していること。ここでの学修成果は、授業を通して修得できる汎用的な能力、専門的な知識及び技能等のうち、大学及び学部学科の教育目標に合致しているものを指す。

《学習活動》

12.　学習目標が達成できる活動であること。

13.　学生が自ら活動に参画できるよう設計されており、また、教員が関与して仕向けていること。（学生任せになっていないこと）

14.　学習目標の達成を認識するために、ふりかえりの機会が活動の途中および活動後に設定されていること。（機会例：個人のふりかえりだけでなく、グループやクラスでの発表・意見交換による共有も含めることが望ましい）

15.　学生同士のコミュニケーションの機会が設定されていること。（設定された学習目標によっては、学生同士が議論する機会の設定が必要）

16.　学修成果のエビデンスとなる成果物の作成が課されていること。（成果物例：レポート、プレゼンテーション、ビデオ、ニュースレター等）

《評価活動》

17.　形成的評価が取り入れられ、教員からできるだけ早く、口頭や記述によるフィードバックがあること。（フィードバック例：全体への説明、グループへの説明、個々の学生への説明）

18.　評価には、多様な評価方法が取り入れられていること。（評価方法の例：テスト、ルーブリック等）

も学生の学習する習慣や態度に変化が期待できる結果となっている。他方、受講した学生が何を学び何ができるようになったのかについて、具体的な検証にまでは至っていない。

今後、本学の教育改革の中心的役割を担うアクティブラーニングは、授業デザイン、教員による発問（問いかけ）や丁寧な省察など、主体的な学習者として学生を育てつつ、深い学びへと誘う構造を検討していかなければならない。そして、そのアセスメント方法を同時に開発してくことが今後の課題となろう。

注

1　笠原千絵氏、加藤善子氏は本学元教育職員である。
2　山田一隆氏は本学元教育職員、丹羽恵理氏は本学元事務職員である。

参考文献

関西国際大学、淑徳大学、北陸学院大学、くらしき作陽大学『主体的な学びのための教学マネジメントシステムの構築　平成 24—28 年度最終報告書』2017
笠原千絵、山本秀樹、加藤善子『講義科目でアクティブ・ラーニングを可能にする基本構造—社会福祉専門職教育関連科目における実践から—』関西国際大学研究紀要 9 号、13-23 頁、2008
尾崎慶太、山田一隆『社会福祉実習前教育としてのサービスラーニングの検討』関西国際大学研究紀要 17 号、23-39 頁、2016
山田一隆、尾崎慶太、丹羽恵理『大学初年次におけるサービスラーニング受講を契機とした態度特性変化その 8 —受講時期による態度特性変化の差異に着目して—』日本福祉教育・ボランティア学習学会第 21 回やまぐち大会、当日配布資料、2015

特別論考　FD 外部講師の記録①

京都大学　松下佳代 教授

ディープ・アクティブラーニングの考え方と方法

■日　　時　2015 年 8 月 19 日（水）13：00 〜 14：30
■場　　所　関西国際大学　尼崎キャンパス
　　　　　　（2015 年度第 1 回 FD 研修会として実施・連携大学関係者も出席）
■講　　師　松下　佳代　京都大学　高等教育研究開発推進センター　高等教育教授システム研究開発部門　教授

■概　　要

アクティブラーニングについては、本学でも早くから授業での取組を始めてきた。ディープ・アクティブラーニング＝深い学びの段階に向けて、本学の組織的教育力をさらに高めていくために、アクティブラーニング研究の第一人者である京都大学・松下先生をお招きした。

2012 年の中央教育審議会・質的転換答申が大きな転機となって、次期学習指導要領の諮問、高大接続答申の中でも、学力の 3 要素の育成に向けてアクティブラーニングの視点からの学習・指導方法の改善について提言されている。「大学を含む学校教育に、能力として『To　Know』（知っている）だけではなく『To Do』（必要な場面で行える）まで求められる中、それを身につける方法としてアクティブラーニングが注目されている。…大学での学習は単に『アクティブ』であるだけではなく、『ディープ』でもあるべき」と松下先生。手法としてのアクティブラーニングに走るのではなく、①なぜ、学習は「ディープ」でもなければいけないのか、②「ディープ」とはどういうことなのか、③それによって、アクティブラーニングがどう違ってくるのか、などの観点から講義が進められた。

アクティブラーニングがディープでもあるためには、①自己と対象世界と他者という 3 つの軸を含む、②外的活動だけではなく、内的活動にも目を向ける（Hands-on と Minds-on)、③知識とスキルを切り離さない、④内化と外化を組み合わせて、さらに身につけた知識を評価し、再構成（再内化）する学習プロセスのサイクルをなす、⑤授業レベルだけではなく、コースレベル、プログラムレベルでも学習を捉える、といったことが必要であるということ、深い学習－深い理解－深い関与が相互に関連するということ。こうした内容を通じて、ディープ・アクティブラーニングの理論とその実践のための知見を得ることができた。

■講師略歴

京都大学教育学部助手、群馬大学教育学部助教授、京都大学高等教育教授システム開発センター助教授を経て現職。専門は、教育方法学、大学教育学。特に能力、学習、評価をテーマに研究と実践を行っている。

主な著書は、『パフォーマンス評価』(日本標準、2007)［単著］、『〈新しい能力〉は教育を変えるか？ー学力・リテラシー・コンピテンシー―』(ミネルヴァ書房、2010)［編著］、『高校・大学から仕事へのトランジション―変容する能力・アイデンティティと教育―』(ナカニシヤ出版、2014)［共編著］、『ディープ・アクティブラーニング―大学授業を深化させるために―』(勁草書房、2015)［編著］、『アクティブラーニングの評価』(東信堂、2016)［共編著］、『Deep active learning: Toward greater depth in university education』(Springer、2017)［編著］など。

松下佳代 教授　講演記録

1　今なぜ、アクティブラーニングなのか

みなさんの中には初等中等教育の現場の経験がある方もいらっしゃると思いますが、アクティブラーニングそのものは、特に日本の小学校教育の中ではかなり行われていたものと考えています。現在、小、中、高、そして大学教育を貫く方法として、アクティブラーニングに改めて光が当てられています。本日は、私が考える一番のポイントとなるところをメインに話を進めていきたいと思います。

私が一番申し上げたいことは、大学での学習は単に「アクティブ」であるだけではなく、「ディープ」でもあるべきだということです。なぜ、学習はアクティブであるだけでなくディープでもなければいけないのか、そして、ここで言うディープとはどういうことなのか、などについて話していきたいと思います。したがって、ここでは何か新しい理論とか方法を申し上げるより、既に行われている、いろいろなアクティブラーニングの中で、これは内容的に非常に深みがあると思えるような事例をもとに、そこで共通していることはどういうことなのかを抽出することで、ディープ・アクティブラーニングというものを理論化していきたいと思います。

⑴　大学教育の大きな流れ

まず、今なぜ、アクティブラーニングなのかということですが、この根幹の部分を押さえていなければ、手法としてのアクティブラーニングに走ってしまうおそれがあると思います。

これは中央教育審議会の中で議論されてきたことですが、2012年の質的転換答申がやはり大きな転機になったと思います。それから今、議論されている次期学習指導要領への諮問の中で、明確にアクティブラーニングが位置付けられることによって、大学だけではなく、初等中等教育、特に高校教育の中で、アクティブラーニングに光が当てられているという状況になっています。さらに、高大接続答申の中では、高校と大学へのアクティブラーニングの導入が大学入試改革とあわせて提案されています。

アクティブラーニングの定義については申し上げるまでもないことですが、質的転換答申で気になるのは、講義形式の教育と対照的な方法として議論されていることです。また、次期学習指導要領の諮問では、「課題の発見と解決に向けて主体的・協働的に学ぶ学習」となっています。特に主体的だけではなく、協働的ということが強調されるようになってきているのが特徴です。これまでは、アクティブラーニングそのものを言い換えるという感じで「能動的な学修への参

加」という形で語られていましたが、協働性ということ、課題の発見と解決ということも、具体的に定義に織り込まれるようになっています。

⑵ 教育における〈新しい能力〉

アクティブラーニング導入の背景については、大学でいうと、ユニバーサル化が進んで学力や学習意欲の多様化が進んできたことが挙げられます。学力もさることながら、京都大学でも偏差値的に入りやすかったからということで学部や学科を選んでいる学生もいるわけで、その多様化が問題になっています。そして、講義形式の授業では90分間もたない。

中国の大学を訪問した際、90分1コマの授業を、45分ずつに分け途中に休憩を入れて授業が行われていました。また、京大工学部のFDで、学生から出てきた授業改革案の1つが「90分間は長すぎる。大体50分程度しか、集中力が持たないのでやめてほしい」という意見でした。90分間ずっと講義を聴くのはしんどいと思っている学生が、京都大学でも少なくないようです。

学生に求められる能力の変化ですが、日本では2000年代以降から、様々な〈新しい能力〉が提唱されるようになってきました。こうした能力を育てる時の有効な方法としてアクティブラーニングが注目されるようになったこと。これは明確であると思います。目標（能力の育成）－方法（アクティブラーニング）の間を、きちんと連動（alignment）させるためにアクティブラーニングが出てきたということです。

⑶ 〈新しい能力〉が求められる理由

なぜ90年代以降、特に2000年代以降に、様々な形で〈新しい能力〉が提唱されるようになってきたのかですが、「後期近代」の特徴として、グローバル化や情報化、流動化、リスク化、個人化などが露わになってきた。つまり、終身雇用制の解体などこれまでの生き方の「定番」が揺らいで、人々が自らの力で人生の様々な局面を切り開いて生きていかなければいけない時代に入ってきた。そこでそうした能力を個人個人でつけていくことが（それは仲間とともに何かをやるということも含めてですが）求められるようになったことにあると思います。

⑷ 〈新しい能力〉の特徴

それでは、そうした〈新しい能力〉にどんな特徴があるのか。第1に、年齢が小学生から社会人まで、非常に対象範囲が広いということが挙げられます。例えば、OECDのPIAAC（成人力調査）は16歳から65歳までが対象です。OECDのPISA2012には65か国が参加しています。世界経済の9割をカバーしている。いわゆる経済先進国だけではなく、途上国といわれる国や地域も含めて、こうした能力を育てることに取り組んでいるという状況があります。

第2に能力の中身ですが、認知的側面（知識と技能など）だけではなく、情意的側面（態度など）や社会的側面（対人関係など）も含まれるようになりました。なぜこの3つの側面が重要になってくるのか。知るということについて、単に知っている、それをテストで再現できるということだけでなく、実際に知っていることを使って何かを行う、必要な場面で行えることまで含めて求められるようになってきました。さらに言えば、単に知識とか技能を持っているだけではなく、何かをやろうというビジョンや目標を立て、その中にいろいろな人たちを巻き込んで一緒に何かをやっていくことが求められるようになってきた。つまり、「To know」（知っている）だけではなく「To do」（必要な場面で行える）まで求められるようになったということです。そのことは、能力に認知的側面だけでなく、情意的側面や社会的側面も含めるようになったことと表裏一体です。

第3の特徴は、教育への影響の大きさです。これまでも求められる人間像などといった形で言われることがありましたが、理念的ではなくて、具体的かつ実際的にそうした能力が、それぞれの学生・生徒に身についているかということが、評価されるようになってきました。〈新しい能力〉が教育目標であるだけでなく、評価対象として設定されていることが、教育への影響の大きさを生みだしているのです。

関西国際大学が取り組んでいるパフォーマンス評価とか、ルーブリック、ポートフォリオなどでの評価もそうですし、大学、あるいは学校の中での評価にとどまっていたものが、入試にも取り入れられるということで、学生・生徒はもちろん教員側にも大きな影響力を与えることになるだろうと思います。

2　アクティブラーニングとは―アクティブラーニングの定義と特徴―

こうした能力をつけるための方法として、「アクティブラーニング」ということが言われるようになってきた訳です。

アクティブラーニングの定義としてよく引用されるのが、ボンウェルとアイソンの定義で、「学生にある物事を行わせ、行っている物事について考えさせること」というものです。実際にやってみて振り返って考えさせることで学ぶ、それがアクティブラーニングであるという言い方をしています。

京都大学高等教育研究開発推進センターの溝上慎一さんの定義は、質的転換答申の定義に結構近いのですが、「認知プロセスの外化を伴う」が加わったのが大きな特徴です。インプット＝受け取るだけでなく、自分の中からアウトプットしていくということ、そこにアクティブラーニングの特徴があるということですね。

ボンウェルとアイソン、そして溝上さんの研究をもとに、アクティブラーニングの特徴をまとめると、以下のようになります。(a)〜(e)がボンウェルら、(f)が溝上さんによるものです。

(a) 学生は、授業を聴く以上の関わりをしていること
(b) 情報の伝達より学生のスキルの育成に重きが置かれていること
(c) 学生は高次の思考（分析、総合、評価）に関わっていること
(d) 学生は活動（例：読む、議論する、書く）に関与していること
(e) 学生が自分自身の態度や価値観を探究することに重きが置かれていること
(f) 認知プロセスの外化を伴うこと

3　アクティブラーニングの抱える問題

⑴　調査と事例から

「アクティブラーニング」という言葉を使わなくても似たようなやり方がいろいろなされてきていて、10年程度は経つのではないかと思います。その中で、いろいろな問題も見えてきています。改めてアクティブラーニングをバージョンアップしていくために、どんな問題が出てきているのかを踏まえないといけない時期に来ています。

①　AL型授業が普及するほど、学習に対する学生の受け身の態度が強まっているという調査結果

例えば、ベネッセ教育研究開発センターがアクティブラーニングについて4年ごとに大規模な調査を実施しています。2008年と2012年の調査結果を比較した時に、「あまり興味がなくても単位が楽に取れる授業がよい」というのと、「単位を取るのが難しくても自分の興味がある授業がよい」という、2つの対照的な方向を示して、どちらがより自分の意見に近いかということを尋ねています。この間にアクティブラーニングは、かなり広がっているのですが、それと歩調を合わせるかのように、「単位を楽にとれる授業の方がよい」という学生の方が増えてきています。

私たちからすると、これだけアクティブラーニング型授業が広まっていたら逆の結果になってもよさそうだと思いますが、非常に意外な結果でした。この結果はあくまでも相関関係しか示していないので、因果関係はわからないのですが、アクティブラーニングが、学生にとっては動かされる授業になっていて、逆説的ではありますが受け身の授業になってしまう場合があるという仮説が立てられるかもしれません。

②　MITのTEALに対する賛否両論と、MITの対応

私は2年ほど前、MITのTEAL（Technology-Enabled Active Learning）の授業を視察しました。今でこそアクティブラーニング型の授業に向けたいろいろな教室空間が多くの大学で作られていますが、その走りみたいなものがMITのTEALで

す。東京大学の駒場アクティブラーニングスタジオ(KALS)も、これをもとに作られています。

教室内に9人掛けのテーブルが13台置かれ、各テーブルに3つのノートパソコンも用意、グループワークができるようになっている。それぞれスクリーンがあって、ホワイトボードも置いてあります。

ここでの授業のことが2009年にニューヨークタイムズで、今の大学はこのようになっているという形で報道されました。それに対して書き込まれた読者からの意見の中には、「こんな時代に大学人でなくてよかった」「アクティブだけれど、気が散りやすい騒がしい教室より、熟練の教員に指導を受け、アイディアを展開してもらいながら自分で静かに思慮にふけることができる環境の方が学びやすい」という批判的な意見と、「大学ってこんなに変わったのか。今大学に行ければよかった」など賛同的な意見の両方がありました。

MITが採っている方法は、こうした学生の学習スタイルの違いに対して、講義とアクティブラーニングの2つのオプションを用意して、どちらでも受けられるようにするというものです。ただ、私が実際にTEALでの授業を拝見した限りでは、学生はあまりアクティブであるようには見えませんでした。

MITの隣のハーバード大学での授業も見せていただきました。社会心理学の授業でしたが、パワーポイントを見せながらの講義を学生は食い入るように聞いている。授業が終わった後には拍手が起きました。学生が授業にのめり込んでいるという感じでした。そうした光景を見て、学生がアクティブかどうかは、授業形態だけで一義的には決まらないのではないかということを強く感じました。

③　AL型授業で新たに生まれている問題

関西大学の森朋子さんは、いろいろなアクティブラーニング型の授業を見てきて、あるいはご自分でもやってみて感じている問題として、フリーライダーの出現とグループワークの非活性化を挙げておられます。

グループワークで多数のフリーライダーが出てきてしまったり、グループワークの時に、ポツ、ポツ、ポツという感じでしか意見が出てこない、すごく沈んだ感じのグループワークになってしまうことがあります。

あるいは、活動は非常に活発に見えるが、あまり知識とか思考が深まっているようには見えない、レポートを書かせてみたら、活動はあんなに活発だったのにレポートはこの程度?　といった印象を持ったことが、私もあります。

複数で議論をした場合、例えばブレインストーミングで意見を出させた場合よりも、それぞれが個人で考えてきて、それを持ち寄った場合の方が独創的なアイディアが出てきたといった研究もあります。

例えばレポートなどでも、グループワークで調べた時と、1人で調べた時とで、後者の方が面白い意見が出てきたりする。みなさんも、そうしたことを経験されたことがあるかもしれません。

どうなった時に、1人ではなかなか出せないよい意見がグループワークで出るのか、あるいは、そのためにどういう学び合いがより有効なのか。どういう要因がそこに働いているのか。まだあまり明確になっていませんが、これから大学の中でアクティブラーニングが進んでいく時に、明確にしていくべき課題なのではないかと思っています。

教員と学生の対話型FDをやっている大学で、講師に招かれた際にこれまでのFDの記録を事前に見せていただいたところ、学生から出てきた意見で「授業はわっと盛り上がった。でも、それは果たして学生が深いところまで内容を理解して盛り上がっていたのかどうかがわからない」とか、教職員からは「活動的に見えても実は深く考えていない授業もあり、教育の質という面ではディープに学べるような理論や仕掛けがある授業がよい授業といえるかもしれない」というものがありました。

それまでいろいろなアクティブラーニングをやってみて、これでいいのかなとか、あるいはどこかもう一つ工夫が必要ではないかと思っている人は、割と多いのではないかということを、このような意見からも感じています。

それが何なのかということ、どうしたら質の高い、中身の濃いアクティブラーニングにできるのかということが、今大学教員が大学教育で取り組むべき課題なのではないでしょうか。

⑵　双子の過ち

これまでの教育方法学の歴史を振り返ってみた時、アクティブラーニング的なことは何度も行われてきました。

「逆向き設計」論で知られるウィギンズとマクタイが指摘していることですが、教授デザインには「双子の過ち」があるとしています。

一つは、活動に焦点を合わせた授業です。Hands-onではある（手は動かしている）が、Minds-onではない（頭は動かしていない）、そういう授業があるということ。もう一つは、これは大学教員にとってはお馴染みのことですが、「Coverage」、つまり、内容をきちんと網羅するということに焦点を合わせた授業です。

先程の質的転換答申のアクティブラーニングの定義を見ても、第二の過ち、つまり講義に対する批判が非常に強いですが、一方で第一の過ちに陥っていないだろうか、ということを考える段階にきているのではないかと思います。

⑶　「ディープ・アクティブラーニング（DAL）」の提案

京都大学のセンターでは、深い学び＝ディープ・ラーニング（深い学び）とアクティブラーニングとの重なり部分を追求しないといけないのではないかということで、この2、3年、いろいろな方々を海外からお招きしてきました。アクティブであると同時にディープである、そういう授業あるいは学びというのがどういうものなのか、それを考えていこうということです。

アクティブラーニングは、どうしても手法的なものに陥りがちで、逆にディープ・ラーニングは内容面を重視している。そのどちらか一方では駄目で、両者の交わりの部分を追求していこうということで、「ディープ・アクティブラーニング」という名前にしました。

私は、いろいろな大学や専門学校で授業をしてきましたが、その時の経験から、アクティブさというものは、外的な活動だけでなく、内的な活動との組み合わせで考えていく必要があるのではないかと考えています。小、中、高の授業も結構見てきて思いますが、活発にわいわいがやがや議論している授業もあれば、割合静かではあるが子どもたちの胸に響いているような授業もある。外的活動と内的活動の両面でアクティブさというものを捉えていく必要があります。

例えば「聞く」ということは非常に重要で、聞きながら、頭が活発に活動している状況というのは、授業において不可欠です。逆に外的には非常に活発に見えるのだけれども、あまり内的には深まっていないという授業もあります。これは先程ふれたHands-onではあるけれど、Minds-onではないということです。

4　「深さ」の系譜

(1)　「深さ」の3つの系譜

よいラーニングとは何なのかといった時に、アクティブなラーニングだけではないと思いました。それでディープということに注目しました。非常にいろいろな能力が求められるようになり、アクティブラーニングの重要性が増しています。そういう時代になって、深さということも追求するに値する価値があるのではないかということを申し上げたいと思います。

もっと探れば他にもあるかもしれませんが、「深さ」には少なくとも3つの系譜があると思います。深い学習、深い理解、深い関与、それぞれ違う系譜ですが、相互に関連しています。

(2)　深い学習 (deep learning)

ディープ・ラーニングは、もともとは、ディープ・アプローチ・トウ・ラーニングと言われていました。

マルトンとセーリョーの2人は、70年代半ばに、学生によるテキストの読み方について調べたところ、2つのタイプがあることに気づきました。一つは、テキストの文字づらをとらえて頭の中に入れていこうとするタイプ、もう一つは、どんな内容が書かれているのかその意味を理解しようとするタイプです。そこで前者をサーフィス・アプローチ・トウ・ラーニング、後者をディープ・アプローチ・トウ・ラーニングと名づけました。

高等教育の目的はディープ・ラーニングを育てることにあると言われることもあり、北欧、イギリス、オーストラリア、香港などで、その概念はよく知られたものになってきています。

「学習へのアプローチ」のタイプについては、深いアプローチと浅いアプローチの他に、戦略的なアプローチと無気力なアプローチというタイプ分けもなされています。例えば、内容はあまり理解していないが、試験対策に長けている学生がいます。それは浅いアプローチで、戦略的なアプローチを取っている学生と言えるかもしれません。

ここでは、この深い学習というのが、学生の学習に対するアプローチの仕方の違いを語る言葉として使われています。テキストの読み方の違いから説明していますが、この２つのタイプの学生は、いろいろな学習行動にも違いがあるということがわかってきていて、研究も進んできています。

⑶　深い理解 (deep Understanding)

深い理解については、ウィギンズとマクタイが、「知の構造」を図式化しています。知識とスキルには深さの軸にそって3層くらいの層があると考えることができるのではないかというものです。

例えば、戦争の中には“正義の”戦争と主張されるものがある。例えば、朝鮮戦争、ベトナム戦争、現在ならテロとの戦いなどがそうです。いろいろな歴史上の現象・事象を見る時に、こうしたことが理解されていれば、これまでの歴史の中のさまざまな出来事を理解したり、あるいは、今後起きる出来事を理解する時にも有効です。

予測できない事態にも対処できるようにするため、汎用的な能力をつけさせるのだといわれていますが、予測できない事態を理解するために、時代を超えてあてはまるような概念や原理、一般化を学生に理解させる必要があるのではないかと思います。

これは単に命題として覚えるだけでは駄目で、様々な個別の知識と結びつけながら、いろいろな推論をやったり、さまざまな場面で使ったりしながら、学生の中にだんだん深く入り込んでいくものだと思います。こうした知識は、インターネットで検索するだけではなかなか身につかないのではないでしょうか。このような知識を身につけさせるということをアクティブラーニングとセットで行っていくべきではないかと私は思っています。

それこそ大学を卒業しても残る、その人の体の一部になるような、そういう理解を育てていくことが必要です。ウィギンズとマクタイは「永続的理解(enduring understsndings)」という言い方をしていますが、私はそれを「忘れ残り」とも表現しています。個別の事実的な知識というのはすぐ忘れられてしまうわけですが、理解した概念や原理などはなかなか忘れられないものなのです。

そのために、何が必要なのかということで、彼らは、核となる課題(core tasks)と本質的な問い(essantial questions)を挙げています。こういうものがどれだけ授業の中に採り入れられ、具体化できているかということが重要になってきます。

⑷　深い関与(deep engagement)

深い関与。関西国際大学でも議論されてきていると思いますが、正課の授業だけではなく、準正課や正課外などでの関与がいかに学生の学びと成長につながっているかが「スチューデント・エンゲージメント」という概念で議論されてきています。

エリザベス・バークレーという人は、授業の中でディープ・エンゲージメントをどうやって引き起こすかということで提案を行っています。彼女はシリコンバレーにあるコミュニティー・カレッジの教員で、しばらく学部長をやって10年ぶりに現場へ戻ったら、かつては人気講師だったのに、学生が全然自分の授業を聞いてくれない。コミュニティー・カレッジには多様な学生がいる。その中でどうすればステューデント・エンゲージメントを引き起こせるのかというので出した結論が、アクティブラーニングと動機づけを、二重らせんのように絡ませ合うことで、それができるのではないかということでした。さらに動機づけについては、この課題が自分にやれるのかということ(期待)と、この課題をやる価値があるかということ(価値)、この2つが重なって、動機づけにつながるいうことで、ステューデント・エンゲージメントを説明しています。

5　ディープ・アクティブラーニングのモデル

⑴　学びの能力の3つの軸

実際にディープ・アクティブラーニングのモデルの前提として、どういうことが考えられるかということですが、先程、私は「能力の3軸構造」ということをお話ししました。対象世界との関係(認知的側面)、他者との関係(情意的側面)、自己との関係(社会的側面)が重なり合って能力の3つの軸になっています。それはどこから生まれているかといえば、学びそのものが3つの軸で出来上がっているということと深く結びついていると思います。教育学者の佐藤学氏は、学びとは「学習者と対象世界との関係、学習者と他者との関係、学習者と彼・彼女自身(自己)との関係、という3つの関係の編み直すこと」という定義をしておられます。

自分も他者も同じ対象世界について何かを学ぼうとしている。そして、その中で、あの人はあんなことに興味があるけれど自分はそうじゃないとか、自分はこれが得意だが他の人はそうでないらしい、といったことを通じて、自分というものが改めてわかってきます。もし、自分と対象世界との関係しかなかったら、自分の個性というものはそれほど強くは自覚できないだろうと思います。しかし、同じ対象世界に向かっている他者が、自分とは違うやり方で向き合っているということを目の当たりにすることで、自分らしさはこういうところにあるのだなということに気づいていきます。このような3つの関係性の中で学びが進んでいく訳です。

カリキュラム研究者のヘンダーソンという人は、3S（サブジェクトラーニング、ソーシャルラーニング、セルフラーニング）という言い方で、同じようにこの3つの学びを表しています。つまり、学びも、能力の3軸構造と同じように、対象世界と、他者と自己という3つの軸で捉えられるということです。

⑵　学習活動の構造

ここで具体的にアクティブラーニングについて考える前に、学習活動の構造と学習活動のプロセス、学習活動の空間的な側面と時間的な側面を捉えていきたいと思います。

エンゲストロームという人は、先程の3つの軸を主体と対象と共同体という言い方でまとめています。人間の人間らしいところは、道具を使って対象に働きかけていくということであり、また、他者とうまくやっていくためにルールを作ったり、役割とか仕事を分担して、共に対象に向かう点にあると言っています。

アクティブラーニングがうまくいっている時は、学生が主体となり、先程のバークレーの言葉で言うと、期待と価値がうまく結びついているような挑戦しがいのある課題があって、そこに他の学生とか教員、TA、あるいは地域の人たちなど、さまざまな人たちとのコミュニティがある時です。そして、知識が課題に取り組むための道具となり、他者との間に規則や規範が、明示的・暗黙のうちにできていて、また、メンバー間でも仕事とか役割の分担ができているという時。恐らくそんな時にアクティブラーニングがうまく進むのではないかと思います。その結果、単に当初描いた課題を解決するだけではなく、その時に使った知識が自分の中でもう一回改めて理解される、再構成されることになります。単に課題を解決して終わりではなく、それを通じて知識が再構成されていくということが重要なのです。

これに対して、アクティブラーニングがうまくいかない場合は、まず、課題が簡単すぎたり難しすぎたりということがあります。知識も不十分で、ルールとして、そこそこの労力でまあまあの結果を出せればよいという暗黙の了解が、グループ内とか教室の中を支配してしまうと、なかなかグループワークがうまくいかない。メンバー間で仕事とか役割の分担で大きな偏りがあっても、それをよしとしてしまう。そうなると、非常に中身の薄い結果しか出てこないことになります。

⑶　学習活動のプロセス

いまお話ししてきたのは、学習活動の構造のことでしたが、今度は、時間的なプロセスについて見てみましょう。エンゲストロームは、下のような学習サイクルを提案しています。この順番どおりでなくてもよいのですが、ここに挙げているステップが、学習のプロセスのどこかに含まれていることが必要です。

動機づけ－方向づけ－内化－外化－批評－コントロール

挑戦しがいのある課題にチャレンジしたり、あるいは、それを自分たちで設定することで学習に対する動機づけが生まれる。そして、その課題にどうやって取り組むかということに構想を練って、方向づけができてくる。課題に取り組みたいけれども、今の自分ではまだこういうことが足りないということが自覚されて、必要な知識をいったん習得する(内化)。その知識を使いながら課題を解決していく(外化)。そして、課題を解決した上で、自分がこのプロセスの中で身につけた知識を評価し、再構成する(批評)。ここがうまくいかなかったとか、ここはもう少し補足や修正が必要ではないかとか、そうしたことで再構成していく。最終的に学習のプロセスをリフレクションして次のサイクルに進んでいく(コントロール)。こんなプロセスです。

恐らく知識の再構成ということがなければ、単にできあいの知識を適用して終わりということになってしまうと思います。

アクティブラーニングをよりよいものにしていく切り口は、いろいろありますが、その一つは内化と外化の組み合わせ、あるいは、知識と能力、その両方をどのように身につけさせていくかということにあると思います。

6　ディープ・アクティブラーニングの方法

⑴　多様な方法

ディープ・アクティブラーニングの具体的な方法は多様にあります。みなさんもいろいろと試みておられると思いますが、2つポイントを挙げておきます。

まず、タイムスパンです。これはアクティブラーニングの学習サイクルをどのような単位で考えていくかということになります。1コマ90分の授業の中に先程の全部のステップを収めることができる場合もあると思いますが、私は毎回の授業がそうでなくてもよいと思っています。

例えば、半期、1コースの授業の中で、今日は講義主体ではあったけれども、次の回は内化した知識を使って外化（問題解決）するというところに重きを置くとか、メリハリがあってよいと思います。もっと言うと、4年間のプログラム全体の中でそういうことも考えられてよいと思う。アメリカのキャップストーン科目とか、日本だと卒業研究であるとかのように、これまでに自分の学んできたことを統合して、最終的に論文の形にまとめる、つまり外化ということをやっていくわけですが、そうした大きな単位でもアクティブラーニングというものを考える必要があるのではないかと思っています。

アクティブラーニングは、それぞれのタイムスパンで入れ子のような構造になっているので、4年間の学士課程プログラムとして、あるいは、半期の授業として、あるいは、1コマの授業の単位で、それぞれにアクティブラーニングを構想することができるのです。

もう一つのポイントは学問分野です。学問分野ごとにいろいろな特有の活動様式があります。ドゥ・サイエンスという言い方がありますが、単に知る、ラーニングするというだけでなく、実際にそれぞれの学問分野の特徴を反映した方法でドゥするということを、アクティブラーニングの中にそのまま取り入れるというやり方があると考えています。

工学分野における学生ロボットコンテストなどは、Project-Based Learning のよい例ですし、一方、医学分野には Problem-Based Learning があります。自然科学分野だと、問題－討論－実験のように、一つのまとまりがあります。法学であれば、ソクラテス・メソッドというものが使われます。

⑵　学問分野の特徴を反映した方法

それぞれの学問分野ならではの活動様式というものがあって、それをうまく授業にアレンジするというやり方があると思うのです。もともとのスタートは工学分野だった PBL（Project-Based Learning）も、同志社大学などでは教養教育で行っています。

ここで紹介するのは、徳島大学工学部の大道芸ロボットの PBL の光景です。公開競技があって、その後に技術報告会がある。ここで、途中で動かなくなったとか、いろいろな失敗の報告があります。失敗から何を学ぶかということが、教育で最も重要なところです。

立教大学経営学部の BLP（ビジネス・リーダーシップ・プログラム）も、大変うまくできているプログラムとして知られています。同様の取組に、中央教育審議会会長の安西祐一郎先生がベネッセなどと組んでやっておられる「フューチャー・スキルズ・プロジェクト」というものがあります。そこの関係者が、同じことをやっても1年の後期にやるのでは駄目で、1年の前期で、学生が高校から上がってきて、大学で何か新しいことがあるかも知れないとワクワクしているところに、これまでとは全然違う学びの形式を示すことで、うまく流れていくと報告されていました。

医療分野で言うと、「アーリー・エクスプロージャー」もそうですが、まず、応用的な課題から入って、そこで自分がいかに無知であるかということに気づかせる。そこで動機づけが行われて、いろいろな知識とかスキルを身につけていく。ある程度身についたら、次の少し難しい課題に取り組む。そこでまた、まだ学びが足りないということがわかる。そうやって、ジグザグの階段を上るように学生の学びが成長していく。この中にも、グループワークや討論を行ったりというような内化と外化の組み合わせがあります。

ここで、知識やスキルを身につけるということは、大きく見ると内化なのではありますが、その中にまた内化と外化があるという、先程お話したような入れ子構造になっています。それが自転車の両輪のようになってビジネス・リーダーシップ・プログラムは組まれています。

自然科学分野では、「ピア・インストラクション」というものが行われています。これはもともとハーバード大学のエリック・マズール教授が考え出したものです。物理が解っていればごく簡単だと思われる課題を学生にさせてみたところ、普通の筆記試験なら100点を取れる学生が全然できなかった。それをきっかけに、物理学の根本にある概念や原理を学生に獲得させるために考案されたのが、ピア・インストラクションです。思考を喚起するような問題を出して、3つくらいの選択肢から答えを選ばせます。以前はカードを使いましたが、今はクリッカーを使っておられます。大体30%から70%程度の正答率の時に議論をさせると、学生同士の学びが最もうまくいくそうです。それ以下の時は、議論させるだけでは、学生がうまく理解や正解にたどりつくことができませんので講義から入ります。

概念理解が問われる問題を出し、予想させて、選択した答えがばらけたところで、学生同士で議論をし、学び合う。この中で最も重要なのは、コンセプテストという、深い概念を問うような問題をいかに作るかというところです(コンセプトとテストを組み合わせた造語)。マズール先生の著書でも、ほとんどの内容がコンセプテストに充てられています。ここに挙げた〈バスタブに船の模型を浮かべたときとそうでないときのバスタブ全体の重さの違いを問う問題〉は、小学生でもできそうな問題ではありますが、大学生にさせると非常に意見が分かれる。そして議論が分かれた中で、学び合いをすることでより深い理解に達することをめざすのです。

7　まとめと今後の課題

(1)　あらためて、ディープ・アクティブラーニングとは?

様々な学問分野のディープ・アクティブラーニングを概観してきましたが、自己学習能力、問題発見・解決能力とか、あるいは協働性とか、そうした能力を育てながら、一方で知識を身につけるということも同時にめざしている。欲張りといえばそうなのですが、1時間の授業ではないにしろ、1コマや半期くらいで両方をうまく取り入れられるような授業デザインが必要ではないかと考えます。

そこで改めてディープ・アクティブラーニングとは何かということですが、「学生が他者と関わりながら、対象世界を深く学び、これまでの知識や経験と結びつけると同時に、これからの自分の人生につなげていけるような学習」を、そういう学習を作っていきたいという願いを込めて、ディープ・アクティブラーニングの定義としています。

優れたアクティブラーニングの実践には含まれているが、手法だけのアクティブラーニングでは切り捨てられがちな面を組み込んでいく。外化だけでなく内化も入れるとか、汎用的な能力だけでなく知識も重要であるとか、そうした点が重要です。

①自己と対象世界と他者という3つの軸を含む、②外的活動だけではなく、内的活動にも目を向ける、③知識とスキルを切り離さない。④内化と外化を合わせて1つのサイクルをなす、⑤授業レベルだけではなく、コースレベル、プログラムレベルでも学習を捉える――新しいことは何も含まれていませんが、これらのことは改めて注意を喚起したい点です。

(2)　まとめ

なぜ、学習はアクティブであるだけでなく、ディープでないといけないのか?アクティブラーニングが一定期間なされてきた上で出てきた新たな問題(例:知識と活動の乖離など)について私たちが対処していくことが、アクティブラーニングの次の段階を考える際に重要ではないかと考えています。

アクティブラーニングがディープでもあるということについて、本日は「深い学習」「深い理解」「深い関与」から考えてきました。それによってアクティブラーニングがどのように違ってくるのかということも申し上げてきたかと思います。

(3)　今後の課題①—知識獲得と能力育成の両立—

今後の課題としては、まず、知識の獲得と能力の育成をどのように両立させていくかということがあります。

私の考えでは、両立のさせ方として次の 4 つが提案されてきているかなと思っています。まず 1 つ目は、分担型。これは反転授業が一番典型的な例です。授業では、問題解決やディスカッションなどを行う。しかし、その部分でどうしてもアクティブラーニングの時間を取るので、知識獲得が十分ではなくなります。そこで、その部分は動画を見て学ぶということを授業外で行い、授業内との分担を行っています。マズール先生のピア・インストラクションでは動画視聴ではないですが、アサインメント、あるいは大学院生との質疑応答の時間などを使って知識の面を補っていました。

2 つ目は、順次型。この代表例は「教えて考えさせる授業」です。初等中等教育では知られており、東京大学の市川伸一先生が提唱されています。いきなり問題解決や知識構成をさせようと思っても、ついてこられない生徒が多数いて、結局何が何だかわからないということになってしまう。まず基本的なところはしっかりと習得させて、その上で、その知識をもとに理解の定着を図る、あるいは少し難しい問題に挑戦させます。このように、まず必要な知識を身につけさせて、その次に思考に移るというものです。

第 3 は内包型。東京大学の三宅なほみ先生が中心になってされている「知識構成型ジグソー法」という方法があります。この方法では、知識を創り出すことこそが、これからの知識基盤社会で重要なのだと考えます。そのため、基本的な知識を教えるのではなく、生徒が知識の構成を協同で行うことを通じて、知識獲得と能力育成を両立させようとします。この方法も初等、中等、高等教育で広がってきています。

最後に統合型。これはまず課題を設定し、その課題を解くために情報を収集し、その知識を使って、課題に取り組むというものです。PBL もそのような形態になっていると思います。

私は、どれがよいということはないと思っています。いろいろなバリエーションがあり、この授業のここではこれを使ってみようとか、この授業では違うやり方がよいかもしれないとか、そうした試行錯誤をしてみる。あるいは、大学全体で、自分はこのやり方でやってみたが、別の人は異なるやり方でやってみたなどを通じて、それぞれのメリット、デメリットについて議論するのもよいと思います。

⑷　今後の課題②―評価をどう行うか?―

もう一つの課題は、評価をどのように行うかということです。

まず、知識と能力をどのように評価していくかを考えないといけません。私は以前、こちらの大学でパフォーマンス評価についてお話をしたことがあります。ただし、パフォーマンス評価では基本的な知識が評価しきれない。何かと組み合わせる必要があると考えます。

次に、グループ個人という問題があります。特にほとんどのアクティブラーニングには、グループワークが入ってきます。例えば、グループで何がしかの商品開発のリサーチを行い、学生間でそれぞれの分担にかなりの違いがあったという場合、どのように評価するかという問題が出てきます。最終的には個人の成績評価が必要になるので、グループワークの評価と個人の評価をどのように行うかが大きな問題になります。新潟大学歯学部での PBL の評価では、グループワークではなく、一人で PBL に取り組ませることにしています。自分で 1 週間程かけていろいろな下調べをしてきて、最終的に問題解決策をロールプレイさせることになっています。

プロセスの評価とプロダクトの評価の区別も重要です。例えば、卒業論文などであれば、最終的なプロダクトである卒業論文に学生の能力が、かなり反映されます。したがって、プロダクトだけを見ても、だいたいの評価はできます。

一方で例えば、演劇ワークショップで生徒がコミュニケーションについて学ぶというような活動の場合は、演劇を作りあげていくプロセスも見なければ、そこでどんな能力が育っているかはわかりません。このように、知識と能力、グループと個人、プロセスとプロダクトというのが、アクティブラーニングの評価を考えるときのキーワードになると考えています。

8　最後に―私の授業デザインとディープ・アクティブラーニングの取り組み―

最後に、私自身が授業をどのようにやっているかということを、少しだけお話ししておきます。

私が担当しているのは、全学共通科目の「学力・学校・社会」というテーマのゼミ形式の授業です。みなさんにお配りした授業デザイン用ワークシートには、内容と教授機能で何をさせようとしているのか、集団形式で一斉授業か、個別、あるいはグループで行うかなどを記載しています。この第 2 回の授業では「大学生の学力低下」を取り上げています。授業全体で言うと、学生に動機づけをさせようとしているところです。

2000 年代前後の大学生の学力低下について、京都大学の教員が学生に対して苦言を呈しています。学生にとっては気になるところがあると思い、そういうところから入っています。本質的な問いに当たるのが、黒い四角で囲んでいる主発問となっている箇所です（「『大学生の学力は低下している』、肯定か否定か？」）。ここはディベート形式での授業になりますが、完全なディベートではなく、自分の意見が言えるように行っています。これをやる目的は結論を出すというより、この中で論題の違い（事実論題、価値論題、政策論題の違い）について学ぶということです。「知識伝達」が 11 時のところに入っていますが、課題に取り組む上で必要なこうした知識は、教員の方から与えています。

京都大学には、ゆっくり一人で考えたい、ディスカッションが嫌だという学生が結構多く、この授業にもそういう学生がいることが十分考えられますので、まずはこのような課題に取り組む時に、自分でしっかり考えられる時間を与え、その上でグループディスカッションをする形式をとっています。こうすると「そもそもかつての大学生と今の大学生って同じなのか？」、「ここで言う学力ってなんなのか？」、「低下というからには以前似たような指標で、測定が行われている必要がある。本当に比較しての低下を言っているのか？」というような意見が出てきます。

それをうまく捉えて、ディスカッションの仕方のようなことも、この中で教えています。最初に議論の仕方を学ばせて、最終的には自分で問いを立て、プレゼンテーションをする。そして、それに対する参加者からコメントを集めて、そのコメントに答えられるよう、最終的にレポートを書くという授業です。また、そのためのパワーポイント実習や、図書館職員との連携で情報リテラシーを身につけるための情報検索実習なども組みこんでいます。

私としては、ディープ・アクティブラーニングとなるよう、以上のように授業デザインをしています。

本日は、どうもありがとうございました。

【質疑応答（Q＆A）】

【Q】エンゲストロームの言う、動機づけが一番大事だという点ですが、本学の場合であれば、目的養成型の学部学科と、そうでない学部学科があり、前者は比較的動機づけがしやすいのですが、後者はそれが難しいと考えています。そうした学部の学生への動機づけについて、ご教示いただければと思います。

【A】昼食の際に、濱名学長からも「動機づけの問題が一番の鬼門なんだ」ということを言われました。今日、私が授業デザインの話をしたのもそれと少し関係しています。私の担当授業は、全学共通科目なので、理学部、総合人間学部などのいろいろな学生が出席しています。そこで意識しているのは、彼らがふだん接しているいろいろな情報を授業で学んだ新しい概念を使ってみたら、どのように違った切り口ができるのかということがわかるようなデザインにするということです。大学生の学力低下についても、マスコミなどでそう言われていても、論題の違いとか、それぞれの概念について、少しでも深く考えてみると、そんなに簡単に言えることではないなということがわかってくる。日常的に言われていることを、学問的なフィルターを通すことで、どう見え方が違ってくるかという仕掛けになるようにしています。

【Q】お示しいただいた「学力・学校・社会」の授業は２回目ですよね、第１回目の授業の中では、そのような動機づけが行われているかどうか、教えていただけないでしょうか。

【A】 第1回では、授業科目全体の動機づけが必要であると思っています。そこで使っているのが京都大学のある女子学生のブログへの書き込みです。インターネットで以前話題になりました。京大生というのは、大学入試まではエリートだけれど、自分で就職活動をしてみると全然エリートではない。そこで問われるのは、受験的な知識ではなくて、コミュニケーション能力なんだと。自分は受験知識ではエリートだけれども、コミュニケーション能力が低ければ、いくら受験エリートでも、就活はサバイバルできないというものでした。

それをもとに、社会に出た時にどのような能力を求められているのか、あるいは、それに対して、自分はどういう学びをこれからの4年間でやっていこうと思うのかといった問題提起をしています。この女子学生の意見に対する批判も出してもらいます。このように、大学に入学して自分はこれからどんな力を身につけていきたいかという動機づけにつながる話をしています。

【Q】 動機づけとして、看護師や教員になるから学びが必要なんだというのであれば、説得力があると思いますが、そうではない場合、1人の教員が言っているだけではたぶん駄目で、全体でそういう雰囲気に持っていかないといけないと思うのです。どこに興味を持ってもっていったらよいのか、分からない学生が多い状況で、そうした学生にどう動機づけをするのが効果的でしょうか。

【A】 京都大学名誉教授の竹内洋先生が、大学生に大学教育で何を身につけさせるかといった時に、特に京都大学みたいなところは、それぞれの分野のエキスパートになってほしいが、それ＋（プラス）インフォームド・シティズン、つまり教養のある市民ということがあってのエキスパートになってほしいと話されていました。今日ご紹介させていただいた授業は全学共通科目で、学生によっては自分の専門には直接関係ないと思うかもしれませんが、私の方では、将来自分は単に職業人としてだけではなく、市民あるいは家庭人としても生きていく、そういう時に必要となる能力であるということを考えて、働きかけをしています。

参考文献

Barkley, E. (2010). *Student engagement techniques: A handbook for college professors*. San Francisco: Jossey-Bass.

ベネッセ (2013).「第2回大学生の学習・生活実態調査」.

Bonwell, C. C., & Eison, J. A. (1991). Active learning: Creating excitement in the classroom. ASHE-ERIC Higher Education Reports.

Duch, B. J., Groh, S. E., & Allen, D. E. (2001). *The power of problem-based learning: A practical 'how to' for teaching undergraduate courses in any discipline*. London: Falmer Press.

Engeström, Y. (1987). *Learning by expanding: An activity-theoretical approach to developmental research*.

Helsinki: Orienta-Konsultit.　Y. エンゲストローム (1999).『拡張による学習―活動理論からのアプローチ―』(山住勝広・松下佳代・百合草禎二他訳) 新曜社.

Engeström, Y. (1994). *Training for change: New approach to instruction and learning in working life.* International Labour Office.　Y. エンゲストローム (2010).『変革を生む研修のデザイン―仕事を教える人への活動理論―』(松下佳代・三輪建二監訳) 鳳書房.

Entwistle, N. (2009). *Teaching for understanding at university: Deep approaches and distinctive ways of thinking.* Palgrave Macmillan. エントウィスル , N. (2010).『学生の理解を重視する大学授業』(山口栄一訳) 玉川大学出版部.

Marton, F. & Säljö, R. (1976). On qualitative differences in learning: I―Outcome and process. *British Journal of Educational Psychology*, 46, 4-11.

松下佳代 (2009).「『主体的な学び』の原点―学習論の視座から―」『大学教育学会誌』第 31 巻第 1 号, 14-18.

松下佳代・田口真奈 (2012).「大学授業」京都大学高等教育研究開発推進センター編『生成する大学教育学』ナカニシヤ出版, 77-109.

松下佳代・京都大学高等教育研究開発推進センター編 (2015).『ディープ・アクティブラーニング―大学授業を深化させるために―』勁草書房.

McTighe, J., & Wiggins, G. (2004). *Understanding by design: Professional development workbook.* Alexandria, VA: Association for Supervision and Curriculum Development.

溝上慎一 (2014).『アクティブラーニングと教授学習パラダイムの転換』東信堂.

小野和宏・大内章嗣・前田健康 (2011).「学習者主体 PBL カリキュラムの構築―新潟大学歯学部口腔生命福祉学科 7 年のあゆみ―」『新潟歯学会誌』41 巻 1 号, 1-12.

小野和宏・松下佳代・斎藤有吾 (2014).「PBL における問題解決能力の直接評価―改良版トリプルジャンプの試み―」『大学教育学会誌』36 巻 1 号, 123-132.

Wiggins, G. & McTighe, J. (2005). *Understanding by design, Expanded 2nd ed.* ASCD.　ウィギンズ, G. & マクタイ, J. (2012).『理解をもたらすカリキュラム設計―「逆向き設計」の理論と方法』(西岡加名恵訳) 日本標準.

第２章　ハイ・インパクト・プラクティスによる教育方法の充実

──オフキャンパスプログラムの必修化──

山本秀樹

1　ハイ・インパクト・プラクティスと関西国際大学

ハイ・インパクト・プラクティス（High-Impact Educational Practices）[1]は、AAC&U[2]がその効果を主唱した、インパクトの高い教育実践である。アクティブラーニング（能動的学修）の手法を用いた授業や体験学習プログラムなどを構造化し、学生に強いインパクトを与えるよう工夫した教育プログラムの総称である。このうち、体験学習プログラムには、海外へのスタディ・アブロードや、インターンシップ、サービスラーニングなどがあり、コンピテンシーやジェネリック・スキルといった汎用的能力の育成に高い効果が示されている。

大学のユニバーサル化にともなって、学生の学力、意欲、ニーズの多様化への有効な対策が求められる中、関西国際大学では、早くからこれら体験学習プログラムの効果に注目し、さまざまな取組を実施してきた。人間学部では、開設以来、問題発見型のフィールドスタディを軸に、「自律性」と「国際性（多様性への気づきと理解）」の促進をめざして、１年生全員を対象としたスタディアブロード（海外研修プログラム）を韓国やオーストラリア等で実施してきた。また経営学部（現、人間科学部経営学科）では、2004年より「実践体験研究」（必修１単位）として、「サマーフェスティバル」（地域交流イベント）の企画・運営を１年生全員で行ってきた。さらに、学生による防災・防犯等をテーマとした地域貢献活動も実施してきた。2006年にはサービスラーニングを全学的に展開する拠点として、サービスラーニング室（現コミュニティ交流総合センター) を設置している。

これら体験学習プログラムは、関西国際大学の先駆的な教育プログラムを象徴するものであり、現在では、カリキュラムポリシーとして、「社会の課題を自己のものとして捉え、考え、発信するための国外や地域における学外体験学習プログラム (リサーチ、グローバルスタディ、サービスラーニング、インターンシップ) を原則として2種類以上履修すること」を求めている。大学教育の教育プログラムとして体験学習が組み込まれ、さらに全ての学生が履修[3]することが大きな特徴である。

2　初年次サービスラーニングの取組

体験学習の全学的な取組を推進する原動力となったのが、文部科学省による、平成20年度「質の高い大学教育推進プログラム (教育GP)」に、本学の「初年次サービスラーニングの取組－学士課程における複合的・重層的サービスラーニングの展開－」[4]が採択されたことである。この取組の目的は、大学の初年次にサービスラーニングを通して、問題解決能力を身につけさせるとともに、現実社会の課題と専門的知識との関連性を意識させることで、体験と知識を総合化する方法を学ばせることにあった。当時、すでにサービスラーニングプログラムを有しているいくつかの先進校はみられたが、「初年次」に特化した全学的な取組は全国的にも珍しく、また画期的であった。

サービスラーニング (service learning) とは、「市民としての責任」に基づいて、地域社会の課題解決に着目し、社会貢献活動を通して、体験と知識の総合化と「ふりかえり」(reflection) によって学びを深める教育手法である。この取組では、初年次サービスラーニングを基盤として、学生の2年次以降の上位プログラムへの積極的かつ継続的参加の促進を構造的に展開したものである。関連するプログラムを組み合わせて体験する「複合的サービスラーニング」と、年次進行とともに関連する上位のプログラムを体験する「重層的サービスラーニング」の仕組みを体系化し、初年次サービスラーニングの教育手法を学士課程全体に展開することで、学生の問題解決能力の向上と体験と知識

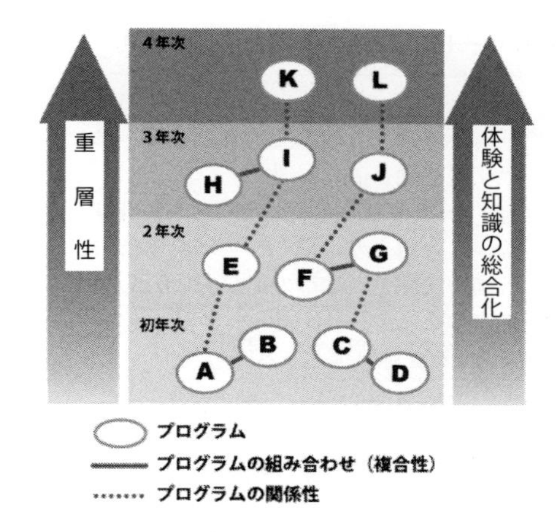

図Ⅲ-2-1　初年次から学士課程全体への複合的・重層的サービスラーニング

を総合化する能力を高めることをめざした（図Ⅲ-2-1）。

これらの取組は、『学士課程教育の構築に向けて』（中央教育審議会大学分科会制度・教育部会、平成20年3月）に改革の方策として掲げられている、学習の動機づけと双方向型学習を展開するための体験活動の積極的導入にも資するとともに、汎用的なサービスラーニングプログラムのモデルを提供できるという意味においても、学士課程教育の抜本的な改革のあり方として、大きく注目された。

1　初年次サービスラーニングの具体的内容

プログラムは各学部学科の特性に応じて、教育サービスラーニング（教育学部、以下「教育SL」）と人間科学サービスラーニング（人間科学部、以下「人間科学SL」）の2種類実施した。それぞれⅠ（春学期・必修1単位）、Ⅱ（夏／秋学期・選択1単位）として構成し、学習成果を確実なものとするため両方を履修することを推奨した。具体的な内容は、①「教育SL」Ⅰ・Ⅱ（地域の教育国際化プロジェクト）、②「教育SL」Ⅰ・Ⅱ（キッズ・イングリッシュ・プロジェクト）、③「人間科学SL」Ⅰ・Ⅱ（地域交流イベント・プロジェクト）、④「人間科学SL」Ⅰ・Ⅱ

表Ⅲ-2-1　教育サービスラーニングと人間科学サービスラーニング

	プログラム名	概要と詳細
教育サービスラーニング	①地域の教育国際化プロジェクト	【概要】三木市の小学校と韓国、台湾、カンボジア等の小学校との国際交流活動を企画・運営する。 【詳細】三木市の小学校における国際化を促進することを目的とする。韓国、台湾、カンボジア等の小学校が抱える問題を調査・研究する。各国の文化を三木市の小学校に伝えるとともに、各国の小学校に日本文化を伝える。各国の小学生と三木市の小学生が実際に交流する活動を企画・運営する。
	②キッズ・イングリッシュ・プロジェクト	【概要】地域交流イベント(サマーフェスティバルとキッズ・オープンキャンパス)において、児童英語教室を企画・運営する。 【詳細】児童英語に対する地域のニーズに対応し、夏と秋に行う地域交流イベントにおいて、児童英語教室を企画・運営する。事前準備として、児童に対する英語教育の手法について学ぶ。
人間科学サービスラーニング	③地域交流イベント・プロジェクト	【概要】地域交流イベント(サマーフェスティバルとキッズ・オープンキャンパス)を企画・運営する。 【詳細】マネジメント(主にスポーツ・マネジメント)の視点から、夏と秋に行う地域交流イベントの企画・運営をする。
	④高齢者にやさしい街づくりプロジェクト	【概要】三木市の高齢者が住みやすい街づくりを提案する。 【詳細】高齢者率の高い三木市において、高齢者が抱える課題・問題を明らかにするとともに、その改善に向けた街づくりプランを提案することを目的とする。コミュニケーション能力を向上させる研修を受けたのち、高齢者と交流する。高齢者との交流や調査から発見された課題・問題について、心理学・社会学等の専門知識と関連づけ、解決策をさぐる。

(高齢者にやさしい街づくりプロジェクト)である(**表Ⅲ-2-1**)。いずれも本学が立地する地域[5]に密着したテーマであり、地域が抱える課題・問題に基づいて社会貢献活動を実施し、体験と専門的知識を関連させながら、問題解決に向けた活動を展開していった(**資料1**)。

2　目標達成に向けた教育方法の特色

取組では、「準備」「参加と気づき」「伝え合いと分かち合い」「ふりかえり」の4つのステージ(**図Ⅲ-2-2**)を設けて、以下のような教育方法に重点を置いた。

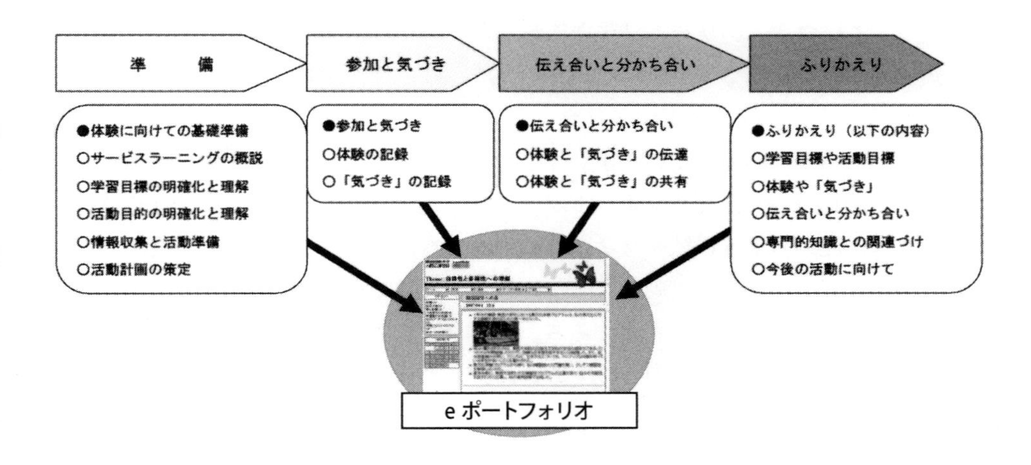

図Ⅲ-2-2　目標を達成するための4つのステージ

①　学習目標の明確化と「ふりかえり」(reflection) の関連についての意識づけ

②　評価基準（ルーブリック）の明確化

③　各ステージにおける評価・改善の意識づけ

④　アクティブラーニング（能動的学習）の活用

⑤　体験と知識を総合化するツールとしてのｅポートフォリオの活用

「準備ステージ」では、サービスラーニングや各プログラムの学習目標に関する理解を図り、事後の「ふりかえりステージ」で学習目標に準拠したふりかえりをさせた。この両者の関連づけを常に意識させることで、学生に明確な学習目的をもたせた（①)。学びの評価は、明確な評価基準（ルーブリック）をあらかじめ提示し、学習意欲の向上を図った。評価基準は、問題解決能力と体験と知識の総合化能力の育成に関連づけたものを作成した（②)。各ステージでは、「What?（何を体験し、何を学んだか？)」「So What?（それにはどんな意味があるのか？)」「Now What?（学んだことをもとに、次は何をすればよいのか?)」といった、ふりかえりを促す基本的な問いの構造に基づき、評価・改善の意識づけを図っていった(③)。

各ステージでは、グループワークをはじめとするアクティブ・ラーニング(能動的な学習)の手法を活用し、学生のモチベーション向上を図った(④)。活動の記録や学習成果はeポートフォリオに記録させた(⑤)。eポートフォリオは、従来のように紙をファイルに束ねたものではなく、デジタル化された学習成果(文字、音声、画像、動画等)をウェブ上に蓄積し、相互閲覧とコメントの付加を可能にしたものである。アナログな体験とデジタルな蓄積の融合は、取組の大きな特色の一つであった。

3　全学的な組織体制

初年次サービスラーニングの全学的な推進を図るため、サービスラーニング室を中核とした組織体制を構築した(図Ⅲ-2-3)。具体的には、学長直下に教育支援活動の全般を所掌する副学長・教育支援機構長を置き、その下にサービスラーニング室、国際交流センター、高等教育研究開発センター、危機管理委員会、メディアサポート室等が、教育・人間科学サービスラーニングの担当教員と学内連携するようにした。

担当部局は各々の特徴を活かし、全学的な取組をけん引した。主たる役割を担うサービスラーニング室は、教育・人間科学サービスラーニング担当教員と連携し、外部評価者の助言・指導のもと、プログラムの改善・充実を進めた。高等教育研究開発センターは初年次教育にかかわるプログラム開発を行い、国際交流センターではサービスラーニング室とともに国内外の受入先と連携し、プログラムの実施を確実なものとしていった。危機管理委員会はプログラム実施にともなう危機管理を所掌し、メディアサポート室はeポートフォリオの技術的なサポートを担った。

4　教育GPフォーラムの実施

3年間を通して5回の外部評価を受審し、フォーラムの参加や実施にも取り組んだ。とりわけ2009年に関西国際大学で実施した「教育GP公開フォー

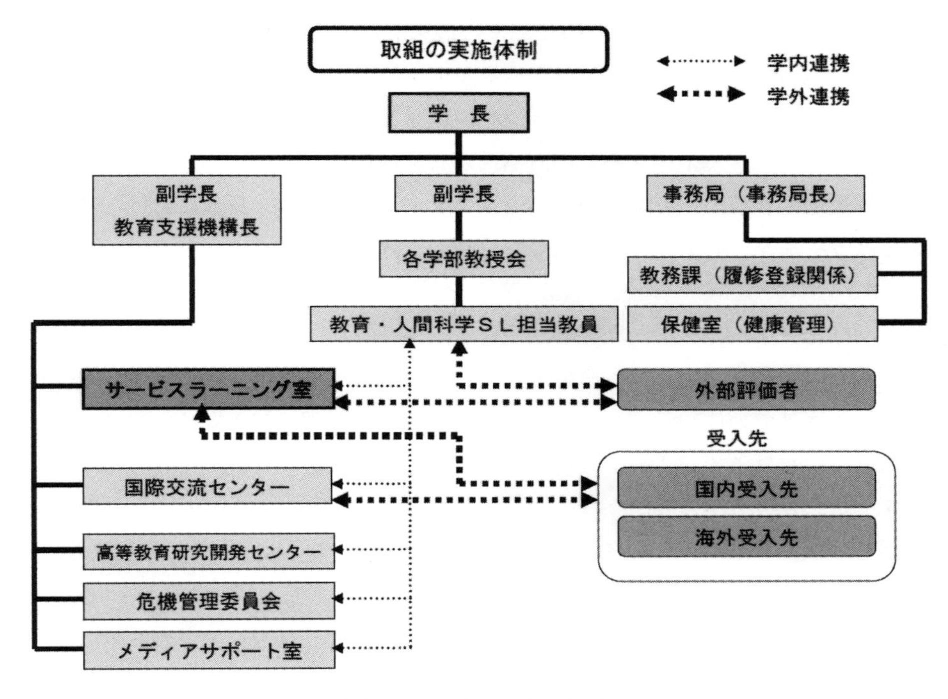

図Ⅲ-2-3　全学的な組織体制

ラム」[6]では、サービスラーニングの源流でもあるアメリカから識者を招聘し、実践における具体的なアドバイスを受けることで、プログラムの質を高めていくための多くのヒントを得ることができた。

フォーラムは、2009年9月18日、開設まもない尼崎キャンパスで実施された。第1部では、地域社会のニーズに基づいたサービスラーニングのプログラム開発、教員の指導、参加者の啓蒙等に20年以上の実績をもつ、カリフォルニア州立大学フラトン校のインターンシップコミュニティエンゲージメントセンターのディレクター、Jeannie Kim-Han氏を迎え、サービスラーニングの歴史的背景や全米での実施状況などをふまえ、「アメリカにおけるサービスラーニングとジェネリックスキル向上のための教育効果について」

をテーマに基調講演が行われた。また、第 2 部では「サービスラーニングのもつ教育効果」をテーマとしたパネルディスカッションが行われた。カリフォルニア州立大学フラトン校准教授の Dr. Jennifer Ponder 氏、筑波学院大学社会力コーディネーター武田直樹氏から実践報告があり、神戸大学大学教育推進機構教授の川嶋太津夫氏がコメンテーターとして、日米におけるサービスラーニングのあり方、特徴等を分析した講評があった。

5　グローバルスタディへの展開

関西国際大学では、これまでもフィールドスタディや異文化体験、留学といった海外での体験学習プログラムを実施してきたが、初年次サービスラーニングにおけるカンボジアでの取組が足掛かりとなって、2011 年度以降は、すべての学生が 4 年間のうちに 1 度は海外でのアクティブラーニング型の学びに取り組む「グローバルスタディ」へと発展した。現在では、関西国際大学を特徴づけるユニークな教育プログラムとして広く認知されているグローバルスタディであるが、これら発展に寄与したカンボジアでの取組は重要なメルクマールとなっている（**資料 2**）。

2008 年には、海外サービスラーニングの受け入れ先開拓の一環として、カンボジア・ノートン大学との交流協定を調印している。カンボジアへは、同年 3 月に海外サービスラーニングプログラム開発の予備調査として渡航し、教育資源となり得る拠点をいくつか視察した上で、現地のステークホルダーとなり得る団体や人物との関係づくりに取り組んだ。さらに、サービスラーニングプログラム実施の前段階として、「カンボジアスタディアブロード」として、2008 年 9 月 8 日から 18 日まで、学生 8 名を帯同し実施した。プログラムは試験的な内容であったが、当時の学生のふりかえり[7]からは、「すべての経験が、自分には何かしらの影響を与えていること」「自分の失敗を認め、受け入れる強さを持てたこと」「さらなる学びの必要性に気付いたこと」等、海外で体験学習を展開することの大きな手ごたえを感じさせるものとなった。

当時、カンボジアでは内戦後の教育復興に向けて、各国の支援機関や団体による援助が多数行われており、さながら「支援のアピール合戦」の様相を呈していた。これら地域の状況をふまえた結果、カンボジアでのサービスラーニングの活動は、当初の「小学校の建設」から「九九を教える」といった、「ハードよりもソフト」に大きく方向転換する事となった。現在では、カンボジアのサービスラーニングプログラムは、「グローバルスタディⅡ（カンボジア／冬プノンペン）」として、学生に高い人気を誇る名物プログラムとなっている。

6　取組の成果

取組は、2011年3月7日に関西国際大学での最終報告会をもって終了となった。第1部ではサービスラーニングの取組説明、学生によるポスターセンッションが行われ、これまで3年間の取組や本学ガイドラインの提示、また実際に活動に取り組んだ学生のポスターセッションを行った。第2部では、外部評価委員による「学士課程教育とサービスラーニング」、「学生の学びと授業の工夫」、「ジェネリックスキルと大学の社会連携」のテーマ別分科会を行い、3年間の総括として大いに意義ある分科会となった。

3年間の主な事業内容は**表Ⅲ-2-2**の通りである。この取組は大きな関心と反響を呼び、大学教育等推進事業委員会調査部会において、とくに優れており波及効果が見込まれる取組として選定される事となった（計17件：大学14件、短期大学1件、高等専門学校2件）。選定理由として、「学生に問題解決能力を身につけさせるという観点から、初年次プログラムとしてのサービスラーニングに取り組んだプログラムとして高く評価できる。特に、初年次サービスラーニングをその他の関連するプログラムと組み合わせて体験するという「複合的サービスラーニング」と2年次以降のプログラムへ積極的に参加させる「重層的サービスラーニング」として構造的に開発・展開しようとした点は、本取組の目的達成をより効果的にするものと高く評価できる。また、大学がこの取組の意義を高く位置づけ、初年次サービスラーニングのプログラムを構造的に積極的に整備しようとしており、今後の展開についても具体的な計画が立てられているなど、取組の実現性についても評価できる。」[8]と

表Ⅲ-2-2　初年次サービスラーニングの取組に関する主な事業内容

年度	おもな事業内容
平成 20 年度	・サービスラーニングに関する共通認識の形成（→ FD 等の実施） ・教育ツールの整備（e ポートフォリオ等） ・教育手法の共有（アクティブラーニング等）（→ FD 等の実施） ・国内外の受入先との連携強化 ・サービスラーニング先進校の視察 ・評価と改善（内部評価と外部評価）（形成的評価と総括的評価） ・成果の公表（ウェブ、紙媒体、シンポジウム等）
平成 21 年度	・複数プログラムの複合化（効果的な組み合わせの検討と実施） ・教育ツールの改善（e ポートフォリオ等） ・サービスラーニングに関する FD の実施 ・国内外の受入先との連携強化 ・サービスラーニング先進校の視察 ・海外からサービスラーニングのコーディネーターを招聘 ・評価と改善（内部評価と外部評価）（形成的評価と総括的評価） ・成果の公表（ウェブ、紙媒体、シンポジウム等）
平成 22 年度	・初年次サービスラーニングと上位プログラムとの重層化 (効果的な組み合わせの検討と実施) ・サービスラーニングに関する FD の実施 ・国内外の受入先との連携強化 ・評価と改善（内部評価と外部評価）（形成的評価と総括的評価） ・成果の公表（ウェブ、紙媒体、シンポジウム等） ・「展開フェーズ」に向けたプランの検討

講評されており、これまでの挑戦的な取組が広く社会に評価される事となった。

3　オフキャンパスプログラムの充実

体験学習の全学的な取組は、2008年に先行したサービスラーニングと2009年のグローバルスタディを統合し、同年からオフキャンパスプログラムとして、CS科目（コミュニティスタディ：サービスラーニング、インターンシップ）・GS科目（グローバルスタディ：海外体験プログラム）として実施する事となった。2013年以降は、CS科目はサービスラーニングもしくはインターンシップのどちらかを選択必修、GS科目は看護学科を除いて必修となっている。これら全学的な取組を推進する中で、ハイ・インパクト・プラクティスとしての体験学習プログラムの質保証が課題としてクローズアップされることになった。

関西国際大学では、それを見越して、2012年には文部科学省が実施する大学間連携共同教育推進事業において「主体的な学びのための教学マネジメントシステムの構築」[9]に応募し採択されている。事業は、関西国際大学、淑徳大学、北陸学院大学、くらしき作陽大学の4つの大学と協働して実施したものであり、「主体的に考え、行動し、社会に貢献できる人材を育成する」ことをめざして、①アクティブラーニングおよびインパクトのある教室外体験学習プログラムなど、学生が主体的に学び教育方法を充実させ、②学修成果を可視化するための、ルーブリックおよび到達度テストを開発し、③全学的な教学マネジメントのもと、カリキュラムを見直し、科目間・教員間連携を充実した組織的教育の確立に取り組んだ（図Ⅲ-2-4）。

とりわけ、ハイ・インパクト・プラクティスの充実として、「アクティブラーニングを活用した授業運営」「インパクトある教室外体験学習プログラム」「授業時間外学修を実質化した授業デザイン」に着目した検討を進めていった。体験学習プログラムに関していうと、課題発見能力を培う「調査型プログラム」、社会の人材育成ニーズを踏まえた「インターンシップ型プロ

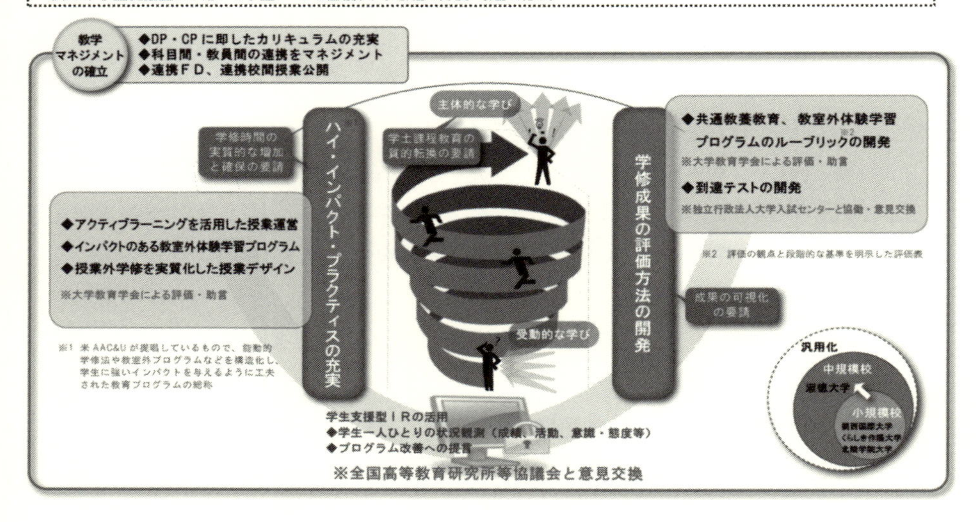

図Ⅲ-2-4　『主体的な学びのための教学マネジメントシステムの構築』の概要

グラム」、地域や国外のサービス活動を学習資源とする「サービスラーニング型プログラム」の３つのプログラムを取り上げ、連携大学での議論と試行を重ねながら、学修目標の設定から、活動内容、評価方法まで、学修目標に到達できるようなプログラムをデザインし、内容の充実を図っていった。

体験学習プログラムの質に関する議論の中で、「事前学習と事後学習のあり方」「体験を継続・反復・伝達できる環境づくり」に関する課題が示されている。「事前学習と事後学習のあり方」については、ともに学修成果を獲得するための重要なプロセスであり、事前学習ではインプットすべき知識とモチベーションを喚起させ、事後学習では、学生が自らの体験の中から学修成果を確認できるよう、効果的なふりかえりの方法を用いることが必要であることが指摘された。「体験を継続・反復・伝達できる環境づくり」では、体験したことを単なるイベントとしておわらせないために、体験が継続的、反復的なプログラム構成であることやプログラム間の連携が必要であるとの指摘がなされた。さらに、同様の体験をした学生や下級生などの他者に活動の成果を伝えることによって、成果や課題がより明確になり、下級生の学習意欲を上げることにもつながるとされた。

大学間連携共同教育推進事業から得られた知見は、各種の体験学習プログラムへと還元されることになる。1つは教室外プログラムの要件（**資料2-1**）が策定されたことである。効果的な体験学習プログラムであるためには、「学習目標」と目標達成に向けた「学習活動」、それら取り組みの成果を測定する「評価方法」が三位一体として明確に設定されることの必要性を明示したものである。もう1つがルーブリックの開発と導入である。これまでも「ライティング」や「プレゼンテーション」のルーブリックは運用していたが、とりわけサービスラーニングプログラムの立場から、「多様性理解」「チームワーク」のルーブリック（**資料3**）が開発・導入される事となった。これら2つの要素は、全学的に多くの体験学習プログラムを運用している現在においても、プログラム立案と運用、評価の重要な参酌すべき基準となっている。

4　今後の取組と方向性

関西国際大学の体験学習プログラムは、国内外のプログラムを包括したオフキャンパスプログラムとして、「教育力ある関西国際大学」を象徴する教育コンテンツとなった。2016年度には、CS科目としてのコミュニティスタディが14プログラム、GS科目としてのグローバルスタディは19プログラム実施する規模にまで拡大している。本学を志望する受験生からも、体験学習そのものに惹かれたり、個別のプログラムを指名して参加を熱望したりと、これまでの取組が社会へ着実に浸透してきている様子がうかがえる。2017年には、CS科目として包括的な取組を進めていくため、担当部局横断型の

表Ⅲ-2-3　体験学習報告会

		報告会（予選）	全体報告会
春・夏プログラム	時期	10月	4月 FMW
	参加対象	春・夏プログラムの履修者 1年生・2年生 教職員	選抜プログラムの発表者 新1年生 教職員・関係者
	趣旨	・体験学習の成果共有 ・春・夏プログラムの選択と履修登録の動機を高める	・グッドプラクティス共有の場であり、「アクティブラーニング」を強みとする「国際大学」に入学したことの満足度を高める
	内容	全プログラムのプレゼンテーション グッドサンプルの選抜	選抜プログラムのプレゼンテーション その他のプログラムのポスター発表
秋・冬プログラム	時期	4月	9月 リフレクションデイ
	参加対象	秋・冬プログラムの履修者 1年生・2年生 教職員	選抜プログラムの発表者 1年生 教職員・関係者
	趣旨	・体験学習の成果共有 ・秋・冬プログラムの選択と履修登録の動機を高める	・グッドサンプル共有の場であり、体験学習プログラムの履修登録に向けて選択の材料と動機を高める
	内容	全プログラムのプレゼンテーション グッドサンプルの選抜	選抜プログラムのプレゼンテーション その他のプログラムのポスター発表

「オフキャンパスプログラム連絡協議会」が設置された。ここでの新しい試みとして、全学を対象とした「体験学習報告会」を実施する予定である（**表Ⅲ-2-3**）。体験学習のグッドプラクティス共有の場としてはもちろんのことながら、春と秋の報告会ごとに参加対象と趣旨を特徴づけることで、さらなる教育効果とプログラムのブラッシュアップが期待されている。

さらに現在では、オフキャンパスプログラムの「義務から権利」への移行といった、プログラムのあり方そのものに関する、本質的な議論が展開されている。関西国際大学20年の歴史の中で、全学で必修化となったオフキャンパスプログラムであるが、卒業に必要な単位として矮小化するのではなく、本来のハイ・インパクト・プラクティスとして、高い教育効果を発揮する役割を果たしていかなければならない。そのためには、学生にとって「行かされる」「行く義務がある」ものではなく、「行きたい」「行く権利がある」プログラムとして再定義する必要があろう。学ぶことの権利性を学生に自覚させることによって、より主体的で能動的な学習へと促すことも期待できる。もちろん、プログラム自体が学生にとって魅力あるものでなければならないし、プログラムを開発・改善し、教育実践を展開する教員としてスキルの向上は必須である。

これまでの取組で、ようやく基礎を固めるところまでたどり着いた。「世界に学び社会で活かす」を標榜する関西国際大学として、オフキャンパスプログラムが果たす役割は、今後ますます存在感を増していくだろう。

注

1　High-Impact Educational Practices：https://www.aacu.org/sites/default/files/files/LEAP/HIP_tables.pdf（2018.3.31 アクセス）
2　Association of American Colleges & Universities：https://www.aacu.org/（2018.3.31 アクセス）
3　2013 年開設の看護学部はカリキュラムの特性上グローバルスタディは選択。
4　関西国際大学 web サイト『初年次サービスラーニングの取組』：http://www.kuins.ac.jp/kuinsHP/extension/gp-sl/index.html（2018.3.30 アクセス）
5　尼崎キャンパスの開設は 2009 年であり、それまでは三木キャンパスのみ。
6　平成 21 年度 関西国際大学『教育 GP 公開フォーラム』開催 http://www.kuins.ac.jp/kuinsHP/extension/gp-sl/repo/090918.html（2018.3.30 アクセス）
7　関西国際大学サービスラーニング室『平成 20 年度カンボジア・スタディアブロード報告書』2009
8　『平成 20 年度質の高い大学教育推進プログラム審査結果（選定理由および概要）』：http://www.jsps.go.jp/j-goodpractice/data/jyoukyouchousa/genchi/sentei/13.pdf（2018.3.30 アクセス）
9　関西国際大学 web サイト『大学間連携共同教育推進事業』：http://renkei.kuins.ac.jp/（2018.3.30 アクセス）

参考文献

関西国際大学『主体的な学びのための教学マネジメントシステムの構築』平成 24 ～ 28 年度最終報告書、2017
関西国際大学『初年次サービスラーニングの取組―学士課程における複合的・重層的サービスラーニングの展開―』最終報告書、2011

資料 1　初年次サービスラーニングの事例

本学におけるサービスラーニングの事例

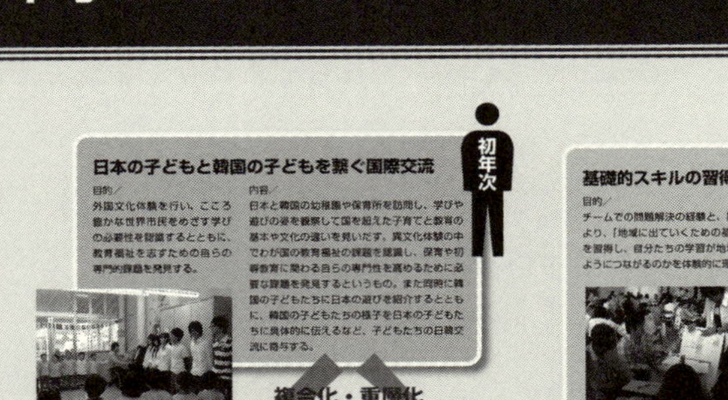

日本の子どもと韓国の子どもを繋ぐ国際交流

初年次

目的／
外国文化体験を行い、こころ豊かな世界市民をめざす学びの必要性を認識するとともに、教育福祉を志すための自らの専門的課題を発見する。

内容／
日本と韓国の幼稚園や保育所を訪問し、学びや遊びの姿を観察して国を超えた子育てと教育の基本や文化の違いを見いだす。異文化体験の中でわが国の教育福祉の課題を認識し、保育や初等教育に関わる自らの専門性を高めるために必要な課題を発見するというもの。また同時に韓国の子どもたちに日本の遊びを紹介するとともに、韓国の子どもたちの様子を日本の子どもたちに具体的に伝えるなど、子どもたちの日韓交流に寄与する。

基礎的スキルの習得から地域での実践体験へ

初年次

目的／
チームでの問題解決の経験と、異世代交流により、「地域に出ていくための基礎的スキル」を習得し、自分たちの学習が地域貢献にどのようにつながるのかを体験的に理解すること。

内容／
初年次サービスラーニングの学習目標である「人間関係調整力の向上」と「自己発見」のために、5月初めに行われる宿泊研修では、ラーニング・コミュニティで参加することにより、チームワークを構築する（人間関係調整力の向上）。また、研修後、徹底的な活動のふり返りを行うことにより、自己への気づきを深め（自己発見）、高齢者大学との交流にむけて、自らの行動修正案を練る。高齢者大学との交流では、人間心理学科が地域貢献のテーマとして掲げている「子どもに関するサポート」に焦点をしぼり、学生が実現できそうな子どもサポート案を考える。そして冬学期に開講されるサービスラーニングⅡでは、学生が考えたサポート案のいくつかを、実践する機会を設けている。

複合化・重層化

複合的サービスラーニング

地域社会における生活支援の実際を学ぶ

目的／
社会福祉の専門科目（高齢者分野、障害者分野、児童分野）での学びについて、福祉現場での体験・実践したことを振り返り、具体的理解を深める。

内容／
福祉学専攻では、社会福祉に関する専門的な学びをより深めていくため、そして社会福祉領域における対人援助の専門職に求められる「価値」「知識」「技術」の習得のために、サービスラーニングを積極的に取り入れている。これら社会福祉の学びを体系的に進めていくため、各専門科目の担当教員が連携しサービスラーニングを含んだ授業を展開していく複合的なプログラムの展開を行っている。教学期には「老人福祉論」「介護概論」「教育サービスラーニングⅡ」の科目で老人福祉領域5施設32名、「障害者福祉論」「地域福祉論」「教育サービスラーニングⅡ」の科目で障害者福祉領域6施設39名、「児童福祉論」「社会福祉援助技術論Ⅱ」の科目で児童福祉領域5施設22名の学生がサービスラーニングに取り組んだ。教室内でのリフレクション（振り返り）を踏まえながら、テキストの内容が実践現場ではどのように表現されているのかについて、具体的な理解を深化させた。

複合化・重層化

複合化（基礎演習×発達心理学）

体験と知識の統合化
（子ども集いの場の運営を通じて、人間の発達への理解を深める）

目的／
地域の子どもを集め、遊びの場を運営する（サービス）。また、各発達期（乳児期、幼児期、児童期前期、児童期後期）の遊びの特徴を観察し、ふりかえりを通して、人間の発達についての理解を深める（ラーニング）。

内容／
「子どもが集える場がない」との地域からの声にこたえ（カウンターパートナーは子ども会と三木市子育て支援課）、カプラ（積み木）と功技台を使用し、地域の子どもを集め遊びの場を運営する。最初にキッズオープンキャンパスで運営し、その後、地域に出て活動を展開する。
また、各発達期（乳児期、幼児期、児童期前期、児童期後期）の遊びの特徴を観察し、ふりかえりを通して、その観察を「発達心理学」の知識と結びつけることで、人の発達についての理解を深める。

複合化（幼児教育原理＋初等英語教育研究）

幼児の発達にあった「英語あそび」を行い、遊びの中で外国語にふれよう

目的／
幼児教育原理では、幼児期の遊びのなかにみられる学びに注目し、幼児が学びによって共通にたどる道筋を明らかにしていく。さらに、その学びの観点から見えてくる幼児の発達の特性や、それに基づいた指導計画の作成、保育者の援助などを理解する。さらに、2011 年度から小学校 5・6 年生の「外国語活動」が必修化されることになり、学級担任が主体的に指導することが「外国語活動」の発展に欠かせない。初等英語教育研究では、小学校英語活動の指導者養成をめざす。
こうした両科目の目的を達成するために、幼児教育現場で需要がある「英語あそび」のサービスを行うことを通し、それぞれの専門的学びを高め、実践力を涵養しようとするものである。

内容／
授業で学んだ幼児の発達特性と、英語活動の理論講義、指導法、実技指導、同時に classroom English の指導法を統合し、幼児教育現場での「英語あそび」を企画・準備・実践していく。その過程でのカンファレンスを通し、両科目の学びを深めていく。さらに、実際の活動後の振り返りにより、成果と課題を具体的に検証し、今後の学びの方向性を描き出すものである。

学科の学びを理解し、オープンキャンパスで伝えよう

初年次

目的／
自分の所属する学科の 4 年間の学びについて、どのようなプログラムがありどのように進めていくのかなど情報を収集し、オープンキャンパスの参加者に伝えるためのプログラム企画、実施およびプログラム評価を行うことで、次のことを目指す。1）グループワークを通した、人間関係調整力の養成、2）自らの学習への理解と 4 年間の計画作り、3）プログラムの企画、運営、評価の基礎を学ぶ、4）コミュニケーション・プレゼンテーション能力の向上。このプログラムは学内でサービスを提供する機会を利用し、将来の学外でのサービスラーニングに参加するための基礎力養成を目指す段階である。

国際支援、国際交流、多文化共生プログラムへの参加を通して国際的視野を広げよう

目的／
国際支援、国際協力、多文化共生等の活動に参加しながら、国際的視野を広げるとともに、SL の意義を理解し、自己成長のための学習目標の設定と振り返りのプロセスを学ばせる。グループワークにおける役割分担、人間関係調整力の重要性に気づかせる。

内容／
国際支援、国際協力、多文化共生等の活動をしている団体での活動に参加しながら、各団体でどのような活動が行われているのか、その目的や意義についての学びを深める。各団体の活動で学んだことを基に、自分たちに今できる取り組みを考え、International Fair を実施した。そこで上げた収益をどのような形で役立てるのかについても、自分たちで考え寄付する団体を選んだ。

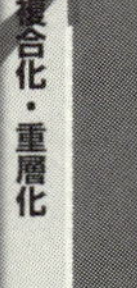

複合化・重層化

複合化（初等英語教育研究Ⅰ＋初等英語教育演習Ⅰ）

授業での学びを生かして、こども達に英語を教えよう

目的／
児童英語教育の知識を実践を通して身につけさせる。実際に子供たちと接することで、自分に足りない能力に気づき、今後のどのように学習を進めていくべきかについて考えさせる機会とする。

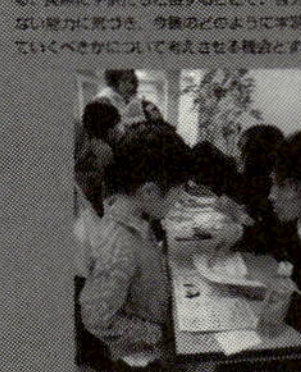

内容／
授業で学んだ児童英語教育の知識をもとに、地域の子供たちを大学に招き週 1 回の英語教室を行った。授業で学んだことを基に、英語教室の授業計画をたて、実施後の振り返りを繰り返し行うことで、実践力の伴った知識を身につけさせることを目指した。

資料2　海外サービスラーニングの事例（カンボジアプログラム）

本学におけるサービスラーニングの事例

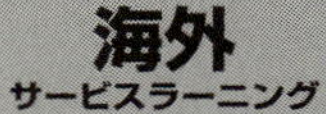

カンボジアの子どもの学力向上に向けた取組
―算数教育と教材支援―

目的／
カンボジアの地域の課題（生活ニーズ）を発見し、グループで協力して解決する能力を身につける。

内容／
カンボジアが抱える教育上の課題の一つに、教員不足があげられる。給与水準の低さや、指導的役割を担う教員の不足で、児童に対する個別的な指導が不十分となっている。合わせて経済的な問題から、教科書やノート、筆記具、教材が十分に行き渡らない状況にある。生活のために労働に従事せざるを得ない児童もおり、勉強についていけずいつまでも進級できなかったり、小学校へ行かなくなったりしている。これら現状に基づいた支援として、貧困層における低学力の子どもの算数教育（九九指導）に向けて、①市販の九九カードや計算ドリルを活用した効果的な学習の支援、②使用教材を活動した小学校に寄贈するため、事前活動として教材購入資金の確保に向けた募金活動に取り組んだ。

事前学習

募金活動

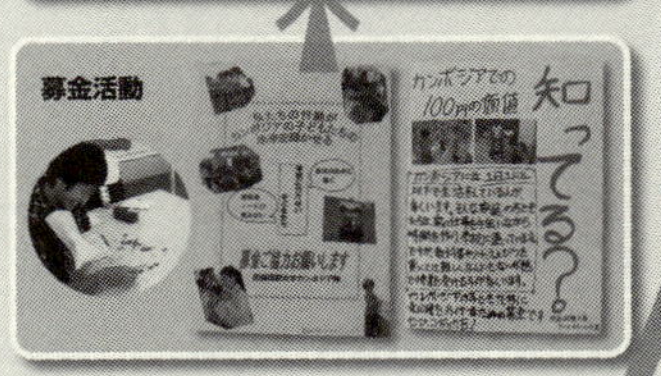

授業展開

- 能力別2クラス編制
- 学生作成による教材やプリントの使用する
- 理解に応じた授業展開や教材を工夫
- 勉強の習慣づけを意図した宿題の提示
- 実力（初回）テスト、中間テスト、最終テストの実施

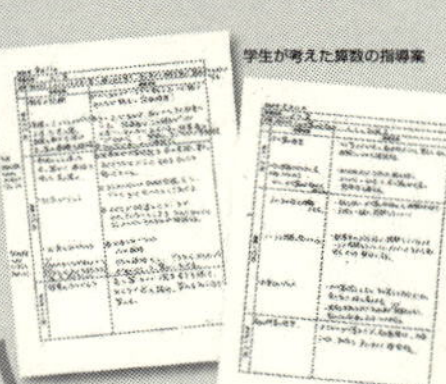

学生が考えた算数の指導案

教材のサンプル

成績表

名前	実力（初回）テスト		最終テスト		点数（正解数）
	正解数	回答数	正解数	回答数	上昇率（%）
A	8	14	21	32	262.5
B	3	4	41	43	1366.6
C	4	8	52	54	1300
D	―	―	12	21	―
E	2	34	11	14	550
F	9	11	42	50	466.6
G	10	12	35	38	350
H	10	11	39	43	390
I	14	14	27	32	192.8
J	12	19	47	48	391.6
K	58	74	89	100	150
L	24	27	72	79	300
M	12	12	43	45	358.3
N	18	24	71	75	394.4
O	20	22	46	68	230
P	―	―	75	76	―

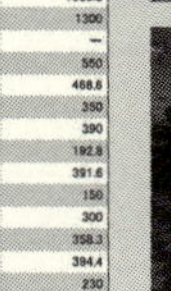

個別的な指導展開（子どもの特徴を把握）

子どもたちを個別に支援するため、それぞれの特徴を把握し、学力に応じた指導を展開していった。以下は、その子どもの特徴の抜粋。

B：はじめは、おはじきを使いながら、ゆっくり丁寧に解いて、それほどスピードも速くなかったが、テストでも伸び率がクラスで1番高く、好成績をおさめ、飛躍的に成長した。

C：集中させて取り組ませると、計算の能力、スピードも伸びた。勉強するときは、集中して取り組み、遊ぶときはよく遊ぶといったメリハリがつくようになった。テストでもその姿勢があらわれ、点数向上率が飛躍的に伸びた。

E：ムードメーカーでリーダー的存在。反面、落ち着きがなく私語が多い。自身がクラスの中で学力が低いことを自覚しており、みんなに追いつこうと必死に頑張っている姿が見られた。周りをよく見ていて、クラスの中で元気のない子がいれば、声かけする姿が見られた。

F：勉強するときはしっかり話も聞けていたが、視線が合わなかったりすることがありコミュニケーションのとりにくいこどもであった。日々の授業やレクレーションで、こちらから声かけを続けることで、笑顔も見せるようになった。真面目に取り組む姿勢から、成績も向上した。おはじきがなくては掛け算ができない子であったが、最終テストでは、おはじきなしで解けていた。

ふりかえり

- 事前学習（活動）、現地活動、事後活動の各段階でふりかえりを実施した。
- 現地活動のふりかえり（個人・グループ）は毎日2時間程度実施。

―― 次回の授業展開や準備に関する打ち合わせも含む

―― 日々のふりかえり（個人）・授業展開に関するふりかえり（グループ）は翌朝に提出

受け入れ小学校長からの評価

活動先である小学校の校長先生から、貢献活動に対する評価をもらった。

※小学校校長へのインタビュー

1. 学生のかかわりについて（学生の取り組む姿勢について）

　Q. 子どもたちが学校に来て学ぶことの楽しさや喜びがもてるような働きかけをしていましたか。

―― 今までに教えたことのない方法で実践をされていた。授業の中に遊びを取り入れていることに興味を持った。それにより子どもたちは楽しそうにしていた。子どもとの接し方について参考になった。

2. プログラムについて（サービスラーニング活動全般について）

　Q. 算数の支援は小学校にとって有益なものになりましたか。

―― 算数、特に計算力は社会に出るために必要なものである。お金をだましとられることもめずらしくないので、子どもたちにとって算数は必要である。

資料 3

学生の主体的な活動と学修成果の獲得を意図した教室外プログラムの要件

本事業では、学生の主体的な活動と大学等の教育目標の達成に向けた教室外プログラムの要件を示す。

学習目標と目標達成に向けた学習活動、それら取組の成果を測定する評価方法が、三位一体となって明確に設定されている必要がある。プログラムには、教員が関与する多様な経験や体験をとおした学術的な学びと現実世界を往還させる仕組みがあり、ルーブリック等の客観的な評価規準を活用し、教員と学生との質の高いインタラクションによって展開されるものである。

学生の主体的な学びを引き出すには次の要件が必要である。

≪学習目標≫

1. 学習目標として、大学や学部学科の教育目標に合致した、汎用的あるいは専門的な知識および技能等の修得を設定していること。

≪学習活動≫

2. 学習目標が達成できる活動であること。
3. 学生の意欲がかき立てられ、取り組みがいのある活動であること。
4. 学生が自ら活動に参画できるよう設計されており、また、教員が関与して仕向けていること。

（学生任せになっていないこと）

5. 多様な経験や体験をとおして学術的な学びと現実世界を往還させる仕組みがあること。
6. 学習目標の達成を認識するために、ふりかえりの機会が活動の途中および活動後に設定されていること。

（機会例：日々の活動記録や活動日誌といった個人の振り返りだけでなく、グループやクラスでの発表・意見交換による共有も含めることが望ましい）

7. 学生同士やステークホルダー（学外活動の受け入れ先である団体や組織の担当者や関係者等）とのコミュニケーションの機会が設定されていること。

（設定された学習目標によっては、学生同士やステークホルダーと議論する機会の設定が必要）

≪評価活動≫

8. ステークホルダーからの評価が組み込まれていること。
9. 形成的評価が取り入れられ、教員による迅速で効果的なフィードバックがあること。

（フィードバック例：全体への説明、グループへの説明、個々の学生への説明）

10. 総括的評価に用いる成果物には、多様な表現方法が取り入れられていること。

（成果物の例：ビデオ、プレゼンテーション、ニュースレター、レポート等）

資料4　ルーブリック（チームワーク）

目標型コモンルーブリック　ライティング全体版（チームワーク）2013 ****

定義

メンバー個人の行動（チームの課題にかける労力、他のメンバーとの交流におけるマナー、チームの話し合いに対する貢献）

	4	3	2	1
チームでの話し合いへの参加	チームでの話し合いにおいて、話し合いを進展させるような建設的発言を積極的にしている。	チームでの話し合いにおいて発言を行い、話し合いをリードしている。	チームでの話し合いにおいて関連する関連する発言を行っている。	チームでの話し合いの場に参加していない。
チームメンバーの話し合いへの参加の促進	メンバーの発言に対して、他のメンバーがそれに関連づけて発言できるような話し合いの流れを作りだすことで、メンバーの積極的参加を促している。	メンバーの発言を整理し、関連づけた上で発言するなどして、メンバーの積極的参加を促している。	メンバーの発言に対して、あいづちをうつ、うなずくなどして理解を態度に示すことで、メンバーの話し合いへの参加を促している。	メンバーの話を遮ることなく聞くようにしている。
グループワークへの個人の貢献	グループワークに積極的に参加して、高い完成度での課題の達成に多大な貢献ができている。	グループワークに参加し、課題の達成に貢献できている。	グループワークに参加して、作業の遂行に協力している。	グループワークに参加して、要望を受けて作業を手伝っている。
チームの雰囲気作り	チームの状況の変化に応じて、率先してチームの雰囲気をより良くする、あるいは雰囲気が悪くなった時にはそれを解消するような発言や行動をしている。	チームの雰囲気をより良くするために、自ら率先して発言や行動をしたり、メンバーのサポートをしたりしている。	チームの雰囲気が良くなるようにメンバーに合わせた発言や行動をしている。	チームの雰囲気を悪くするような発言や行動をしたり、態度に表したりすることなく、チームに参加している。

・科目の必要に応じて、このルーブリックの評価の観点の一部と、他のルーブリックの評価の観点を組み合わせて活用することができます。

資料 5　ルーブリック（多様性理解）

コモンルーブリック：多様性理解

KUIS 学修ベンチマークの「心豊かな世界市民」とは、多様な世界の人々や自分たちの社会について理解を深め、他者に対する共感的な感覚や態度を身につけ、世界市民として行動できる心豊かな人材になることである。とりわけ、多様性理解では、自分や、自分と同じ社会的・文化的背景を持つ人たち、異なる社会的・文化的背景を持つ人たちがいることを理解し、多様な世界や社会を大切に考え、柔軟に行動できるような能力の獲得を目標としている。

	4	3	2	1
文化に対する自己理解	異なる文化に直面しても、その違いを尊重することができる。文化について自分がどのような偏見を持っているかを理解し、異なる文化に冷静に対処することができる。	異なる文化に直面して、その違いを尊重することができる。文化について自分がどのような偏見を持っているかに気がついている。	異なる文化に直面して、自分たちの文化との間に違いがあることに気がついている。	異なる文化と自分たちの文化の違いを理解できず同じようにとらえている。
文化の枠組みに関する知識	異なる文化に属する人々の、社会、経済、歴史のそれぞれが、相互に関連する重要な要素であることを理解し、複数の文化に関する知識を深めている。	異なる文化に属する人々の、社会、経済、歴史のそれぞれが、相互に関連する重要な要素であることを理解している。	異なる文化に属する人々の、社会、経済、歴史について基本的な理解をしている。	異なる文化に属する人々の、社会、経済、歴史をばくぜんと知っている。
他の文化に対する知的好奇心	他の文化について、これまでの学習に基づいた詳細で具体的な疑問や幅広い関心を持っている。得られた応答をもとに、さらにものの見方を発展させたり調べたりするなどして、自らの疑問や関心について掘り下げている。	他の文化について、これまでの学習に基づいた詳細で具体的な疑問や関心を持っている。得られた応答から、新たな疑問や関心を発展させている。	他の文化について、これまでの学習に基づいた疑問や関心を持っている。	他の文化について、単純な疑問や関心を持っている。
自分とは異なる文化に属する人々との交流	自分とは異なる文化に属する人々との交流の場面では、自分から能動的・主体的に話題提供を行ない、交流を活発にしている。	自分とは異なる文化に属する人々との交流の場面では、自分から能動的に交流の場に加わって話題提供を行なっている。	自分とは異なる文化に属する人々との交流の場面では、自分から自己紹介や挨拶を交わし、交流の場に加わっている。	自分とは異なる文化に属する人々との交流の場面では、周囲から促されれば、自己紹介や挨拶程度の会話ができる。

特別論考　FD 外部講師の記録②

関西大学　**森 朋子** 教授

「わかった」を引き出すアクティブラーニング

■日　時　2017 年 2 月 16 日（木）11：00 ～ 12：30
■場　所　関西国際大学　尼崎キャンパス
　　　　（2016 年度第 3 回 FD 研修会として実施・連携大学関係者も出席）
■講　師　森　朋子　関西大学　教育推進部　教授
■概　要

研修会の目的は、「学びの深化」(ディープ・アクティブラーニング）に向けた教育方法のさらなる改善を図ることであり、学習における「内化」と「外化」を往還させるための手法を学ぶということで、講師に関西大学・森先生をお迎えした。講師からは、「学習とは」に始まり、「わかる」ことがどのようなことか、そのプロセスとメカニズムの理解、「教える」と「学ぶ」の関係（教授学習のパラダイム転換)、さらに深い学びとするにあたって、「内化－外化」の往還という考え方をふまえながら学習を促進する条件や、学生の思考をアクティブにするための授業デザインのあり方などについて学んだ。

「認知科学で学習とは『知識が変わること』で、①学習は主体的な行為、②学習は知識の変容、③学習の『再構造化』(学習観の累加（知識が増える）から再構造化（知識を組み合わせて新しい価値を生み出す）への変化）が重要なポイント。アクティブラーニングは、学生の知識を変換させ、『伸びしろの部分』を最大限に伸ばす 1 つの装置」と森先生。知識基盤社会の下では、再構造化の発想がグローバルスタンダードで、それが今日の教育改革の根底にあるもの＝｢深い学び」であり、「『教えないと学べない』『教えてから学ぶ』から『学ぶから教える』へ、そして予習先行型の学習へと転換して、学生の主体性を高めたい」との話があった。

再構造化で「授業の中でわかったことに対する揺らぎをつくっていく経験を、学生へ段階的にさせることで、社会で主体的に動けるようになる」(森先生)。そのための授業デザインにあたっては、ディープ・アクティブラーニングには①習得型（知識を定着させる（内化）ことに主眼)、②探求型（解答のない問いに立ち向かっていく、問題解決型・知識の活用（外化）に主眼）の 2 類型があり、習得型から探求型へカリキュラムをシフトしていくこと、うまくいっている授業の共通点として内化ー外化ー内化・個人ー集団ー個人の往還ができているなど、多くの示唆をいただいた。

■講師略歴

関西大学英語教育連関センター PD、慶応義塾大学上席研究員を経て、島根大学教育開発センター准教授、同センター長。2014 年に関西大学教育推進部准教授、2016 年より現職。研究分野は、学習研究・学習理論・教育方法学・学習心理学。

主な著書として『アクティブラーニング型授業としての反転授業ー理論編ー』『アクティブラーニング型授業としての反転授業ー実践編ー』(ナカニシヤ出版、2017 年)〔共編者〕、『初年次教育の現状と未来』(世界思想社、2013 年)〔初年次教育学会編、分担執筆〕、『大学における学習支援の挑戦ーリメディアル教育の現状と課題ー』(ナカニシヤ出版、2012 年)〔日本リメディアル教育学会、分担執筆〕など。

森 朋子教授　講演記録

1　自己紹介―イントロ(学習とは)―

⑴　自己紹介

本日は私が現在、調査研究をしている「アクティブラーニング」について、「わかった」、あるいは「理解」に結びつく、少しまとまった知見をお伝えしたいと思います。

高等学校の教育内容にもアクティブラーニングが取り入れられ、教育が大きく変わろうとしています。その一方で、何よりも先にアクティブラーニングの質について考えていかなければなりません。「ディープ・ラーニング」という言葉がありますが、私は「ディープ・アクティブラーニング」という言い方をさせていただきます。

私の専門は「教育学」ではなく「学習研究」「学習理論」「教育方法学」。それは学ぶ側を調査することで「わかる」プロセスとその構造を解明することです。定性・定量的なアプローチでデータを明らかにして理論を生成していくのですが、そこでは「現場の実践知」が対象となります。日々の教室の中から生まれてくるもの……今日すごく学生が意欲的で、活動もよかったとか……この現場、フィールドが研究の基盤になります。

「わかる」プロセスとその構造の解明をする「基礎研究」、先生方のフィールドの中に一緒に入り、「学ぶ」「教える」場面を作って「デザイン実験」という手法で、学生の様子にそれがどう機能していくかを見る「応用研究」とのつながり。そこで見えてきたものを、また基礎研究に反映していく。共同で研究に取り組む他大学のグループでも、同様の共通性が見出せれば、それは理論として生成されていく……と考えています。

⑵　学習研究の立ち位置

①　教えなくても学べる人材を育てなくてはいけない

みなさんが、ふだん授業の中で「ティーチング」「ラーニングマネージメント」をされていく時に、どうしても目が行き届かないところがあると思います。私は、みなさんの「第三の目」として、学生の学習をチェックしていく役割の研究を行っていると言えます。

大学という高等教育機関に籍を置いていますと、「教える」が人の教育のメインになってしまいます。また感覚的に、学生というのは「教えないと学べない」と勘違いしています。学生にも「教えてくれないと学べない」という勘違いをしている人たちが多くいます。

そういう中で主体的な「学び」といっても「教えて学ぶ」を繰り返す限りは、

「やらされている感」に満ち、主体的になることは難しいと思います。

高等教育機関では、教えなくても学べる人材を育てなくてはいけないし、「教えてもらっていないから学んでない」といった言い訳は社会で通用しません。高等教育機関は、まさに大きな責任を負っています。

②　よい授業とは何か―アクティブラーニングと予習先行型学習―

よい授業とは何か、私が大学院以降、研究に取り組んできた中では、アクティブラーニング型の授業によいものが多いのも確かです。

また、1年生の時のアクティブラーニングと、3年生、4年生時に行うアクティブラーニングの効果も違うし、「教える」から「学ぶ」へ移行して行くとカリキュラムマネジメントのあり方を考えていかないといけないと思っています。

私は、基本的に全てを予習先行型の学習に変えていきたいと考えています。「教えてから学ぶ」ではなくて、「学ぶから教える」に変換したい。それにより主体性を高めていく必要がある。これは小学校から大学まで通して、学力の三要素に転換するのに匹敵するくらいの変化と思います。なぜかというと、私共の研究で、予習をしてきた学生、高校生の方が断然理解が深いということがわかったからです。

大学教育学会で取り組んでいる課題研究では、アクティブラーニングを量的な質問調査により、その効果を明らかにしようとしています。8千人規模で学生に質問した結果の分析では、授業内でのアクティブラーニング以上に、深い学びに結びついているのが予習でした。

予習先行の学習をどうして行くのか、といった問題が、次のアクティブラーニングの大きな課題になっていくのでは、と思っています。

③　「教える」と「学ぶ」の関係

「教える」と「学ぶ」は相関関係にあります。大学は教えるだけでは、そのアカウンタビリティーを十分果たしていません。教えた結果、学生がどれだけ学んだかが問われてきます。100%教えたとしても、学生の理解度は20%程度といわれています。120%教えよう、150%教えようとすることで、みなさんのティーチングの負荷がどんどん高まる。しかし、それで学生のアクティブラーニングが伸びるかというと、そういうことでもなく非常に効率が悪い。学んだ以上に教えられる、教えるぐらい学ぶ、教えた以上に学んでくれるというのが、学習が促進している状況ではありますが……。

学生はどのように学んでいるのか？　そうした研究を取り扱う学問には、「心理学」「社会学」「認知科学」「脳科学」「学習研究」「学習科学」など、多くの分野があります。「どうやって教えるか」……ティーチングの問題……と「どうやって学んでいるのか」、授業の中でそれぞれのノウハウを共有していく必要があります。

「教える」では、どうしてもまず教育を目指しますので、授業の達成目標に関して「できた」「できていない」といった成績と評価を結びつけていく必要がある。私の研究では、「できている学生はなぜできているのか？」に焦点を当てています。理念から「できた？」なのか、「できている！」から理論なのかというところで、その視点に大きな違いがあります。

今日はみなさんが学習研究者として、ご自身の授業を振り返っていただきながら「できている学生はなぜできているのか？」という視点で見ていただくための話をさせていただきます。

⑶　そもそも学習とは（認知的学習論）……そして記憶とは（脳科学論）

まずは認知的学習論。学習って何なの？　知識が変わることと「学習」を認知科学では定義づけており、次の三つが非常に重要です。

1つ目に学習は、そもそも主体的な行為であること。「教えて学ぶ」ということは、「主体か」と聞かれると「？」ですが、学生に「？」を浮かばせる必要がある。つまり、「あれ？」「これどうなの？」「これって何で？」「私はこう思ってる」「これって違うの？」……ここからまさに学習が想起する、といったメカニズムになっています。

そして2つ目、学習は知識の変容であること。変容は、累加と再構造化の二つに大きくわかれます。「累加」というのは、知識が増える、つまり、今までわからなかったことが教員の授業を通じてわかるようになること。日本の教育はどちらかというと累加の発想が強かった。知識が多ければ多いほど賢い。すでにわかっていることですが、広くて浅い知識をいくら持っていても、それが活用できなければ社会では使えない。

高校在籍時は非常に成績がよく、大学では知識という評価軸ではGPAが非常によい学生が就職活動になった途端、自分の価値がわからなくなってしまう。そういう意味では、社会の賢さと学校教育における賢さの齟齬が今まで強くあったことは、私たち大学人が一番よくわかっている。

私は学習というのはもう1つ観点があって、それがまさに「再構造化」ということです。持っている知識が少なくても、それらを組み合わせて新しい価値を生み出したり、違う方向性からの検討ができる。ここに現在の教育改革のベースがあると思っています。

このように学習観が累加から再構造化へ変わってきています。この流れは後戻りしない。これがグローバルスタンダードだからです。

知識はインターネット上のあらゆるところにあります。知識を持っていなくても、手段さえあればいくらでも手に入れることが可能な時代で、そうした知識基盤社会の下には、知識を活用するという再構造化の発想があります。

3つ目は、学習は先行知識により導かれること。本日の研修で、みなさんがどのような「学び」があったのかをとらえることも、私が対象とする研究の中に含まれます。みなさんの経験や知識と学習を必ず関連づけて理解をします。

みなさんの知識は、学生にはコピーできません。学生も年齢が 18 歳なら 18 年なりの知識と経験がしっかりとあるわけで、同じ話を聞かせても、個々人での理解は別のものになります。

また、「覚える」は、学習ではないということが前提にあります。

次に脳科学論。脳科学的に、知識はインプットしても忘れられる。そのような性質が脳にはある。受け取った知識をその場で活用しない限り、忘却曲線に沿ってどんどん忘れていきます。

その点でアクティブラーニングは、みなさんからいただいた借り物の知識を、学生自身の知識に変換させる一つの装置として必要になります

2　なぜアクティブラーニングなのか

(1)　なぜアクティブラーニングなのか

野村総合研究所の「2030 年消えて行く職業」のデータでは、人工知能やロボット等による代替可能性が低い職業として、小学校、中学校の教員、大学の研究者が上がっています……高校の教員は「ティーチング」が主たる業務に置かれていると判断されたため入らず……が、代替可能性が高い職業として上がっているものを見ていくと、知識を持っていることが何の頼りにもならない時代になっていくことが明らかです。高等学校の先生がよく言われる、よい高等学校に入って、よい大学に入れば、よい企業等へ就職できて 60 歳までハッピーに暮らせる時代にはならないということです。

平均寿命が長くなり、大学を出て社会で生きていく時間がさらに長くなる時、どうやって生きていくか。最後に社会へ送り出すことになる大学は、今以上に重い責任を背負っていくことになる。自民党が言っている働き方改革ではないですが、それまでの働き方、生き方を作り変えていかないといけません。

知識＝賢さではなくなってきている。そしてコンピテンシーという新たな評価軸ができている。実は全ての職業に共通していることがあります。例えば、測量士全てが人工知能やロボット等に取って代わられるわけではない。どのような人が生き残っていくのか？　それはリサーチ＆デベロップメントができる人。自分の今の状況に関して、様々な知識を活用して調べ、現状を把握する中で新たなものを生み出していく力を持った人です。

このような状況になることは当然予想されており、2009 年から OECD の先進諸国が中心となって「21 世紀型スキル」という指標を提唱したのが「ATC21s」(The Assessment and Teaching of 21st-Century Skills ＝ 21 世紀型スキル効果測定プロジェク

ト）です。4つの領域（と10のスキル）があって、「社会情動的スキル」とも呼ばれるもので、知識というものはこの条件に入っていません。それを理解する例えでよく引き合いに出されるのが、エベレスト登頂の話で、エベレストに関する知識や気候、自分の健康に関する知識というものを多く持っているだけでは登れません。コミュニケーションや、トラブル・予測不能な様々なことに対応するチームワークや、忍耐力、目標達成力などが必要になってきます。

その意味では「氷山モデル」と呼ばれるものなのですが、見えるところだけでなく、氷山の下の見えにくい、見えない学力……これが社会情動的スキルであり、基盤であるそこを磨いていきます。ここが育っていれば、学生も教えてから学ぶではなくて、教えなくても学べていく存在として育っていくのです。

こうしたものはアルバイトや部活、恋愛などで身についていると認識されていますが、さきほどの学生を送り出していく大学教育のアカウンタビリティとしては、授業で社会情動的スキルを身につけていけるようにしないといけない。その意味でもアクティブラーニングが必要です。

⑵　認識・現状・政策・深い理解

①　教授学習とパラダイム転換

なぜアクティブラーニングなのかというと、それを理解するには「教える」から「学ぶ」を中心とした教授学習のパラダイム転換の認識が必要です。
第1点として、大学の価値が「ティーチング」から「ラーニング」に変わっていきます。そこでの主役はみなさん（教員）でなく学生。講義を聴くといった活動でなく、いかに思考をアクティブにするかが重要です。

②　新しい能力

第2点として、1996年「生きる力」（文部科学省）、1999年「エンプロイヤビリティ（終身雇用の解体）」（日本経済団体連合会）に始まり、「見えない学力」に関係したコンピテンシーを育てる多くの指針が、新たな評価軸として出されてきています。

③　ブームの背景にある教育政策

第3点として、政策的にも様々な答申が出て小学校から大学までの一体的な改革が推進され、目標＝〔資質・能力〕〔生きる力〕〔学力の3要素〕〜方法＝アクティブラーニング〜評価＝〔パフォーマンス評価、ポートフォリオ評価、ルーブリック〕〔大学入試改革〕の整合性が図られたこと。その結果、これまで壁になっていた課題が同一線上で議論されるようになりました。

心配なのは、例えば高等学校で、アクティブラーニングを教育に取り入れていないところと、そうではないところが顕著になってきていること。大学に入学してきた学生が、日々アクティブラーニングをやってきた学生群と、全くやってこなかった学生群に分かれていきます。つまり、学力のみならずコンピテンシーにおいても学習格差の大きい学生を受け入れていくといったようなものが、今後の私たちの大きな課題になると思います。

それにも関わらずやっていることはチョーク＆トークで、教育方法的には全く整合が取れていない。従来の知識を測ることに加え、当然ながらアクティブラーニングをやっていかなければなりません。評価方法についても従来のテストに加え、様々なものを導入しないといけません。

④　教育方法

みなさんに一番お伝えしたいのは、ラーニングピラミッドでお示しした知識の平均学習定着率で、アクティブラーニングだからこそ、それが強く図れるということ。教育学者エドガー・デールは、「学習」は「経験」の一般化にあると定義、抽象的なものから具体的な次元に沿って「経験」の段階を分類化しました。グループ学習や自らが体感したものであったり、他人に教えてあげたりといった具体的な活動は、みなさんからいただいた借り物の知識を、学生が自分の知識として再構成するよい機会だと思っています。それだからこそ、アクティブラーニングがうまくいけば、非常に効果は高いのです。

その根本にあるのは、実験心理学者レフ・ヴィゴツキーのZPD（Zone of Proximal Development）、日本語に翻訳すると「発達の最近接領域」という考え方で、自分だけでできる範囲と補助があればできる範囲の間、まさしく「伸びしろの部分」を、アクティブラーニングで最大限に伸ばす。学力もバラバラ、コンピテンシーもバラバラの学生を受け入れ社会へ送り出す、最終の教育機関である大学の責任でもあります。まさに大学の教育力にかかっているのです。

⑤　発達の最近接領域

「発達の最近接領域」の仕組みなのですが、これは簡略した脳の中と思ってください。

みなさんがティーチングした内容は、感覚受容器を通った後に、短期記憶で作業をして反応を得る。長期記憶では何か似ているものはないかとスキャンし、短期記憶の中に引き出してから、新たな情報と結びつけて理解する。したがって、全く知らないアラビア語の文字などがインプットされても到底理解ができません。

できる学生は、何ができているのかというと、教員の話を聞き、理解した後も、このターンを１回では止めない。自分が理解したことに対して、批判的思考力で、それは本当なのか？ と再度刺激にして、ここを他の人より１回でも２回でも多くもターンさせます。つまり、「思考が深い」という「深い」の意味は、何回それに対して検討できているか？ 考えられているか？ ということになります。

１人で学習できる子というのは、本を読んでも、教員から一方的に話を聞かされても、ここを主体的にぐるぐるターンさせることができる。さらにそれ以上に、教員が言っていたことは本当か？ と思うぐらい、批判的思考力を使って多面的に検討できていたりする。

それがなかなか習慣として身についていないし、ポテンシャル的にはみんな同じで、個々に大差はありません。ZPDが伸びるにはどうしたらよいのか？ 刺激も教員からだけでなく、他の人たちが言ったことが引っかかり、それが反応となって思考が1回でも2回でも多くターンするかもしれない。ここをどれだけターンさせるかがアクティブラーニングの効果であり、「伸びしろ」が伸びる1つの大きな要因でもあります。

⑥ (森的)学習が促進する条件

私たちの学習研究の中では、このような条件がいくつか重なれば学習は促進するという7つの条件(以下)がわかっています。

① いろいろな他者によって解答にバリエーションがある(吟味)
② 自らの理解と他者の理解の間に葛藤や躊躇がある(理解の進化)
③ 同レベル他者の発言を鵜呑みにしないことを利用(批判的思考力)
④ 自らの学習状況を俯瞰できる(メタ認知)
⑤ 自己肯定感を上げる(情意面の補強)
⑥ 学習に一定の時間をかける(学習時間の確保)
⑦ 解決すべき問いがある(学習への動機づけ)

※三宅(1997), Brown(2000), Wiggins&Mc Tighe(2005), Sauyer(2006)など学習／学習化学系の知見とフィールドワークでの実感を私見としてまとめたもの

特に、アクティブラーニングに位置する①②③ですが、①については、みなさんの授業を想像いただいても、個々に私はこう思うといった回答にバリエーションがあります。これを吟味することで、学習は深くなる。

②については、グループ学習＝楽しいというイメージがありますが、そうでなく自分の理解と他者の理解に差があって、そこに躊躇や葛藤が生まれる。これが非常に大きな理解の進化に繋がっていきます。私は、大学院時代から現在まで800程の授業を見ていますが、その中でよいアクティブラーニングの学生、生徒の活動に共通しているのは、みんな、眉間にしわを寄せていること。50分や90分した後に、みんな愁眉を開く。

また、躊躇や葛藤の解消が、みなさんが求めている、いわゆる「成績」＝「目に見える学力」も非常に伸びることになります。

③ですが、それがうまくいかないのは、仰っている教員の言うことを批判的思考で見ることができる学生はほとんどいないから。普段はあまり勉強していない、予習もしてこない学生が言っていることは本当かといったところで、批

判的思考で見るのは同レベルな他者となります。

そして、④⑤⑥については、内省、学習者自身の問題になります。④は、何がわかって、何がわかっていないかを、自分で整理できる。e－ポートフォリオや、リフレクション（ふりかえり）は、ここに効いてきます。

⑤ですが、例えば、「数学が嫌いだから心理学を選択したのに、なぜ統計をやらなければならないのか？」……そうした学生は多いと思います。経験が余りない今の学生にとって、この課題を自分なりに取り組んで正解が出せたとか、さらには教員が応えて欲しいことに自分が応えられたことに大きな喜びを感じたとか、こうしたことは学生の大きな自己肯定感につながる。そんな小さな達成感を積み上げて行く。コンピテンシーだけでなく知識面でも、そうした積み上げがとても重要です。

⑥の「一定の時間をかける」ことは、いうまでもありません。⑦は、目の前の学生に合った問いです。方法に関してはいくらでも言えますが、残念ながら私の専門ではありません。これが一体何なのかというと、まさに学士課程や学問に関係してくるので、みなさんの縦のつながりの中で、共有していただくことになろうかと思います。

3　アクティブラーニングの現状

⑴　学生の思考はアクティブ？

ここまでアクティブラーニングがなぜ重要かという話をさせていただきました。学習研究の観点からも、アクティブラーニングのよさを理解いただければと思います。

先ほども申し上げましたが、私は授業に参加させていただき、学生をチェックしています。見ていると、学生の活動はアクティブでも思考はアクティブなのだろうかと考えざるを得ません。とりわけ教員が一番アクティブなのですが、教員が他の対応をしている時に学生の活動は停止していたりする。アクティブラーニングは、ZPDの学生の「伸びしろ」は伸ばすが、決して思考をアクティブにはしていません。

また、日本の学生は、リフレクションがよい。大学生のみならず、小学生、中学生、高校生は、教員を喜ばせるコメントを書くのが上手です。ところが、わかったと言っても絶対わかってない。ふりかえりを見て、うちの学生はちゃんとわかっていると教員も非常に機嫌がよいのですが……。

一番問題視しているのは、グループワークにおける「フリーライダー（ただ乗り）」。アクティブラーニングでは何もやっていない、フリーライダーになる学生が半分になることも。その半分の学生はどうしたらいいの？ となる。教員もグループで発表させただけで、なんとなく終わらせている現状があります。

オープンエデュケーションの拡大で、教育の格差は緩和されています。しかし、目の前にいる学生の学習の格差は、実はあまり縮まってはいない。アクティブラーニングの中でも格差が広がっているといっても一斉授業よりはまだマシで、教員の授業力に依存することになります。

さて、フリーライダーには2種類あることがわかっています。最初は、活動も思考もアクティブではなく、「やりなさい」と言ってもやらない学生で、これは教員が日々の教育で「やりなさい」と関与することで、コミットしてくる可能性が高い。問題は、意図していないフリーライダーです。

先生からその場で課題を出された時、先ほどのできる学生は思考がターンし、その課題に対して、ある程度の解答を出してしまう。そして、リーダーシップを発揮、率先して「これでいかないか？」「これでよいのではないか？」として、他の学生たちは自分がしっかり考えないうちに同調して活動することになる。それではアクティブラーニングをしても、成績は伸びません。この大きな要因は、思考が一人ひとり活性化していないためと思います。そのためにもアクティブラーニングしないといけないのに活性化してこない。

4　深い学習を促すアクティブラーニングの授業デザイン

⑴　(森的) DALの類型

コンピテンシーのみならず、知識の再構造化ができるような学生を社会に送り出したい、そのためにはどうしたらいいのか、最後にその話をさせていただきます。

DAL……ディープ・アクティブラーニングこそ、カリキュラムの中で、まさに習得させたいものです。この類型には、知識を定着させる(内化)ことに主眼をおく①習得型と、解答のない問いに立ち向かっていく、問題解決型・知識の活用(外化)に主眼をおく②探求型の2種類があります。①は、教員から与えられた課題＝クローズドエンドといわれ、正答があるものです。②は、解答がばらばらで、終わり方もそれでよいとされるオープンエンド型の課題で、これをするにはハードルが高い。しかし、私は、本来的な学びはこちらであり、習得型から探求型にシフトしていくカリキュラムが必要であると思います。

⑵　内化－外化

①　うまくいっている授業には同じ共通点が……

うまくいっている授業(コンピテンシーも成績も含め)には、いろいろな要素があります。その中でも、①学生の理解度、能力に合わせて内化－外化－内化…ができていること(内化－外化の往還)、②個人を基盤とするグループワークで個人－集団－個人……ができている(個人－集団の往還)こと、この2つの共通点があります。

②　授業を作るコツ

授業を作るコツとして、①「わかったつもり」をどのように作るか、その②「わかったつもり」をどのように「わかった」へ導くかに関しては、知識を習得すること、つまりインプットである「内化」と、それを使って何らかの問題解決をする「外化」の往還という考え方をすればよいのではないかと思っています。

コンピテンシーも知識が獲得できている上で内化－外化を行った後、さらに再度内化をすることで、学生は教員から授かった知識を、自分で使ってみた時に初めて「あれ？　これはどうなのだろう？」「これ、うまくいかないな」となる。これは認知学習論的にいう「？」にあたります。

最もまずいのは、時間がないので後は宿題でしなさいのパターン。教えてあげなかったことに対する内化は、物凄く時間がかかるという認識を持つことが大切で、この場合では、学生の成績は伸びません。

③　往還のシステムと方法

外化で、初めてそこから学習が始まる。教員がいろいろな学習やアクティブラーニングにより外化をして、そこで生まれるいろいろな躊躇、葛藤、疑問を、最後解決するような再度の内化が必要となります。それも習得型の場合、有効な手段なのがティーチング（教える）です。

ティーチングということが、将来価値がなくなることは「2030 年消えて行く職業」でふれました。しかしながら、「わかったつもり」をどのように作るかというところで、ティーチングが必要になってきます。それも一方的に情報提供することには、あまり価値がありません。学生が自分で早期に、学習を始めた時に、躊躇や葛藤、課題といったものを吸い上げて、それを解決するような教員のティーチングで行う再内化こそ、非常に価値があります。

授業が 90 分として、「わかったつもり」のところで、すでに違っている。そして、アクティブラーニングに 4 割……学生のコンピテンシー、知識もぐっと伸びる。探求型では、その割合は違ってきます。ディープ・アクティブラーニングが機能していくためにも、内化－外化－内化……は、習得型のアクティブラーニングの基盤であり、探求型で内化－外化－内化……を作る。今回ここでは習得型の説明のみに留めさせていただきます。

⑶　知識の定着を目的とする反転授業では

私は、ここ 2 ～ 3 年、反転授業を研究しています。反転授業は、「わかったつもり」を個人で作って来て、授業に臨むという予習先行型の形態になるので、しっかり内化と外化の往還ができます。

反転授業では、実際に授業でこんな問題をやりますと演習問題が提示されます。

反転授業の前は、対面授業において、予習で提示されているような問題を、4人1組で全員がわかるまで教え、学び合いをし、小テストでチェック、最後に教員がしっかり教えるといった探求型。こうしたスタイルにより、自分の思考がぐるぐるとターンすることで、ZPDがぐっと伸びていく(残念ながら、その結果、上位層が少なくなっていることがわかっています)。

アクティブラーニングを通じて、自分で思考をアクティブにできないか？そして、その効果を実感してほしいと考えます。習得型は大体クローズドエンド型ですが、認知プロセスとして一番有効なのは、何通りも調べた結果、やはり学んでから教えるということでした(内化－外化－内化をどう作るか)。自分で一回やって、「？」マークを作って、その解決をしてくれるティーチィングがあると、一番効率がよかったとの調査もあります。

⑷　個人－集団

①　グループワークのコツ

また、内化か、外化の話になりますが、全く素材がないところで、外化するにはまさに厳しい。2つ目には、フリーライダー。

1つ目に、イントロダクションとして、他者の誰かを見て、内化－外化－内化をする。内化－外化の往還を、学習計画の問題として大きく考えます。①個人の「わかったつもり」を寄せ集め、最適解に向けてグループワークをして、しっかり自分で考える。これを予習とします。

思考がもの凄く速く動く学生と、ゆっくりした学生がいますが、その速度に関係はありません。むしろ、思考の質が大切になります。自分が思考にかけられる時間をしっかりとかけて、「わかったつもり」をまず個人で作ってもらう。その「わかったつもり」を持って、アクティブラーニングでグループワークをする。

慣れないうちは、必ず自分がわかった部分を言語化して、相手に伝え、自分と類似しているもの、または全く相手と違うものなど、意見をワークシートに記述していきます。当然ながら、そのプロセスを持つと思考のバリエーションが生まれます。「あれ？ 違う」「あれ？ 同じ？」「あれ？ どうして？」というものが生まれるということです。グループワークが、アクティブラーニングで躊躇や葛藤、疑問、失敗を想起させる仕掛けになっている。これだけでは駄目で、この個人が「わかったつもり」で寄せ集めたものから最適解をグループでしっかり作っていく。言いっ放しではなくて、みんなの意見を聞いて、1つの意見を作っていく。その作業の中でコンピテンシーが育っていく。つまり、自分が意見を主張したり、ひっこめたり、緊張したりなどの中で、コンピテンシーが伸びたり、思考が行われている。

グループで解答がでたということで終了にするのではなく、最後に必ず一人でもう一度同じ課題、類似課題に取り組む。集団でなんとなくわかったつもりになっていても、それが1人で判断できるかどうかを必ずチェックする。

これを基盤に、ここで②個人の「わかった」を評価へつなげていく（落とし込む）ことが重要になってくる。つまり、内化－外化－内化を、個人－集団－個人（個人と集団の往還）でやっていくことです。

⑸　調査

①　リサーチクエッション

「生徒全員の思考がアクティブになるグループの原理は？」というリサーチクエッションを設定して、いまある中学校のグループワークに入っています。そこでは3名の生徒を対象に、グループ学習時における①発話データと②ビデオによる活動データの分析を進めています。

そのデータに基づくものがこれからの話なのですが、A、B、Cの3人の生徒に課題を議論させたところ、自分の意見を主張できるA、Bに比べ、Cは一言も発しなかった。Cは何も考えていないのではなく、ビデオの動画を見せながら話を聞いたところ、それに対していろいろなことを言うことができた。その結果をふまえ、このやり方では駄目だということで、「内化－外化－内化」を「個人－集団－個人」に組み立てなおし、次の週から15分の活動で行いました。

まずは3名の生徒がワークシートへ予習してきたことを報告する内容を書き込み、さらにグループワークを通じて思った他者の意見と自分の意見が似ているところ、違うところを書き出す。違うところについては、どうすればよいのかを討議させる。具体的な指示を出して、しっかりと相手の意見を聞く時間を持って議論、意見を摺り合わせていく。このプロセスの中で、批判的に検討する、精緻化する、統合するといったことが、とても有機的と思われます。そこではCもはっきりと発言しています。最後は統合ということになるのですが、生徒たちも眉間にしわ寄せ、唾を飛ばして議論している。

②　リーディングアサインメント

そこでの活動を「わかった」で終わらせるのではなくて、この後、再度自分でその課題に取り組む。議論から出てきた解答のバリエーションを作ることで、自分の意見も揺らぎますが、そこから再度「わかった」という、その流れがアクティブラーニングで作られ、さらに生徒の自己成長や自己形成につながっていきます。

実際にこれはどのようなことかといいますと、日本でもNHKで放送され、有名になったマイケル・サンデル教授の「ハーバード白熱教室」がよい例で、まず予習をさせ、その後に躊躇や葛藤、疑問が起きるような議論をさせていきながら、最後に教員が集約するという手法です。学生は内化して、まず「わかったつもり」を作り、議論で「わかったつもり」を揺るがせる。つまり、知識の再構造化をした上でサンデル教授が「わかったつもり」を揺るがせて話を統合していく。最初から授業が盛り上がっているみたいですが、学生は予習の後、番組でやることをティーチングアシスタントと共に議論をして、その内容がサンデル教授のもとに行っている。番組に発せられる問いについては、学生は十分に認知しているという仕掛けになっています。

アクティブラーニングは、最後の学生の「わかった」を導くための装置として続けていかなければなりません。「内化－外化－内化」、あるいは「個人－集団－個人」を結びつけていくことが、リーディングアサインメントの成功の鍵となっています。

③　ジグソー法

もう一つの学習方法にジグソー法(「あるテーマについて複数の視点で書かれた資料をグループに分かれて読み、自分なりに説明を作って交換し、交換した知識を統合してテーマ全体の理解を構築する協調的な学習方法の一つ」東京大学大学発教育支援コンソーシアム推進機構(COREF) HPより抜粋)があります。ディープ・アクティブラーニングの類型では習得型で、出された課題をもとに一人ひとりがジグソーパズルのピースになったかのように、それぞれの立場で専門のテキストを読み込んできてもらいます。それから各グループから1名ずつ出て、4名の中で「教え合い」「学び合い」を行っていくというものです。

この場合、教員が教えないので、学生たちが正しく理解しているかわからないと言われる先生もいますが、自分が担当したところの知識がぐっと上がるという結果もあります。また、実際に調査してみると、習得型のアクティブラーニングの中では、知識の定着率が一番高く、有効な教育方法であることがわかっています。

④　反転授業

反転授業ですが、これは「学びっぱなし」のアクティブラーニングに、「教える」というものを組み込んでいるといっていいかもしれません。その意味で「内化」へいつでも立ち戻れる環境を反転授業は作ることができます。

例えば、授業で問題を解いていく中で、学生たちがスマートフォンで動画を呼び出して、その画面を見ながらみんなで議論していく。この全ての動画が情報入手ツールとして有効です。また、みんながいるというこの環境こそ「外化」には大切で、この「内化」と「外化」をどう作るのかが、一つの授業デザインのコツにもなります。

私はこの反転授業についての調査をしており、そこで面白いことがわかりました。1つ目は、予習・宿題が学生は嫌いであるということ。反転授業は事前に予習を行うので、学生にとっては厳しさがともなうことが前提条件になります。反転授業がいくらよいからとはいえ、個々の教員が反転授業を取り入れてしまったら、学生の学習は崩壊してしまいます。

みなさんが自分の授業用に、MOOC とまではいかないまでも動画を作るかどうか。既存で、個人で作成された動画の教材にもよいものがあり、You tube に画像を置いて課題ができなければ補足の画像を繰り返し加えて活用していくというのも 1 つの考え方ではないかと思います。パワーポイントを活用される方もいますが、音声を入れるだけでもよい教材になります。

今までは外化があまりうまくいかなったということであれば、それは内化するものが乏しかったのが要因で、外化するものが増える、内化がしっかりいくと外化もしっかりしてきます。

2 つ目に、現在の自分の状態と、その数日後のギャップがどうやって出てくるのかということ。学生は自分のレベルに授業を合わせてくる。そこで学生が課題を見て、自分に応じたレベルから授業のレベルに合わせて、自分の学力を伸ばせるように持っていく。反転授業においては、思考する時間や、さらに思考をターンする時間などが授業時間内に確保できます。予習をしてこないのは論外として、してくることを前提にして仕掛けづくりをしていくと、そこでは、学生は自分の学習を自分でマネージメントしていかないといけないということになろうかと思います。

私は、その活動を支援するために、授業が終わった後にわからなかったら来なさいでなく……予習をサポートする＝学習支援なのだと思いますが……ぜひ、関西国際大学で予習サポートセンターを作っていただけないかと思います。授業が始まる前から、みなさん全員が授業の目標達成と言いますか、活性化につながっている。授業そのものが「わかったつもり」を「わかった」に作り変える復習になります。

5　クロージング—DALは……

脳は使ってなんぼですから、授業の中でアクティブラーニングを使うことです。これを一生懸命サポートするのが、1、2 年では初年次教育。3、4 年時では最終的にホームベースドラーニングに到達することが課題です。そこに至るまでのリソースをすべて把握している状態で、カリキュラムの切り替えをしていく。これは私どもの大学にとりましても課題で、そこへ少しずつフェーディングしていかないと考えています。

知識基盤社会の中において、一回獲得した知識が覆される機会はよくあります。わかったことが固定するのではなくて、新しい知識と結びつけ、それを揺るがせながらも、もう一度わかり直すことを繰り返していく。これがまさに「深い学び」。

知識も獲得するアクティブラーニングということですが、学習スタイルの転換が必要です。それは予習先行型で、自分の「わかったつもり」を、主体的に自分で作れる経験が必要であるということ。つまり、教えてもらわないと学べないと思っている学生を転換させるということです。

これからは、知識を変容して行く、それが学習であると思っています。授業の中で、自分で「わかったつもり」を作る。それを他人の意見と比較しながら、もう一度議論しながら直して、最後に教員からもう一回高いレベルの認知情報が与えられて、再度作り直す。学生は、授業の中でわかった揺らぎを作っていく経験を段階的にさせていくことによって、社会に出てから主体的に動けるようになります。

習得させたい内容にこそ、アクティブラーニングを行っていただきたい。内化と外化の往還、個人－集団－個人での往還で、最後は必ず個人の学びで結びつけることが重要です。

それによって、これまでのティーチングの中ではなかなか学べなかった、あるいは威力を発揮できなかったものが、これで変わる可能性が大きい。

学生の能力を引き出すためにもアクティブラーニングを行っていただきたい。大学入試も高校入試も今後変わる。入学してくる学生の質も変わってくる。評価の方法にも工夫が必要になってくると思います。いわゆる暗記型の穴埋めから脱却して評価していく。先ほどのｅポートフォリオも、評価の一面を非常に強くサポートしてくれる。

教員の個々の授業の素晴らしさと、個々の授業の取り組みがあれば、アクティブラーニングによって知識とコンピテンシーも身につく。その結果として、みなさんの連携で育っていく学生の成長には目を見張るものがあると思います。

今日は「アクティブラーニング」と言いながら、一方的にお話をさせていただきました。なぜならば、それが最初の「内化」につながってくるからです。アクティブラーニング、内化－外化－内化による思考のターンには様々のものがあります。このような話をさせていただき、みなさんが今後の授業の中にアクティブラーニングを取り入れ、内化－外化で疑問を持ったり、失敗などをされても私が再内化させていただきますので、遠慮なくご相談いただければと思っております。

これで私の話は終わらせていただきます。本日はありがとうございました。

質疑応答【(Q & A)】

【Q】１点教えていただきたいことがあるのですが、ずっとアクティブラーニングしていると授業が進まない。例えば90分授業の中で、その使い方の配分バランスを、もしよければ教えていただけないでしょうか。

【A】みなさんにとっては、アクティブラーニング＝探求型というイメージがとても強いのかなと感じます。「内化－外化－内化」ということで言えば、最初の内化は、1割程度、外化はもちろん4割程度のアクティブラーニング、さらに講義した後の終わりは、ティーチィングを有効に聞かせるためのアクティブラーニングということで、しっかり教える（再内化）。今まで思っていたアクティブラーニングのイメージとは、かなり違っていると思います。これは習得型で、探求型の方はもっとそのバランスが必要です。私がお勧めするのは、1対4対5です。

授業レベルでは、予習を先行し、それをしっかりとサポートすることによって、授業の学びが変わってくる。そうした予習先行型にしていくには、128単位ではとても足りません。カリキュラムレベルでどうかとお答えするには、私の研究フィールドは異なるように思います。

最終的に、これがラーニング・アウトカムとしての大学の質保証となるような改革として、一般化するようにならなくてはいけません。私個人としては、データで証明したい。明らかに学びが変わってきていますし、政策も変わってくると思います。強制でもしっかり予習をさせる。そうすることで授業は活性化してくると思います。大学の10年後を見ていただけたらと思います。

第3章　学修成果の評価方法の開発

（ルーブリック評価の開発）

吉田武大

本章では、学修成果の評価方法としてのルーブリック評価を取り上げ、その開発の経緯について述べていくこととしたい。

1　ルーブリック開発の萌芽

1　ルーブリックの基本的特質

本学において、大学教員の職能開発をねらいとした研修（以下、FD）が正式に実施されたのは2003年度が最初である。ただ、2006年度までのFDにおいては、主として教育方法をいかに高めるのかに焦点が当てられていた。しかしその後、文部科学省から大学教育の質保証に関する政策が出されたことを受けて、評価に関する関心が高まっていくことになる。それと同時に、学生の学修成果を評価する1つのツールであるルーブリックにも注目が集まるようになっていった。

ルーブリックとは、「パフォーマンスの成功の度合いを示す尺度と、それぞれの尺度に見られるパフォーマンスの特徴を説明する記述後で構成される、評価基準の記述形式」[1]として定義される評価ツールのことである。ルーブリックの基本的なフォーマットは、**図Ⅲ-3-1**のように、課題の記述、レベル、規準、規準の記述という4つの要素から成り立っている。

第1に課題の記述とは、学生に身につけさせた能力の記述のことであり、そこには学生による何らかのパフォーマンスが含まれる。むろん、当該授業において期待される態度といった全般的な行動にも適用することが可能とさ

課題の記述

	レベル3	レベル2	レベル1
規準a	規準の記述		
規準b			
規準c			
規準d			

図Ⅲ-3-1　ルーブリックの基本フォーマット

れている。第2にレベルとは、課題に対してどれだけのパフォーマンスがなされたか、その達成の度合いを示したものである。第3に規準とは、課題をいくらかの要素に分類し、それぞれの要素を簡潔かつ十全に説明したものをいう。第4に規準の記述については、例えば図Ⅲ-3-1の「規準a」と「レベル3」が交わる欄に、想定されるパフォーマンスのレベルを具体的に示したものが記述される。

2　ルーブリックの登場

このような特質を有するルーブリックという文言が本学で公的に出てくるのは、質保証の重要性が叫ばれ始めた2007年度である。具体的には、2008年2月19日に開催された2007年度第4回FDにおいて、**図Ⅲ-3-2**のようなプログラムが設けられた。

12：50 ～ 15：00　ワークショップ1・2～質保証に応えるために
(1) イギリスの成績評価事例から
(2) 学習技術のルーブリック
(3) 成績評価基準と尺度（ルーブリック）

図Ⅲ-3-2　2008年2月FDプログラムの一部抜粋

このプログラムからは、そもそもルーブリックとはどのようなツールであるのかといった、いわばルーブリックの基本的な概要についての研修プログラムであったことが推測される。

また、2009 年 8 月に開催された FD では、担当科目に関するルーブリックを作成するプログラムが組み込まれていた。ここにおいては、どのような基準で学習成果を評価するのかを、担当科目ごとに考えていくことがねらいとされていたのであった。

3　学習ベンチマークの概要

これまでに述べてきたルーブリックは教員が学生の学習成果を評価するためのツールであった。これに対して、学生が自身の学習成果を自ら評価する本学独特のツールがある。それは学習ベンチマークのルーブリックというものである。なお、学習ベンチマーク自体はすでに 2006 年度に制定されており、**図Ⅲ-3-3** に示されているように、本学の教育目標である「自律できる人間になる」「社会に貢献できる人間になる」「心豊かな世界市民になる」という態度的能力に加え、「問題解決能力」「コミュニケーション能力」の 2 つの汎用的能力から構成され、どのような職種であっても、仕事をする上で必要となる能力のことをいう。

そして少なくとも学生の約 8 割がこれらの能力を身につけて卒業することが期待されていた。制定当初は、これらの能力に関する目標のみの記述にとどまっていたが、2010 年にルーブリックの形式に改められている。学習ベンチマークがルーブリックという形式に修正された背景には、何をどの程度達成すれば大学の掲げる教育目標のどのレベルに到達しているのかを、学生に対して「見える化」する必要があったことがあげられる。これを受けて、前述の 5 つの能力ごとに 3 つのレベルが設定されたのである。このように学習ベンチマークは、卒業時に、学習ベンチマークで定められた能力をどれくらい達成できたかを 3 段階で自己評価する制度であるという点に特色があったといえる。

2　ルーブリックの開発と活用

1　コモンルーブリックの開発

2011年前後になると、個々の授業科目をこえて、さまざまな授業科目で活用することが可能なルーブリック、つまりコモンルーブリックが開発されていった。コモンルーブリックにおいては、学部学科の特性に関わらず、学習活動上共通して求められるスキルに対する評価の視点を共有することをねらいとしている。まずはコモンルーブリック開発の前提として、2010年8月に開催されたFDにおいて、松下佳代京都大学教授による講演「学習の質を評価する―パフォーマンス評価を中心に―」が行われ、ルーブリックの基本的な概要が全学的に共有された。その後、ライティング、プレゼンテーションという2種類のコモンルーブリックが初めて開発された。このコモンルーブリックの特徴としては、**図Ⅲ-3-4**で示されているように、3段階のレベルが設定されており、規準の記述ではパフォーマンスの状態を具体的に記載している、といったことがあげられる。

このような特徴を有するコモンルーブリックは、試用および外部有識者からの助言を経て、さらに改良されていくこととなった。そして2011年4月になると、ライティングのコモンルーブリックは以下の**図Ⅲ-3-5、6**のように改訂されている。

これらの図からも明らかなように、改訂されたライティングのコモンルーブリックからは次のような特徴を指摘することができる。まず、使用する学年によってコモンルーブリックを変えたということである。図Ⅲ-3-5のコモンルーブリックは1年生春学期から2年生春学期までの間に使用されるものであり、図Ⅲ-3-6のコモンルーブリックは2年生秋学期以降に用いられるものである。規準の記述についても、図Ⅲ-3-5では基本的な内容が記述され、図Ⅲ-3-6ではやや発展的な内容が追加されている。次に、コモンルーブリックのレベルが4段階に修正されたということである。2010年9月版のコモンルーブリックでは3段階であったが、ここでは4段階に細分化されている。これによって、学生の学習成果をより正確に示すことが

大項目	大項目の説明	中項目	中項目の説明
自律できる人間になる	自分の目標をもち、その実現のために、自ら考え、意欲的に行動するとともに、自らを律しつつ、自分の発言や行動に責任のあることを自覚できる	知的好奇心	新しい知識や技能を学ぶことに関心や意欲をもつことができる
		自己責任感	自分の行動や発言、役割や立場に、責任があることを自覚し、ものごとを最後まで遂行できる
		自律性	自分で考えた目標をもち、自分らしさを見失うことなく、自らを律しつつ目標の実現に向けて自主的、主体的に行動できる
社会に貢献できる人間になる	社会の決まりごとを大切に考え、自分の責任を誠実に果たすために、勇気をもって行動し、社会に貢献することができる	順法性／協調性	複数の人々と暮らす社会や学校での規則、決まりごとを尊重し、自分を見失うことなく、協調性を発揮して、規則などを順守し、社会的な目的を果たすことができる
		誠実性	社会の中の個人として権利と義務を理解し、一人の人間として嘘のない誠実な行動や人間関係を大切にすることができる
		社会的能動性	社会や組織、集団の中の一員として、自分の役割や責任を果たすこと、自ら進んで社会や他人のために行動することができる
心豊かな世界市民になる	多様な世界の人々や自分たちの社会について理解を深め、社会的に弱い立場の人たちに対する共感的な感覚や態度を身につけ、世界市民として行動できる	多様性理解	異なる文化や言語、自分と反対の考え方や行動をする人たちがいる多様な社会を大切に考え、世界市民として行動することができる
		共感的態度	社会的に弱い立場にいる人、困っている人たちがいることに関心をもち、感覚や感性を働かせ、相手の立場に立って感じる、考える、想像するなどの共感的な態度や理解ができる
		柔軟性	自分の見方・考え方、行動の仕方を高めるとともに、状況に応じて、その行動を調節し、既有の知識や技能を柔軟に働かせることができる
問題解決能力を身につける	状況に応じて、情報ツールを活用し、情報収集や情報分析ができ、問題解決の視点から、解決のアイデアを構想したり、企画したりする思考力や判断力を身につけることができる	情報収集／発見力	必要な情報や信頼できる情報をさまざまな方法を使って集め、解決の視点から必要な情報を取捨選択し、使いやすく整理・保存して、問題を発見することができる
		企画力	問題や課題を分析し、解決のために情報を整理し、計画を立てて、必要な情報や資料を検討し、実行可能にすることができる
		思考／判断力	問題解決のために、偏った判断をしない公正さを保ち、その時・その場の状況（TPO）に応じて、判断したり、アプローチの仕方を変えたりしながら、道筋を立てて論理的に考えることができる
コミュニケーション能力を身につける	社会生活を営む上で、他人の考えを受け止め、理解し、自分の考えを的確に表現するプレゼンテーションができ、意見交換ができる	プレゼンテーション／表現力	レポートや口頭発表、調査結果の報告会などの場で、自分の考えをわかりやすく説明するために、資料をつくったり、説明の仕方を考えたり、声の大きさや間の取り方、文章や映像など表現を工夫したりできる ※“資料をつくる”“説明の仕方を考える”“表現を工夫する”のいずれかができていること
		リーダーシップ／メンバーシップ	小集団やグループの目的実現のために、自分の役割や責任を理解し、他者との協働や交流を通して、リーダーシップやメンバーシップを発揮しながら行動することができる
		話す・聴く力／意見交換力	他者の発表や文章を傾聴し、読解して、その内容の要点をとらえ、自分の疑問や意見をまとめ、建設的な意見交換をすることができる ※いわゆる「読み・書き・計算」と言った基礎的な知識・理解を含む

図Ⅲ-3-3　学習ベンチマークのルーブリック

レベル３	レベル２	レベル１
知りえた内容に刺激を受けて、新たな問題関心が芽生え、自ら学習を進めることができる	授業の内容で、「なるほど」「本当にそうなの」「面白いな」と心を動かされることがある	授業内容に対して、新たな興味や関心をもつことができる
協働的な活動などで、自分の役割を理解し、最後までやり遂げたことについて改善点を整理することができる	グループ学習や協働的な活動などで、自分の役割を理解し、最後までやり遂げることができる	自分に与えられた学習課題や仕事を最後までやり遂げることができる
具体的な生活目標とそれを実現するための計画を立て、計画通り実行し、振り返ることができる	具体的な学習目標や生活目標とそれを実現するための計画を立て、実行することができる	具体的な学習目標や生活目標とそれを実現するための計画を立てることができる
社会の一員として、自ら模範となって、他の人の協力を得るような行動をとることができる	社会の一員として、単にきまりごとを守るというだけでなく、他の人と協力しながら行動できる	大学内でのルールや社会のマナーをきちんと守ることができる
社会や友人とのあいだで、不正や偏見、無理な強要に対して批判的にとらえ、それに屈することがないように行動することができる	きまりを無視したり約束を破ることに抵抗感を示し、不正のない行動を心がけることができる	自分がした間違いや失敗に気づくことができる
社会的な奉仕活動に自ら進んで継続的に参加することができる	社会の一員として、自分が正しいと信じることを行動に移すことができる	ゼミなどの活動において決められた役割を果たすことができる
自国の文化や社会現象に関心をもつとともに、他国の人々を尊重し、多様な価値観を理解することができる	他国の人々の考え方を受け入れることができる	自分の持つ価値観とは異なる価値観を持つ人がいるということを理解できる
社会的に弱い立場の人やつらい思いをしている人たちとの関わりを通して、いろいろなことに気づき、見方や考え方が広がる	社会的に弱い立場の人やつらい思いをしている人たちのことを理解することができる	相手の立場に立ってものごとを考えることができる
自分の知識や技能を活用し、状況に応じたものの見方や行動をとることができる	自分の考え方や行動の仕方について振り返り、試行錯誤を経ながらやり方を変えることができる	自分の考え方や行動の仕方について振り返ることができる
テーマに合った資料やデータを収集し、整理・保存することができ、課題の発見や解決を導くための情報を取り出すことができる	テーマに合った資料やデータを収集し、整理・保存することができる	テーマに合った資料やデータの収集方法を知っている
問題や課題を解決するための具体的な作業項目やそれを解決するための方法を不足なく挙げ、綿密な計画を立てることができる	問題や課題を解決するための具体的な作業項目やそれを解決するための方法を挙げ、計画を立てることができる	問題や課題を解決するための具体的な作業項目やそれを解決するための方法を考えることができる
学問的な理論を使って、現象を不足なく説明することができる	直面している問題や課題を解決するために、その原因や結果の予測を筋道を立てて説明することができる	決められたルールや手順を守り、周囲の状況を判断しながら自分の言動を考えることができる
プレゼンテーションが形式に沿って構成されており、主張も正確に、はっきりと述べられていて、聞き手を引きつけるような内容で発表することができる	レポートやプレゼンテーションの構成が形式に沿って組み立てられており、自分の主張を相手に正確に伝えることができる	レポートやプレゼンテーションの構成が形式に沿って組み立てられており、相手に言いたいことを伝えることができる
グループ活動の中で、グループの方針に影響を与えるほどの貢献を行うことができる	グループ活動の中で、グループの方針に沿った活動の提案を行うことができる	グループ活動の中で、グループで決めた方針に沿って活動することができる
他者の発表を傾聴し、その内容に関連した質問や意見をしたり、文章を読解してその内容に関連した疑問や意見をクラスの人に伝えることができる	ゼミなどにおいて、他者の発表を傾聴したり、課題の文章などを読解し、自分なりの考えを持つことができる	ゼミなどにおいて、他者の発表を傾聴したり、課題の文章などを読解することができる

可能となった。

このように改訂されたライティングのコモンルーブリックを用いることによって、学生の学習成果が一定程度は「見える化」、つまり可視化されることとなったが、一方で新たな課題が生じることとなった。それは、コモンルーブリックを使用する教員によって、評価の結果にずれがみられたということである。とはいえ、ずれがみられること自体が問題なのではない。コモンルーブリックに記載されている規準の記述をめぐって、教員間で解釈に違いが生じるのはむしろ自然なことであるといってよい。重要なのは、教員同士が自身の評価結果を話し合うことによって、解釈の仕方に違いがあることを共有した上で、少しでも客観的な評価を行っていくことができるようにす

(→) 評価基準	A　Highest Level	B　Middle Level	C　Lowest Level
(↓) 評価の次元	十分素晴らしい	ひとまず及第点	大いに努力しましょう
レポート提出の指示を守っている	指示された書式、条件、提出方法等の手順を全て守っている。	指示された手順を守ろうとしており、誤りも部分的にとどまる。	勝手な解釈に基づいた判断に終始している。
文章作成の基本ルールを守っている	誤字脱字、文法上の誤り（例：主述のねじれ）、文体の統一、図表の作成方法に十分注意し、ほとんど誤りが見られない。	誤字脱字、文法および文体の統一、図表の作成方法の誤りが部分的にとどまる。	誤字脱字、文法および文体の統一、図表の作成方法の誤りが目立つ。
論旨展開が明確である	文章は構造化され、主張を伝えるのにふさわしい言葉を使用している。各パラグラフ（段落）の論旨およびパラグラフ間の論旨展開が明快であり、読者は筆者の主張を容易に読み取ることができる。	文章構造と言葉の選択や、各パラグラフの論旨およびパラグラフ間の論旨展開にやや不明確な部分が見られるものの、筆者の主張は読み取ることができる。	文章構造、言葉の選択、論旨展開が不明確であり、筆者の意図が読者に伝わらない。
引用を用いて正しく記述している	主張を支持し、拡張させ、また新たな視点をもたらすため、複数の情報源を活用している。例えば文献、観察、統計データなど。引用を多用しすぎず、引用ルールを守っている。	関連する資料を活用しているが、単一の情報源にとどまる。修正や工夫が必要であるが、引用ルールは守ろうとしている。	重要な資料さえ参照していない。引用を多用しているか、または、あたかも自分の主張であるかのように引用している。

図Ⅲ-3-4　ライティングのコモンルーブリック（2010年9月版）

コモンルーブリック　ライティングⅠ（1年生春学期〜2年生春学期）

	3	2	1	0
課題に対する記述	課題に対する解答が書かれている。	課題に対する解答を部分的に書いている。	課題に対する解答を書こうとしているがポイントがズレている。	課題と関係ない内容を書いている。
論理的構成	結論に至るまでの論理的なプロセスをたどることができる。	結論に至るまでのプロセスはたどれるが、前後関係の論述に工夫が必要である。	結論に至るまでのプロセスが整理しきれていない。	結論に至るまでのプロセスを示していない。
レファレンス資料（先行研究や文献、データ）	レファレンス資料を適切に示して、引用や注をつけている。	レファレンス資料を示そうとしているが、引用・参照方法に改善が必要である。	レファレンス資料を参照していることがうかがえるが、示していない。	レファレンス資料を使っていない。
スキル（段落、一文の長さ、句読点、誤字脱字、文体、および注釈の記載）	文章作成のスキルの基本が身についている。	文章作成のスキルが十分ではない。主述のねじれや同じ言葉の使用が目立つ。	文章作成のスキルが不足しており誤りが多い。主述のねじれ、接続詞や指示語の使い方の誤り、同じ言葉の使用がある。	文章作成のスキルが身についていない。

・このルーブリックは「1年生春学期〜2年生春学期」を対象にしています。
・クラスの目的や目標にあわせて、適宜、上位学年用（ライティングII）のルーブリックを使用することができます。
・科目の必要に応じて、ルーブリックの下段に項目を追加することができます。

図Ⅲ-3-5　ライティングのコモンルーブリック１〜２年春学期用（2011年４月版）

ることである。このような共有を図る作業のことをカリブレーションといい、2011年９月に開催されたFDにおいて初めて実施されている。そこにおいては、実際のレポートやプレゼンテーション等をもとに、教員個人がコモンルーブリックを用いて評価を行った上で数人程度のグループを形成し、各グループ内においてどのような理由でいかなる評価を実施したのかを報告しあう。このグループワークを通して、評価結果の違いを調整するのみにとどまらず、各教員が評価に対する基本的な基準を認識し、それを教員間で認識することが可能となるのである。このカリブレーションは以降のFDにおいても定期的に実施されていくこととなった。

コモンルーブリック　ライティングⅡ（2 年生秋学期〜）

	4	3	2	1
課題に対する記述	課題に対する解答が正確で、過不足なく網羅して書いている。	課題に対する解答を書いているが、不必要なことも書いている。	課題に対する解答を書いているが、漏れている点がある。	課題に対する解答に一部触れているが的確ではない。
論理的構成	結論に至るまでのプロセスが整理されていて分かりやすい。前後関係を必要かつ十分に書き、論理的に一貫している。	結論に至るまでのプロセスは整理されて一貫しているものの、前後関係の論述に余分や重複がある。	結論に至るまでのプロセスは一貫しているが、前後関係の論述が不足している。	結論に至るまでのプロセスはたどれるが、前後関係や論理性が十分ではない。
レファレンス資料（先行研究や文献、データ）	着想を得たものや自分の考えを支持するための的確なレファレンス資料を、的確に過不足なく引用や注を付して参照している。	着想を得たものや自分の考えを支持するためのレファレンス資料を参照し、出典が示されている。	着想を得たものや自分の考えを支持するためのレファレンス資料を示そうとしているが、引用方法や長さに改善すべき点がある。	レファレンス資料を示そうとしているが、引用・参照方法に間違いがある。
スキル（段落、一文の長さ、句読点、誤字脱字、文体、および注釈の記載）	文章作成のスキルが十分身についている。推敲が十分なされ誤りがない。	文章作成のスキルが身についている。適切に推敲している。	文章作成のスキルの基本は身についているが、推敲が不十分でいくつかの誤りがある。	文章作成のスキルが不十分であり誤りが多い。主述のねじれや同じ言葉の使用が目立つ。

・このルーブリックは「2 年生秋学期〜」を対象にしています。
・科目の必要に応じて、ルーブリックの下段に項目を追加することができます。

図Ⅲ-3-6　ライティングのコモンルーブリック 2 年秋学期以降用（2011 年 4 月版）

2　コモンルーブリックの活用

　では、コモンルーブリックは実際に授業でどのように活用されていったのだろうか。第 1 に、授業で学生に課題を提示する段階についてである。ここでは、教員があらかじめコモンルーブリックを学生に配布して、規準や規準の記述について説明を行う。そして、どのような点に留意して課題に取り組めばよいのか、その指標を示すとともに、コモンルーブリックを参照するように伝達する。第 2 に、学生が課題に取り組み、その成果物の提出を受けて採点を行う段階についてである。この段階では、成果物を確認した上で、該当する規準の記述にチェックを入れる。ただ、単にチェックを入れただけでは、なぜその規準の記述に相当するのかを学生が理解することが困難な場合が多い。そこで、必要に応じて、規準の記述に下線を引いたり、適宜コメントを記入する。これによって、学生はどの部分がどのように適切であったか、また、不適切であったかが具体的に理解できるようになる。第3に、課題を返却する段階である。この段階では、成果物とともにコメントを記載したコモンルーブリックを返却する。そして、学生にコモンルーブリックを熟読してもらい、課題の結果についてふりかえりを行うとともに、今後、同じような課題に取り組む際には、コモンルーブリックに記載されたコメント等を反映させるように伝える。

なお、コモンルーブリックを活用するに当たっては、授業科目間で課題の提出時期を調整するように配慮した。課題の提示は往々にして授業開講時期の後半に集中することが多かったが、そのような状況のもとでは、学生が課題をこなすことで精一杯になり、各課題に十分な時間を割いて取り組むことが難しくなる。そこで、コモンルーブリックを効果的に活用しつつ、各課題に対して質の高い取り組みができるように授業科目間で課題の提出時期を調整したのである。

以上のようなコモンルーブリックの活用を行った結果、その効果として次のようなことを指摘することができる。まずは評価結果への異議申し立てに対して、エビデンスとしての役割を果たすということである。評価結果について、学生が納得のいかない場合は、異議申し立てを行うことが可能となっているが、コモンルーブリックを活用することによって、どの規準がどのような状況であったからこの度の評価結果となったということを説得的に行うことが可能となった。次に、あらかじめ評価の規準を示すことで、何をどうすればできるようになるのかを学生に意識させることができるということである。そして、複数の授業科目でコモンルーブリックを用いることで、学生が成長の確認を客観的に行うことが可能となったということである。

コモンルーブリックには以上のようなメリットを指摘することができる一方で、コモンルーブリックそれ自体は決して万能な評価ツールではないことに留意しておくことが必要である。ここでは、次のような諸問題をあげることができる。まずは、コモンルーブリックのめざす方向性と大学の存在意義が矛盾する場合があるということである。コモンルーブリックは評価の標準化を志向するものであった。ただ、コモンルーブリックは学生を既存の型にはめ込む傾向をどうしてももたざるを得ないことから、新たな価値の創造という大学の積極的な意義と相容れない場面が生ずることとなる。このような矛盾をできるだけ回避するためには、コモンルーブリックをどのような場面で活用すべきかを慎重に検討する必要がある。次に、コモンルーブリックを通じた評価が限定的だということである。ライティングやプレゼンテーションといったように、本学のコモンルーブリックの種類は限定的なものである。したがって、コモンルーブリックで測定できる能力は学生の多面的な能力の一部にとどまっている。教員にはそうした限界を自覚した上で効果的に活用していくことが求められる。

3　学習ベンチマークの活用

ここでは学習ベンチマークがどのように活用されていたのかについてみていくことにしよう。学習ベンチマークが制定された当初は、学生が、卒業時に、学習ベンチマークで定められた能力をどれくらい達成できたかを3段階で自己評価していた。ただ、ここにおいては、卒業時にのみ学生が学習ベンチマークの達成度を意識するにとどまり、学期や学年などといった節目でどの程度の達成状況であったのかを学生が意識しづらいという問題をはらんでいた。そこでこのような問題を改善し、学生が節目節目で成長の度合いを確認できるように、2010年度からリフレクションデイという制度を導入することとなった。

リフレクションデイとは、新学期を迎えるにあたり、ふりかえりのワークを行う制度のことをいう。リフレクションデイにおいては、前学期の授業をふりかえり、新学期の履修計画に役立てるとともに、その学期に意識的に身につける学習ベンチマークの能力を目標設定するというワークを行うことになっている。その具体的なプロセスは次の通りである。まず、前学期の成績表や返却された答案・レポート・ワークシートや発表で使用したパワーポイントファイルなど、授業に関係したものを見直して、授業科目での学びを思い出し、どのような力が身についたのかを整理する。次に、見直した結果を、「リフレクション・ワークシート」を用いてふりかえりのワーク、つまり、GPAはどうであったか、最も成績の良い科目は何であり、なぜ良かったのか、最も成績の悪かった科目は何であり、なぜ悪かったのかといった分析を行い、その結果をワークシートに記入する。そして、これらの結果をふまえ、eポートフォリオにおいて、学習ベンチマークがどの程度達成されたのかを、学習ベンチマークのルーブリックを参照しながら学生が自らチェックしていくというものである。この学生自身によるチェック作業をふまえて、新学期においてどのような目標を設定し、その目標がどのような場面で達成されていくのかを、eポートフォリオ中の「成長確認シート」で記入していく。このようなワークを行うことによって、学生が気づきやふりかえりをもとに目標をもつことができるようになるのである。また、意識して学生自身の力を伸ばすことが可能になるとともに、新学期を効果的に過ごすことにもつながると期待されている。

リフレクションデイの活用を通じて上記のような効果がみられた一方で、学習ベンチマークのルーブリックのレベルと、学生自身による学習ベンチマークのチェックのあり方をめぐって新たに課題が生じることとなった。

まず、前者の学習ベンチマークのルーブリックのレベルについてである。このレベルは前述のように3段階であった。ただ、国際的にみて一般に日本人の自己肯定感は低いといわれており、そうした傾向が本学学生にも当てはまったのである。つまり、こうした自己肯定感の低さが、学習ベンチマークがどれだけ達成できていたのかを自己評価する際に、一番高いレベルではなく、真ん中のレベルにチェックを入れる学生の増加につながっていたのであった。結果的に、少なくとも学生の約8割が学習ベンチマークのルーブリックにおける一番高いレベルに到達した上で卒業するという、本学の目標が十分には達成されなくなったのである。このような問題を改善するために、2013年度に学習ベンチマークのルーブリックの見直し作業が開始され、2014年度からは**図Ⅲ-3-7**のように4段階のレベルへと改めるとともに、名称も学習ベンチマークから学修ベンチマークへと変更したのであった。

次に、後者の学生自身による学習ベンチマークのチェックのあり方についてである。ここにおいては、前学期の成績表や返却された答案・レポート・ワークシートや発表で使用したパワーポイントファイルなど、授業に関係したものを学生が主観的に解釈した上で、学習ベンチマークのルーブリックの該当レベルにチェックをしている場合が多いことが明らかとなった。例えば、客観的にはレベル3を達成しているにもかかわらずレベル2をつける学生もいれば、客観的にみるとレベル2の達成状況でしかないにもかかわらずレベル3をつける学生もいるといった具合である。このように、学生の多くが学習ベンチマークの達成状況を主観的に解釈して自己評価している状況は、学生の成長の度合いの客観化・可視化といった、ルーブリックがめざすべき姿からはほど遠いものであった。そこで、学生がeポートフォリオにおいて、学修ベンチマークがどの程度達成されたのかを、学修ベンチマークのルーブリックを参照しながら単にチェックするだけではなく、答案やレポートなどの成果物も添付するような方式に改めた。さらに、これらの自己評価作業の後に実施される教員との面談の際に、教員がeポートフォリオ画面において、学生のチェックした学修ベンチマークのルーブリックのレベルと成果物との対応を確認した上で、必要に応じて自己評価の結果の修正を学生に求めるような制度も導入した。これらの対応によって、学修ベンチマークの達成状況を客観的に測定することが可能となったのである（**図Ⅲ-3-7**）。

3　大学間連携事業を通じたコモンルーブリックの新規開発

1　コモンルーブリックの新規開発の必要性

2008年度以降、本学のFD等を通じてルーブリックの活用を全学的に共有してきた結果、授業におけるライティングやプレゼンテーションのコモンルーブリックの使用率が少しずつ高まってきた。

しかしながら、その一方で、これらのルーブリックだけでは、学修ベンチマークに定められている多面的な教育目標を十全に評価し得ないのはいうまでもない。そこで、多面的な教育目標を測定しうる新たなコモンルーブリックを開発することの必要性が指摘され始めた。

そこで、コモンルーブリックを新規開発する作業が開始されたが、ゼロベースで開発していくには相当の困難さがあった。

2　大学間連携事業下での開発

そのような中で、本学は2012年度から5年間にわたる文部科学省の「大学間連携共同教育推進事業」に採択された。この事業では、従来の講義型授業のように専門的知識を伝達する教育から、学生が能動的にお互いに議論や提案をできる教育への転換をめざして、本学、淑徳大学、北陸学院大学、そしてくらしき作陽大学が連携して、このような新たな教育の転換を組織的に行っていくための教学マネジメントシステムを構築することが目的とされていた。この目的を達成するための1つの取組として、ルーブリックや到達テストの開発によって、学修成果を可視化する測定方法の開発を行うことが位置づけられた。そこで、本学は淑徳大学、北陸学院大学、くらしき作陽大学という連携校と協働して新たなルーブリックを開発することとなったのである。

まずは、学修ベンチマークに定められている多面的な教育目標を測定しうるようなモデルとなるルーブリックがあるのかどうかについて検討を行った。その結果、全米カレッジ・大学協会（Association of American Colleges and Universities）の開発したVALUEルーブリック（Valid Assessment of Learning in Undergraduate Education Rubrics）が参考となりそうであることがわかった。そこで、2013年2月に本学と連携校の関係者は全米カレッジ・大学協会を訪問して、関連資料の収集に努めるとともに、VALUEルーブリック開発の背景や開発に当たっての留意点、VALUEルーブリックの基本的な特質等についてインタビュー調査を行った。その結果、次のようなことがわかった。VALUEルーブリックは、関係大学の教員や学術関係者、学生問題担当の専門家などの開発チームが約1年半かけて作成したものである。この開発チームは、各高等教育機関で実際に使用されている既存のルーブリック等を参照にした上

大項目	大項目の説明	中項目	中項目の説明	レベル4
自律できる人間になる	自分の目標をもち、その実現のために、自ら考え、意欲的に行動するとともに、自らを律しつつ、自分の行動には責任が伴うことを自覚できる	知的好奇心	新しい知識や技能、社会におけるさまざまな現象や問題を学ぶことに、自ら関心や意欲をもつことができる	修得した知識・技能を社会でどのように活用できるかについて、主体的に関心や意欲を持つことができる
		自律性	自分の行動には責任が伴うことを自覚し、自らを律しつつ設定した目標の実現に向けて積極的に取り組み、最後までやりとげることができる	自分の行動には責任が伴うことを理解し、自分の目標の実現に向けて積極的・主体的に取り組み、やり遂げられるまで継続することができる
社会に貢献できる人間になる	社会の決まりごとを大切に考え、社会や他者のために勇気をもって行動し、貢献することができる	規範遵守	複数の人々と暮らす社会の決まりごとを尊重し、その背景や意義を理解して、協調的に行動することができる	社会のマナーや集団でのルールを尊重していくために、自ら率先して、社会から信頼される良識ある行動をとることができる
		社会的能動性	自分の役割や責任を理解し、他者との積極的な協働や交流を通して、社会のために行動することができる	社会が求めていることを理解し、他者との協働のもと、社会のために自ら活動を組織して行動することができる
心豊かな世界市民になる	多様な世界の人々や自分たちの社会について理解を深め、他者に対する共感的な感覚や態度を身につけ、世界市民として行動できる	多様性理解	自分や、自分と同じ社会的・文化的背景を持つ人たち、異なる社会的・文化的背景を持つ人たちがいることを理解し、多様な世界や社会を大切に考え、柔軟に行動することができる	自分とは異なる価値観や社会的・文化的背景を尊重しつつ、普遍的な視点に立った行動をとることができる
		共感的態度	他者と接するときに、感覚や感性を働かせ、相手の立場に立って考え、共感を示すことができる	相手の感情、思考、行動を理解し、共感を示すとともに、その人が必要としていることに配慮した行動を取ることができる
問題解決能力を身につける	状況に応じて、情報ツールを活用し、情報収集や情報分析ができ、問題を発見したり、解決のアイデアを構想したりする思考力や判断力を身につけ、問題を解決することができる	情報収集・活用力	必要な情報や信頼できる情報をさまざまな方法を使って集め、解決の視点から必要な情報を取捨選択し、整理・保存しながら活用することができる	情報を的確に選択して収集して、問題発見や解決のアイデアを構想することに活用することができる
		問題発見力	現状から何が問題であるかを発見し、その解決に向けた課題を考えることができる	今後生じる可能性のある未知なる問題を予測し、これまでの問題解決における手法を参考にして、解決に向けた課題を提示することができる
		論理的思考／判断力	偏った判断をすることなく、論理的に考えることができる	論証に基づいて論理的に導き出した意見や結論についてさまざまな視点から検証を行うことができる
		計画・実行力	問題解決に向けて見通しのある計画を立て、検証及び修正しながら実行することができる	自ら立てた計画に能動的に取り組み、その結果をふりかえって、良かった点を活かし、悪かった点を改善して次の計画に活かして実行することができる
コミュニケーション能力を身につける	社会生活を営む上で、他人の思いや考えを受け止め、理解するとともに、自分の思いや考えを的確に表現し、意見を交わすことができる	自己表現力	言語的及び非言語的な表現方法を工夫しながら、自分の思いや考えをわかりやすく効果的に表すことができる	言語的・非言語的な表現方法を活用して自分の思いや考えをわかりやすく表現したり、相手からの質問や意見に対して臨機応変に応答することができる
		意見交換・調整力	他者の発言を傾聴して、その内容の要点をとらえ、自分の疑問や主張をまとめて、他者と意見の交換や調整をすることができる	自分の意見や考えと他者の主張を調整して互いに納得できる結論を導き出した上で、新たな問題や発展的な課題を提起することができる

図Ⅲ-3-7　学修ベンチマークのルーブリック

レベル3	レベル2	レベル1
修得した知識・技能と社会の現象を関連づけて、新たな疑問や関心について積極的に学ぶ意欲を持つことができる	知りえた内容に刺激を受けて、新たな疑問や関心を持つことができる	社会の現象や授業で学ぶことに関心を持つことができる
自らの責任を自覚しつつ設定した目標の実現に向けて継続的に取り組むことができる	与えられた課題や自分で設定した目標について、自分なりにやり遂げる方法を見つけて取り組むことができる	与えられた課題の実現に向けて、自分の責任を理解して取り組むことができる
状況に応じて必要なマナーや集団でのルールを考え、進んで守り、協調的に行動することができる	社会のマナーや集団でのルールの背景や意義を理解した上で、守ることができる	社会のマナーや集団でのルールを守ることができる
社会が求めていることに関心を示し、社会のために他者と協働しながら行動することができる	集団の中で、他のメンバーと協働しながら行動することができる	集団の中で、自分の果たすべき役割や責任を考えながら行動することができる
自分とは異なる価値観や社会的・文化的背景を尊重して、交流することができる	自分の価値観と異なる価値観、双方の社会的・文化的背景に関心を持ち、違いがあることを受け入れることができる	自分とは異なる価値観や社会的・文化的背景を持つ人たちがいることを理解することができる
相手の感情、思考、行動を理解し、共感を示すことができる	相手の感情、思考、行動を理解するために、その人の立場に立って考えることができる	相手の話を聞くときに、目線を合わせるなど、向き合う姿勢をとることができる
多様な情報源から、必要かつ信頼できる情報を収集して、要点を整理・保存しながら、自分の主張やアイデアを裏づけることができる	多様な情報源から、必要かつ信頼できる情報を集め、要点を整理してから保存することができる	多様な情報源から必要な情報を集めることができる
現状を確認し、今後生じうる問題を積極的に見つけ、解決のための課題を提示することができる	現状を確認し、生じている問題に気づき、解決のための課題を考えることができる	現状にある問題に気づくことができる
論証に基づいて論理的な意見や結論を導き出すことができる	客観的な事実から、問題の原因について論理的に仮説を立てることができる	他者の意見や物事を客観的な視点で捉え、事実と意見を区別することができる
見通しをもった計画を自ら立てて取り組み、計画の進行状況や課題の達成状況を確認し、必要に応じて修正しながら実行することができる	自ら計画を立てて課題に取り組み、期限に間に合うように実行することができる	計画にもとづいて課題に取り組むことができる
言語的・非言語的な表現方法を活用して、内容の構成を工夫しながら自分の思いや考えをわかりやすく表現することができる	言語的な表現だけでなく、非言語的な表現方法も活用して、時間などの決められた条件の中で、自分の思いや考えを表現することができる	時間などの決められた条件の中で、自分の思いや考えを表現することができる
他者の主張を理解して、自分の意見や考えと他者の意見を調整して、互いに納得できる結論を得ることができる	他者の発言の論点を理解して、それに対する自分の意見を示すことができる	議論や話し合いなどにおいて、自分の意見を示すことができる

○知的・実践スキル（Intellectual and Practical Skills）
- 探求と分析力（Inquiry and analysis）
- 批判的思考力（Critical thinking）
- 創造的思考力（Creative thinking）
- 文章作成力（Written communication）
- 口頭伝達力（Oral communication）
- 読解力（Reading）
- 量的分析リテラシー（Quantitative literacy）
- 情報リテラシー（Information literacy）
- チームワーク（Teamwork）
- 問題解決力（Problem solving）

○個人的社会的責任感（Personal and Social Responsibility）
- 市民としての知識と責務（Civic knowledge and engagement---local and global）
- 異文化間の知識と能力（Intercultural knowledge and competence）
- 倫理的思考力（Ethical thinking）
- 生涯学習に対する基盤と能力（Foundations and skills for lifelong learning）

○学習の統合（Integrative Learning）
- 学習の統合（Integrative Learning）

図Ⅲ-3-8　VALUEルーブリックの種類

で、これらのルーブリックに記載されていた規準の記述に共通する要素を抽出し、より一般的なレベルとしてのVALUEルーブリックを完成させたのであった。このように、いわばメタ的ともいえるVALUEルーブリックは当初、**図Ⅲ-3-8**のように15種類作成され、その後16種類へと数を増やしている。

本学と連携校の関係者は、全米カレッジ・大学協会を訪問調査して得たVALUEルーブリックに関する知見を参考にしながら、多面的な教育目標の測定をめざして新たなルーブリックを開発していくこととなった。当面、どのような種類のルーブリックを開発するべきかを検討した結果、チームワーク、多様性理解、学修成果の統合という3つのコモンルーブリックを新規に作成することが決定された。なお、VALUEルーブリックは前述のように多様な高等教育機関に共通する要素を抽出して作成された関係上、抽象的な表現で記載されている場合が多かった。そこで、実際にチームワークや多様性理解などの新規ルーブリックを開発するに当たっては、VALUE ルーブリックをそのまま本学や連携校で活用するのではなく、本学や連携校の建学の理念や学生の状況等を総合的に考慮して具体的に書き換えるとともに、必要に応じて規準を修正することに留意したのである。ただ、具体的に書き換えたり修正していく作業は短期間で終了するようなものではなく、実に2，3年という年月がかかったのである。こうした長期にわたる検討作業の結果、例

目標型コモンルーブリック　ライティング全体版（チームワーク）2013****

定義　メンバー個人の行動（チームの課題にかける労力、他のメンバーとの交流におけるマナー、チームの話し合いに対する貢献）

	4	3	2	1
チームでの話し合いへの参加	チームでの話し合いにおいて、話し合いを進展させるような建設的発言を積極的にしている。	チームでの話し合いにおいて発言を行い、話し合いをリードしている。	チームでの話し合いにおいて関連する関連する発言を行っている。	チームでの話し合いの場に参加していない。
チームメンバーの話し合いへの参加の促進	メンバーの発言に対して、他のメンバーがそれに関連づけて発言できるような話し合いの流れを作りだすことで、メンバーの積極的参加を促している。	メンバーの発言を整理し、関連づけた上で発言するなどして、メンバーの積極的参加を促している。	メンバーの発言に対して、あいづちをうつ、うなずくなどして理解を態度に示すことで、メンバーの話し合いへの参加を促している。	メンバーの話を遮ることなく聞くようにしている。
グループワークへの個人の貢献	グループワークに積極的に参加して、高い完成度での課題の達成に多大な貢献ができている。	グループワークに参加し、課題の達成に貢献できている。	グループワークに参加して、作業の遂行に協力している。	グループワークに参加して、要望を受けて作業を手伝っている。
チームの雰囲気作り	チームの状況の変化に応じて、率先してチームの雰囲気をより良くする、あるいは雰囲気が悪くなった時にはそれを解消するような発言や行動をしている。	チームの雰囲気をより良くするために、自ら率先して発言や行動をしたり、メンバーのサポートをしたりしている。	チームの雰囲気が良くなるようにメンバーに合わせた発言や行動をしている。	チームの雰囲気を悪くするような発言や行動をしたり、態度に表したりすることなく、チームに参加している。

・科目の必要に応じて、このルーブリックの評価の観点の一部と、他のルーブリックの評価の観点を組み合わせて活用することができます。

図Ⅲ-3-9　チームワークのルーブリック

えばチームワークについては**図Ⅲ-3-9**のようなルーブリックとなった。

従来のコモンルーブリックでは、ライティングとプレゼンテーションのみを用いた限定的な学習成果の評価にとどまっていたけれども、チームワークなど新規のコモンルーブリックを開発することによって、より多面的な学習成果能力の測定が可能となったのであった。このことはいうまでもなく、教育の質保証がより実質化していったことにほかならない。

4　3つのポリシー策定下におけるコモンルーブリックの開発と活用

1　3つのポリシーの策定

これまでの本学でのルーブリックに関する取組を通じて、個々の授業科目においては、成績評価における評価基準を学生に対して可視化するとともに、授業当初における学生へのルーブリックの提示と、課題が提出された後のフィードバックなどといった活用のあり方をシステム化してきた。また、学修ベンチマークのルーブリックをもとに、学生が自己評価を行い、その結果の妥当性を教員との面談を通して調整するシステムをも確立してきた。

しかしながら、学生が大学4年間を通してどのような能力を身につけて卒業していくのかという、総合的な学びの達成度を社会に明示するような体系的な仕組みは十分に整備されていなかった。そのような中で、2016年3月に、文部科学省から「「卒業認定・学位授与の方針」(ディプロマ・ポリシー)、「教育課程編成・実施の方針」(カリキュラム・ポリシー)及び「入学者受入れの方針」(アドミッション・ポリシー)の策定及び運用に関するガイドライン」が発表された。このガイドラインでは、授業改善にとどまらず、大学として体系的で組織的な教育活動を展開することや学生の能動的・主体的な学修を促す取組を充実すること、学修成果の可視化やPDCAサイクルによるカリキュラム・マネジメントの確立に取り組むことが求められており、上記3つの方針は、各大学におけるこのような改革を実現する上での指針として極めて重要な役割を担うものであるとの提言がなされていた。これを受けて、本学において前述の体系的な仕組みを構築していくために、全国の大学に先駆けて

2016年度から3つの方針、つまり、「卒業認定・学位授与の方針」、「教育課程編成の方針」、「入学者選抜の方針」を策定した。このうち、「卒業認定・学位授与の方針」は**図Ⅲ-3-10の**ようなものとなっている。そして本学では、これら3つの方針に基づいた教育課程、教育方法、評価等の運用を開始す

関西国際大学（以下では「本学」という）は、学院の建学の精神「以愛為園」を基本理念とし、本学の各学位プログラムの課程を修め、126単位の単位取得と必修等の条件を充たしたうえで、学則第1条に定めるグローバルな視野に立った教養を基礎とする専門的知識・技術を修得し、国際社会において活躍できる人材を育成することを目的としています。

その実現のために、同第1条の2に定める下記の能力・資質を修得・涵養し、それらを総合的に活用できる人材を養成することを教育目標としています。

⑴　自律的で意欲的な態度（自律性）
自分の目標をもち、その実現のために、自ら考え、意欲的に行動するとともに、自らを律しつつ、自分の行動には責任が伴うことを自覚できます。

⑵　社会や他者に能動的に貢献する姿勢（社会的貢献性）
社会の決まりごとを大切に考え、社会や他者のために勇気をもって行動し、貢献することができます。

⑶　多様な文化や背景を理解し受け入れる能力（多様性理解）
多様な世界の人々や自分たちの社会について理解を深め、他者に対する共感的な感覚や態度を身につけ、世界市民として行動できます。

⑷　問題発見・解決力
状況に応じて、情報ツールを活用し、情報収集や情報分析ができ、問題を発見したり、解決のアイデアを構想したりする思考力や判断力を身につけ、問題を解決することができます。

⑸　コミュニケーション能力
国内外を問わず、社会生活を営む上で、他人の思いや考えを受け止め、理解するとともに、自分の思いや考えを的確に表現し、意見を交わすことができます。

⑹　専門的知識・技能 の活用力
自ら学ぶ学位プログラムの基礎となる専門的知識・技能を修得し、実際の場面で、その時・その場の状況に応じて、再構成し活用することができます。

図Ⅲ-3-10　卒業認定・学位授与の方針

ることとなった。

2　卒論ルーブリックの開発と試行

3 つの方針を策定したことによって、各学科専攻では、大学および各学科が掲げる教育目標をどの程度達成しているのかを検証する必要性が生じた。ルーブリックとかかわって述べるならば、大学の卒業時点で、学生が大学や学科専攻の掲げる教育目標をどの程度身につけたのかを厳格かつ客観的に評価し、それを公表することによって社会への説明責任を果たすことが求められるようになったのである。そこで、大学の卒業時点で身につけた能力を示す典型的な成果物の 1 つとして卒業論文を取り上げることとした。その上で、卒業論文の作成を通じて学生がどのような能力を身につけたのかを社会に向けて客観的に示そうとしたのである。卒業論文を評価するツールとしては、すでに 2014 年に開発していた卒業論文ルーブリックを活用することとした。ただ、この卒業論文ルーブリックは文言の妥当性等といった点で課題を抱えていたため、幾度も修正を重ねた上で、各学科の卒論ルーブリックの試行版をひとまず作成した。このうち、**図Ⅲ-3-11** は教育福祉学科の卒業論文ルーブリックの試行版である。

ここで示されている規準は、卒業論文の論理的構成と一定程度対応するように作られている。しかし、文言上の妥当性という点で依然として課題を抱えていることに加えて、卒業論文ルーブリックが 3 つの方針、さらには学修ベンチマークの達成度を測定しうるものになっているのかどうかを検証する作業を行う必要があることが明らかとなった。そこで、これらの問題点を解消することをねらいとして、学科ごとに各学科の卒業論文ルーブリックの試行版を用いて卒業論文のサンプリング評価を行った上で、卒業論文ルーブリックの試行版が 3 つのポリシーや学修ベンチマークにかかわる学修目標の達成度をどれだけ厳格かつ客観的に測定できるものとなっているのかどうかを検証し、改善点を明確にした。今後は、これらの点を踏まえて、卒業論文ルーブリックのさらなる修正を行い、本格的に活用していくことを予定している。

教育福祉学科における専門知識・技能の活用に関するルーブリック（卒業論文）

	4	3	2	1
研究課題の設定	教育・福祉に関するオリジナリティがあって、有用性のある、かつ実現可能な研究課題を設定している。	教育・福祉に関する知識や問題関心をもとに、有用性のある、かつ実現可能な研究課題を設定している。	教育・福祉に関する知識や問題関心をもとに、実現可能な研究課題を設定している。	教育・福祉に関する知識や興味関心にもとづいて研究課題を設定している。
科学的研究方法の選択と分析	研究課題を明らかにするために、複数の科学的研究方法（アンケート、インタビュー、観察、文献研究、実験）のなかからふさわしい方法を選択して、必要かつ適切な情報を集めて科学的手続きに則って分析をしている。	研究課題を明らかにするために必要な科学的研究方法を選択して、必要な情報を集めて、それらを整理した上で科学的手続きを遵守した分析をしている。	研究課題を明らかにするために最低限必要な科学的研究方法を選択して、それにもとづいて情報を集めて、分析をしている。	科学的研究方法を断片的に用いて、それにもとづいて集めた情報をある程度分析をして、羅列的に記述している。
関連研究の活用	研究課題を明らかにするために必要な先行・関連研究を十分に収集して、それらを分析や検討において適切に活用している。	先行・関連研究をある程度収集して、それらを分析や考察において活用している。	先行・関連研究を一部収集して、分析において先行・関連研究を部分的に活用している。	断片的に先行・関連研究が引用・参照されている。
論証と帰結	全体の構成が論理的・整合的に組み立てられており、実証的分析の結果を活用し、結論と研究上の課題が明確に論証されている。	全体の構成が論理的になっており、実証的な分析結果にもとづいた結論が論証されている。	分析にもとづく論証になっているが、論証的な結論に改善すべき点がみられる。	論証に不十分な点があり、結論に改善が必要である。

図Ⅲ-3-11　教育福祉学科の卒業論文ルーブリック

これまでに述べてきたように、本学では、ルーブリックをめぐって、個々の授業において最終レポートや試験を評価する際に活用することのみならず、学生が前の学期をふりかえって成長の度合いを自らチェックする際に用いたり、本学全体・学科専攻といった各レベルで教育目標をどの程度達成しているのかを検証するために活用したりといったことからも明らかなように、個々の授業レベル、学科レベル、さらには大学レベルという、体系的な評価システムが整備されつつあるといってよいだろう。

本学が創立 20 周年を迎えた現在、全教職員の努力と協力の上に構築されてきた体系的な評価システムをより精緻なものへと改善していくとともに、教育水準のさらなる維持向上に努め、社会からの信頼と期待に応えうるような大学をよりいっそう目指していくことが求められる。

注

1　西岡加名恵『評価指標 (ルーブリック)』日本教育方法学会編、現代教育方法事典、図書文化社、293 頁、2004

参考文献

「関西国際大学 KUIS 学修ベンチマーク」http://www.kuins.ac.jp/about/target/benchmark.html (2018.3.31 閲覧)
「関西国際大学 "三つの方針"」http://www.kuins.ac.jp/about/3policy.html (2018.3.31 閲覧)
吉田武大『アメリカにおけるバリュールーブリックの動向』教育総合研究所研究叢書第 4 号、1-12 頁、2011

特別論考　FD 外部講師の記録③

愛媛大学　中井俊樹 教授

アクティブラーニングで学生の学習を深める

■日　　時　2017 年 2 月 16 日（木）13：30 ～ 15：00
■場　　所　関西国際大学　尼崎キャンパス
　　　　　　（2016 年度第 3 回 FD 研修会として実施・連携大学関係者も出席）
■講　　師　中井　俊樹　愛媛大学　教育・学生支援機構　教育企画室　教授
■概　　要

講義は、参加者が 4 ～ 5 人のグループにあらかじめ分かれて座り、合間にワークを挟みながら、①意義ある学習とは、②アクティブラーニングを理解する、③学習課題を組み立てる、④発問で思考を刺激する、⑤経験を学習に変える、⑥学生を相互に学ばせる、⑦まとめとふりかえり、という柱立によりに進められた。

冒頭では、愛媛大学・中井先生から多くの関連書籍が出版され、アクティブラーニングがいかに注目を集めているかの紹介があり、講義法との違い、中央教育審議会での定義・特徴、展開上での課題、大学での授業を学生はどうみているかなどの説明があった。その上で、アクティブラーニングを展開していくための課題について、①授業で提供される知識を暗記し、試験後にその大半を忘れる、②授業での様々な活動は楽しいが、何が身についたのかわからない、2 つの学生の事例を取り上げ、グループワークを行った。この 2 事例における課題と改善策について話し合い、教員の授業設計、方法、評価にどのような工夫が必要であるかを確認した。

このワークを受けて、アクティブラーニングを導入した「学生の学びを深める」授業をいかに設計するかで、学習課題の組み立てについて説明及び、その条件、学習目標の明確化、学習目標に適した技法などに関する講師のレクチャーにより、魅力的な学習課題をつくるヒントを得ることもできた。また、講師から、工夫の 1 つとして「問われると人は考える」と、思考を深める発問のあり方について、その機能から質問の発し方のさまざまなバリエーション、経験学習を促す発問の事例紹介、学生を相互に学ばせる①一斉学習、②協同学習、③個別学習の学習形態の 3 類型、特に今回の研修に関係深い②について、その条件と場面に応じて使えるバズ学習、シンク・ペア・シェアなどの技法の紹介もあった。

■講師略歴

名古屋大学高等教育研究センター助手、同センター講師、助教授、准教授を経て 2015 年より現職。専門領域は、高等教育論・人材育成論。研究課題は、大学教授法、ファカルティディベロップメントの組織化、大学の組織運営。

主な著書に『看護教育実践シリーズ 2　授業設計と教育評価』（医学書院、2018 年）〔共編著〕、『看護教育実践シリーズ 3　授業方法の基礎』（医学書院、2017 年）〔共編著〕、『大学の FD Q&A』（玉川大学出版部、2016 年）〔共編著〕、『シリーズ大学の教授法 3　アクティブラーニング』（玉川大学出版部、2015 年）〔編著〕などがある。

中井俊樹 教授　講演記録

1　意義ある学習とは

Google で「アクティブラーニング表紙」と検索すると、一部ではありますが、非常に多い書籍が出てきます。大事なのは、それらが誰向きに書かれたものなのか？ 研究者向けも一部あるのですが、「ラーニング」=「学習」なのに、その多くが教員向けのものです。単なる学習法というのではなく、教授法として広がっていると私たちも捉えるべきではないかと思います。

(1)　話題提供の目標

本日の話題提供は、3 つとさせていただきました。1 つ目は、アクティブラーニングの意義と課題を理解し、自分の言葉で説明することができる。2 つ目は、アクティブラーニングの基本的な方法や枠組みを自身の文脈で活用することができる。3 つ目は、アクティブラーニングに関する多様な考え方や経験を尊重し、参加者間で共に学び合う雰囲気に貢献する。

(2)　2つの形の授業と研修

まず、みなさんにお訊ねします。授業にしろ、研修にしろ、大きく分けて①講義法と②アクティブラーニングの 2 つの形態がありますが、簡単に言うと、学生が聞いて聞いて聞いて、教員が話して話して話して、というのが講義法です。一方で、アクティブラーニングは、それだけではなく、話をする、考える時間を与える、会話をしなさい、実践しなさい。さらに、研修だと明日からの行動を宣言しなさい、といったものが最近は増えている。中身次第ではありますが、みなさんは、どちらの方が学べると思いますか？

(3)　素材・道具・方法

今日いただいた時間で、このアクティブラーニングの話をしたいと思っています。そこへ入る前に、どういう学習を学生に望みたいのか？ それなしに教授法についての話はできないと思います。

教育というのは、料理とか音楽に例えられる事があります。料理で言いますと、よい食材とよい調理器具を用意して、よい調理方法で、美味しい料理ができます。食材が良くても調理の仕方が下手だと、残念ながら美味しい料理にはなりません。音楽も一緒です。

ここで大切なのは、料理や音楽は、道具や方法にこだわり、多少素材が悪くてもここでなんとかカバーすることができる。教育の場合は、多くの人がその内容を深く考え、あまり道具や方法については考えない。

教育というのは、非常にその内容が重要になってきます。しかし、よい授業にするには道具や方法を含めて考える必要があります。そもそも道具って何なのか？ パワーポイントも道具です。私がよく使っているものにホワイトボードシートがあります。何処の壁にもつけられホワイトボードの代わりにもなります。グループワークの成果をこれに書かせるとか、いろいろな使い方ができます。授業の内容も大事ですが、道具から考えてみるのも１つの方法ではないのかと思います。学習方法について、道具も含めて考えてもらいたいと思います。

■課題1　学生Aの授業の課題と改善策

■教員から提供される知識を批判的に吟味することなくノートに書きとめる。試験が近づくと、ひたすら暗記し、試験にのぞむ。試験が終了した後に、「おわった。もうこの分野について覚えなくていいんだ」とつぶやく。そして、１週間後には記憶した知識の大半を忘却する。

事例ですが、例えばみなさんが学生だった頃を思い出していただければと思います。試験の前は覚えたけど試験が終わると残念ながらその後は殆ど忘れてしまった、ということがよくありました。みなさんに聞いてみたいのですが、こうした学習に問題はあるのか、ないのか。これも大学教育で悪くないという人もいらっしゃるでしょうが、何かしら問題だと考えている人が大半だと思います。

それでは、この問題は誰に責任があるのか？ 学生に責任があるのか。教員が悪いと思っている人もいるかもしれません。せっかく高い授業料も払ってるのだから、どんな授業であっても学ばないと意味がないと論ずることもできます。多くの人が、学生が悪いかも知れないけど、教員にも責任があると考えていらっしゃる。

ここでみなさんに考えてもらいたいことが、「学生 A の授業の課題と改善策」。このような短期的な記憶のみを重視する学生を減らすためには、教員は授業の設計、方法、評価においてどのような工夫が必要でしょうか。テストの中身が悪いのか？ そもそも設計が悪いのか？ ワークシートを配付していますので、自分の考えを書くということをしていただきたいと思います。次にグループを作っていただき、これに対して教員にどうすべきなのかと話し合ってください。

こうしたグループワークから、テストのやり方や評価についての方法など、いろいろな側面から、授業改善につながっていくのでは、と思っています。

■課題2　学生Bの授業の課題と改善策

■受講している授業は、議論、フィールドワーク、学生の発表などさまざまな活動が盛りだくさん。活動が苦手な学生はそもそも履修しない選択科目であるためか、受講生の満足度は高い。しかし、授業終了時に「いろいろ活動して楽しかった。だけど、何が身についたのだろう」とつぶやく。

次の事例です。よく陥りやすい事例だと思います。授業での活動も楽しく、授業アンケートの満足度も高い。いろいろな活動があるが、それが学習にはつながってない。学生Bについて、みなさんがどう考えたかをお聞かせください。

活動が目的になっていて、本来は手段であることが目的になってしまっているので、その目的を伝えるべき、また、振り返りが大切であるなど、大切なことを2つ挙げてもらいました。

これらの事例ですが、授業がうまくいっているように見えます。学生Bでは、みな活動して何か楽しい、何か役に立ったと考えている。教員にとっては嬉しい感じですが、目標が達成できていない。そこにアクティブラーニングの陥りやすい罠があります。

2　アクティブラーニングを理解する

⑴　アクティブラーニングの定義

ここからはアクティブラーニングの話になるのですが、これは中央教育審議会の定義で、ここでは「能動的な学修」としています。また、ラーニングなのに「教授・学習法」と書かれている。どなたがこうされたか知りませんが、これにはなるほどと思いました。

⑵　アクティブラーニングの課題Ⅰ

アクティブラーニングには、いくつか課題があります。具体的には、①学習内容の量の課題、②活動が学習につながらない課題、③学生自体がアクティブラーニングをあまり好きではないという課題です。

③については、楽して卒業したい学生、慣れていない学生もいますが、ここまでアクティブラーニングが教育に取り入れられているのだから、そこは私たちが考えてうまくやるべきことでしょう。しかし、特別な配慮が必要な学生……障害のある学生、留学生などですが……これは他の支援や配慮が必要になってくると思います。

ちなみに学生の意見はこうなっています。

これはベネッセ教育研究開発センターの全国調査ですが、講義形式の授業が多い方がよいとするのが8割以上、演習形式が多い方が2割以下という結果になりました。あまり興味がなくても単位を楽にとれる授業がよい、が過半数います。

学生がこうであるという前提で授業をしていかなければならない。

課題としてあげれば、授業運営。学習課題をどう作っていくか。多様な意見の尊重だとか、学習成果の評価とかもありますね。グループワークでこの学生はフリーライダーかなと思った時の対応とかも。組織的な課題としては、カリキュラムから学習環境の整備、教育支援者の配置、研修の機会など、全体的な設計に関わるものがあります。

3　学習課題を組み立てる

⑴　学習課題と組み立ての条件

次は一番大切な学習課題についてふれていきます。学習課題とは、何をどのように学習するのかを教員が学生に示すもの、と考えていただければと思います。課題を組み立てるには教育内容の知識と教育方法の知識の両方が必要となります。

教育学を専門とする教員としては、課題を組み立てる方法などはいろいろと説明できますが、最終的な課題設定では専門分野の教員で考えてもらうしかないと思っています。

学習課題にはいくつかの条件があって、学習目標に沿っていること、学生の関心と能力に合っていることがあげられます。

⑵　魅力的な学習課題をつくる工夫

学習課題をどう作っていくか。私もいろいろな人から聞いていますが、それぞれに工夫されています。

まず、①単調（マンネリ）にならないようにしている。次に②本質的な問いに関連している。これは学問において中核的で、唯一の正解はなく、人生において繰り返させて思考を深める問い。これをうまく使って授業を構成したらよいと思います。その他、③特定の条件を設定する、④学生の生活と結びつける、⑤仮説を持たせるなどの工夫ができます。

⑶　本質な問いとその例

本質的な問いとその例についてですが、学習の領域における本質的な問いを中心に、授業全体を構成し、設計していく。それにより学習効果が上がり、継続的な理解につながると思います。

本質的な問いの例として「宇宙はどのように始まったのか」……このような問いだと小学生でも関心を持てるし、研究者としても関心が持てます。大きな問いを中心に授業を構成して行くことが大事です。

4　発問で思考を刺激する

⑴　問われると人は考える

ここで一つ、クイズをさせてください。これは食パンの包装紙についているプラスティックなのですが、この水色のプラスティックの名前を知っている方がおられますか？ これは「バッググロージャー」と言います。どうでもいい知識なのですが、問われると考えてしまうし、答えを知りたくなってしまう。みなさんもテレビ番組で、「答えはCMの後に」と言われると気になってしまいます。これはそのような心理が使われている。

もう一つ見て下さい。この大学がどこで、この教員が誰かわかりますか？ これは「ガリレオ」という映画のワンシーンで、教員は福山雅治さんです。設定はともかく、言いたいのは物理の先生に対して、「星の重さはどのように測定するのか？」という学生の質問です。

今回言いたいのは逆のことで、福山さん演じる物理学者が「星の重さはどのように測定するのか？」と、さきほどの学生が質問する問いを、教員から仕向ける。そう言われると考えますよね？ つまり、問われると人は考えるということ。これをうまく授業の中で活用できるかなと思っています。

教師の言葉は、昔から説明・発問・指示と言われています。大きくこの3つに分かれるということです。もちろん、それ以外にも褒めてあげるなど、いろいろなものがありますが、学習内容に関わることについては、この3つに大きく分けられる。

わかっている人がわかっていない人に問う。だから「質問」ではなくて「発問」ということになります。英語では、この2つに特段の違う言葉はありませんが、日本では質問と発問とを分けています。

自分なりの答えを見つけていく領域の教育がある。教職の授業であれば、「あなたはどのような教員になりたいですか？」これは大事な質問だと思いますが、答えは学生から引き出していくしかない。

⑵　発問の機能

発問の機能には、①学習意欲を喚起する、②重要な問題に対峙させる、③学習者の思考を焦点化させる、④学習者の思考を拡張させる、⑤学習者に問いをつくらせる、⑥学習者の学習状況を把握するなどがあります。

■課題3　1回の授業の発問数

ここでみなさんに1回の授業での発問の数について聞かせてください。参考までに小学校の授業は、1分1回とよく発問します。問いの数を増やすのも大事なのかと思います。

⑶　さまざまな種類の発問

基礎知識、比較、動機や原因、行動、因果関係、発展、仮説、優位順位、総括といった内容で、いろいろするとよいのではと思います。

①ソクラテス式問答法〜サンデル教授に学ぶ発問

例えば、ソクラテス式問答法。ソクラテス式問答法をうまく使っているのが、NHK で放送され、有名になった「ハーバード白熱教室」のマイケル・サンデル教授。彼は 1 千人いても双方向のコミュニケーションができます。彼が上手なのは問いかけなのです。特に導入の発問が非常にうまい。「自分の兄弟が万引きしているのを見つけたら、あなたは警察に通報するだろうか？」……通報しないといけないとわかっているが、兄弟を裏切るのはどうなのか？ など、いろいろな葛藤が生まれます。葛藤から自分が話したいことを伝えて行く。非常に発問に長けた先生だと思います。見ている限り、彼も 1 分に 1 回は発問しています。

5　経験を学習に変える経験学習を促す発問

リフレクティブ・サイクルというものがあります。これはよくできているモデルと思います。教員が発問を通して学生の経験を学習に変えていきます。

「何が起こったの？」（記述・描写）－「その時、あなたどう思った？」（感覚）－「何がよくて何が悪かったか？」（評価）－「こうなってしまった原因はなんだろう」（分析）－「今回の場合は、どうすればよかった？」（結論）－「次からはどうすればいいのか？」（アクションプラン）という順序で発問します。

6　学生を相互に学ばせる

⑴　学習形態の3類型

ここに紹介する学習形態の 3 種類のうち、①一斉学習は、クラス全員で同じことを学習する。講義がその一例。②協同学習は、グループで学習すること。少人数でのディスカッションが該当します。最後に③個別学習、一人ひとりで学習すること。例えば、自習や卒業研究になります。

人はマンネリに弱いので、この 3 つをどう組み合わせていくのかが大事です。

⑵　効果的な協同学習の条件

この学習形態の 3 類型のうち、アクティブラーニングに関係が深い、よい協同学習の条件としては、①互恵的な相互依存関係、②十分な相互交流、③明確な個人の責任、④社会的技能の活用。⑤活動の振り返り、があげられます。個人の役割が明確でないとフリーライダーを生んでしまいます。

座席の工夫の仕方にもいろいろとあります。例えば、アイランド型と分散型の違いなども実際にやってみるとわかります。議論を進めるためにも机は置かないことですね。

バズ学習は、小学校では使われている方法です。6人のグループ、6分間の議論で、全体で結論をまとめていくことから、6・6法ともいわれます。「バズ」というのは、蜂の羽音のことです。

シンク・ペア・シェア法は、まず一人で考えて次は二人組、共有の順番で議論させます。学生は恥ずかしいということもありますので、いきなり大きなハードルを立てるのではなく段階を踏んでいく。

7　まとめとふりかえり

■課題4　学習のふりかえり

最後に、みなさんとまとめと振り返りの授業を行いたいと思います。本日のこの時間で気づいたこと、考えたことをワークシートに書いてみましょう。

これまでアクティブラーニングについてお話してきたことをまとめたものが資料として配付されています。

アクティブラーニングには学び方を学ぶという側面があって、生涯学習社会の中では、こうした学び方は非常に大切なものと思います。

以上で、私の講演を終了させていただきます。どうもありがとうございました。

第4章　一人ひとりの力を引き出す“学生支援型IR”

—先駆的な取組の今までとこれから—

藤木　清

1　データを活用した教育改革

1　IR（インスティテューショナル・リサーチ）の普及

昨今、大学の中でさまざまな部局に散在していたデータを1カ所に集約し、大学の経営情報や教育活動のために活用しようとする動きが盛んになってきている。このような活動はIR（Institutional Research）と呼ばれ、IRで活用するデータはIRデータと呼ばれている。

米国で最初にIRが登場したのは、1924年のミネソタ大学といわれており、その後、1960年代に急速に拡大した。1965年には、IRの専門職協会であるAIR（Association for Institutional Research）が設立され、IR専門職の育成や学会活動が行われてきた。現在1500以上の機関が加盟している。

IRの機能は大きく分けて、①政府関係機関への報告（外部への公表情報）、②財務管理など大学の経営上の意思決定のための情報提供（経営に関する情報）、③学修成果の評価（教育に関する情報）の3つがあげられ、さらに、それぞれの機能の中で細分化されている。

IRが日本で広く知られるようになったのは2000年代に入ってからのことである。とくに、2002年の学校教育法の改正で、大学が自らの目的・目標に合致した教育研究活動を実践できているのかを自己点検・評価すると同時に、外部評価受審を義務づけられたことが普及の大きなきっかけになった。その後、2008年中央教育審議会答申『学士課程教育の構築に向けて』では、各大学が自らの教育理念と目標に基づき、学生の成長を実現する学習の場として学士課程教育を充実させることを強く求めている。また、それにともない、学生の学修成果の達成状況を評価することにより大学の質保証を充実させ、内外に公表することを求めている。

ここでいう学修成果とは、ある大学あるいは学部学科での学修の結果、学生が「何ができるようになったのか」ということである。これは、単なる知識の修得にとどまらず、答申の中で学士力として示されているような技術や態度志向性も含まれる。また、大学あるいは学部学科は、学生が達成すべき学修成果を評価可能な表現であらかじめ教育目標として示されることが重要である。

学生の学修成果を測定し、教育方法や学生支援方法を改善していくことは、高等教育全体の質の向上のためにも重要である。そのためには、個々の教員の教育改善の努力もさることながら、大学全体、あるいは学部学科全体として組織的に教育改善に取り組んでいく必要がある。その試みが学生の学修成果の達成のために有効かどうかを評価するためには、大学全体あるいは学部学科のデータを集約する機能として、IRの活用が重要となってくる。また、同答申によって、各大学が学位授与の方針(ディプロマ・ポリシー)や、それを実現するための教育課程編成・実施の方針(カリキュラム・ポリシー)、資質のある人物を選抜するための入学者受入方針(アドミッション・ポリシー)(以下、「三つの方針」という。)の明確化が求められ、それが適切に機能しているのかを点検・評価するために、IRの普及が大きく進むことになった。

さらに、2012年中央教育審議会答申『新たな未来を築くための大学教育の質的転換に向けて～生涯学び続け、主体的に考える力を育成する大学へ～』では、三つの方針の機能がより具体化され、「大学の学位授与の方針のもとで、学生に求められる能力をプログラムとしての学士課程教育を通じていかに育成するかを明示すること、プログラムの中で個々の授業科目が能力育成のどの部分を担うかの認識を担当教員間の議論を通じて共有し、他の授業科目と連携し関連し合いながら組織的な教育を展開すること、プログラム共通の考え方や尺度(アセスメント・ポリシー)に則った成果の評価、その結果をふまえたプログラムの改善・進化という一連の改革サイクルが機能する」

仕組みを各大学で確立することを求められた。

この答申のほか、教育再生実行会議等で示された新たな方向性に合致した先進的な取組を実施する大学を支援することを目的として、2014 年には文部科学省『大学教育再生加速プログラム』がスタートし、アクティブラーニングの実質化や学修成果の可視化の推進が図られている。

さらに、2016 年 3 月の学校教育法施行規則の改正により、全ての大学等において、その教育上の目的をふまえて、「三つの方針」を一体的に策定し、公表することが義務づけられた。しかしながら、2017 年中央教育審議会大学分科会将来構想部会『今後の高等教育の将来像の提示に向けた論点整理』では課題として、「各大学が三つの方針に基づく大学教育の質向上に向けた PDCA サイクルを適切に機能させるためには、学生の学修成果に関する情報を的確に把握・測定し（すなわち可視化し）、当該情報を各大学や学部等が取り組むべき目標の設定、目標と現状とのギャップの測定、目標の到達に向けた既存のカリキュラムや教育手法の見直し等に適切に活用することが必要である」ことを取り上げ、現時点では改革サイクルを確立が不十分であるとしている。

大学教育再生加速プログラムの取組効果もあり、学生が実際にどのような知識を身につけ、能力を修得したのかなどの成果を直接的あるいは間接的な評価方法を用いて確認している大学が増えつつある。しかしながら、アセスメント・ポリシーを策定し、教育課程や教育方法の見直しに至るプロセスまで構造化している大学はまだ少ないのが現状である。

2　学生支援型 IR のあゆみ

関西国際大学ではこれまで、このような流れに先んじて IR 活動に取り組んできた。1998 年の開学と同時に、全国初の「学習支援センター（現在は学修支援センター）」を設置し、学生の学びをサポートする体制を整備した。その後、初年次教育のためのプログラムの開発とそのアセスメントのための学生調査、ポートフォリオの導入、学びの到達度を確認する KUIS 学修ベンチマークの整備など、一人ひとりの学生が PDCA を回しながら力を着実に高められる仕組みづくりと、学修に関するデータを一元的に集積し、全学的な教育プログラムの改善や学修支援にフィードバックできる仕組みづくりに先駆的に取り組んできた（図Ⅲ -4-1）。

組織面では、2004 年に高等教育研究開発センターの下部組織として「評価室」が設置され、いち早くデータを活用した自己評価の取組を始めた。その後、評価室の高等教育研究開発センターからの独立を経て、2014 年に自己評価部門と IR 部門を擁する「評価センター」に組織変更が行われ、現在に至っている。自己評価部門は大学の自己点検・評価の企画運営を行い、IR 部門では学内の教学に関するデータの収集・分析・報告を行っている。

2009 年には、文部科学省「大学教育充実のための戦略的大学連携支援プログラム」に『データ主導による自律する学生の学び支援型の教育プログラムの構築と学習成果の測定』が選定され、比治山大学、神戸親和女子大学と

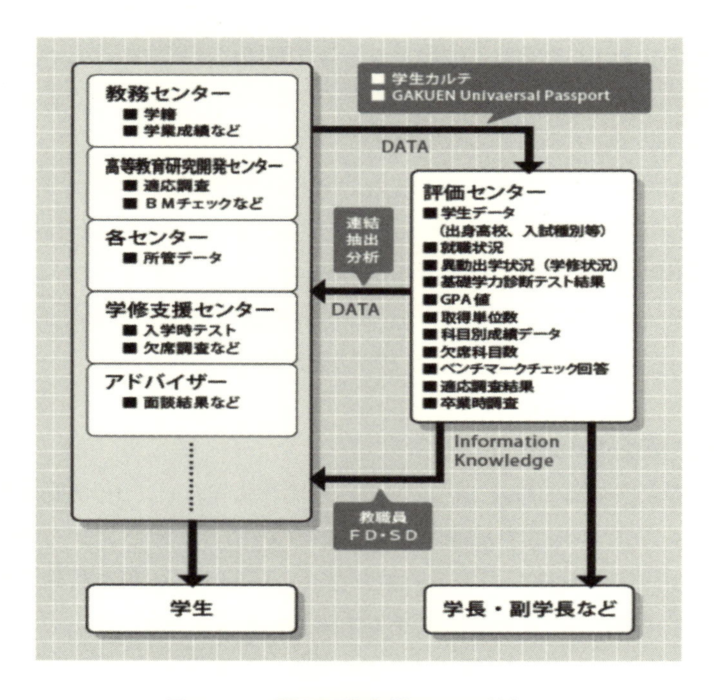

図Ⅲ-4-1　関西国際大学の IR の仕組み

ともに、学習支援に活用するための IR データを検討し、日本語運用能力テストや態度特性に関する尺度を開発した。現在でも入学時のテストや学生調査（適応過程に関する調査）に利用している。

このような関西国際大学が独自に進化させてきた「学生支援型 IR」の蓄積を生かし、2012 年には、本学が代表校となり、淑徳大学、北陸学院大学、くらしき作陽大学と連携した『主体的な学びのための教学マネジメントシステムの構築』（図Ⅲ-4-2）の取組をスタートした。文部科学省の「大学間連携共同教育推進事業」の選定を受けて、教育プログラムの充実や、学修成果の評価方法の開発などに取り組み、その成果を IR データとして活用している。

2013 年には「大学 IR コンソーシアム」（加盟校数：全国の国公私立 51 大学（2018

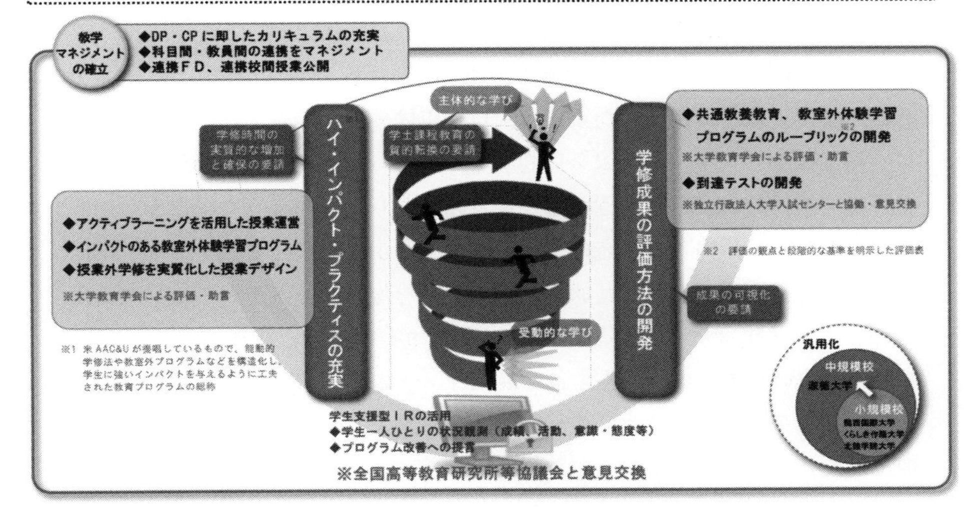

図Ⅲ-4-2　『主体的な学びのための教学マネジメントシステムの構築』の概要（再掲）

年 5 月現在)) に加盟し、授業での経験、学習時間、入学後の能力変化、満足度等に関する共通の学生調査を実施している。この調査では、加盟校全体の集計値と本学学生の集計値との比較分析を行い、課題の発見や施策の効果検証ならびに広報資料として活用している。

さらに、2016 年 5 月には前述の大学間連携共同教育推進事業の取組を継続展開するための受け皿として、一般社団法人学修評価・教育開発協議会を設立した。この協議会では、2017 年現在、企画調整委員会で全体の事業を調整し、入試開発委員会と IR 研究委員会のものとで新しい入試の開発や IR の共通分析による加盟校へのフィードバックについて検討を行っている。将来的には、加盟大学のデータを限定的に共有化し、各大学の視点でミクロレベルの分析を可能にするような仕組みづくりを検討している。

2　“関西国際大学モデル”　学生支援型 IR のアウトライン

1　多彩な学生データを駆使して教育の質を保証

まだ IR という概念が一般的ではなかった 2000 年代初め、関西国際大学における IR の取組が始まった。2004 年に高等教育研究開発センターの下部組織として設置され、その拠点となったのが「評価室 (後の評価センター)」である。まず、最初に手掛けた業務は、自己点検評価報告書を作成するために、各学部学科やセンターの取組を集約する作業だった。当時は、各部局・センターで何が行われ、どのようなことが課題となり、どのような成果が上がっているのかは、担当しない者にとっては全くわからなかった。そこで、部局目標設定評価シートという共通テンプレートを作成し、各部局・センターに依頼して、前年度に目標を設定し、年度末に実績と自己評価を記入してもらった。この仕組みは、現在では学内のシステムを活用し、自己点検・評価活動のみならず、部局・センターが参加する事業計画報告会の資料として、他部局間との計画調整にも活用されている。

その動きと並行して、学生一人ひとりのデータを活用した学生支援の取組も進んでいる。本学では、全国に先駆けて「学習支援センター (現在は「学修支援センター」)」を設置し、学習支援が必要な学生をサポートする仕組みを早い段階で構築していた。学生が自分の学習履歴を蓄積できる「ポートフォリオ」が導入され、アドバイザー教員が定期的にチェックできる体制を整えた。当初はA4サイズのリングファイルを使って、学生とアドバイザー教員がやりとりしていたが、2006年に電子化が行われ、「ｅポートフォリオ」へと進化した。

さらに、本学の学生が卒業時までに身につけるべき力・資質を定めた「KUIS学修ベンチマーク」と組み合わせ、学生一人ひとりが効率よく目標管理ができるようにした。半年に一度のリフレクション・デイを基点に、学生は過去半年間の「ふりかえり」とベンチマーク到達度のチェック、そして、次の半年間のベンチマーク項目を使った目標設定と活動計画をｅポートフォリオに入力する。そして、学期の途中では学修や経験についてｅポートフォリオに蓄積する。このように、ｅポートフォリオを活用することで、学生は日々の学びの中で、実践と検証、改善を繰り返すPDCAサイクルを回し、目標に近づけるようになっている（図Ⅲ-4-3）。

評価センターでは、ベンチマークチェックのデータを他の学生情報とあわ

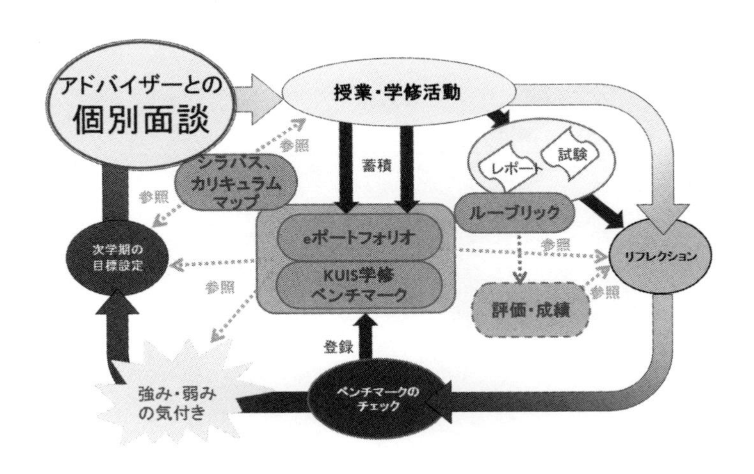

図Ⅲ-4-3　学生の学修に関するPDCAサイクル

せてデータベース化し、学生支援や教育改善のための現状分析、学部や大学レベルでの教育目標の達成状況の確認と教育改善に活用している。このように、直観や経験知ではなく、データの客観的な裏付けを根拠にした学生支援や大学運営は、教育の質を保証するために欠かせないものになっている。

2　アセスメント・プランの構築と IR の活用

前述の通り、学修成果を可視化するために直接的・間接的に評価を行っている。本学では、米国 AIR の Executive Director である Randy Swing 博士の助言・評価を経て、2015 年度末にアセスメント・プランを作成した。評価・測定の対象とするデータの種類・方法・時期について、大学（機関）レベル、学部・学科（学位プログラム）レベル、学生個人レベルの 3 層構造で定めようとしている。そのプランでは、現在のところ 4 種類の評価方法を設定している。1 つ目は、通常の総括テストおよびレポートなどによる各科目の成績

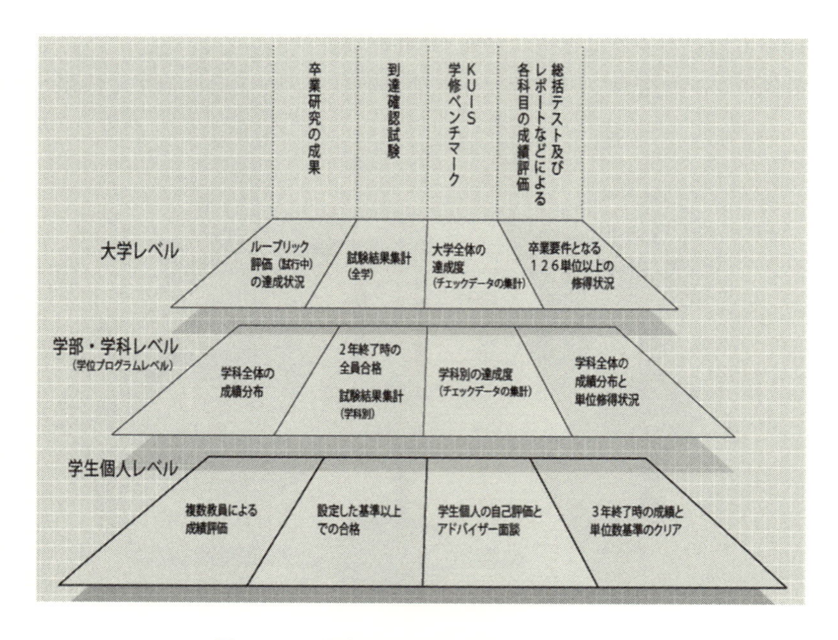

図Ⅲ-4-4　評価ツールと 3 つのレベル

評価である。2 つ目は、KUIS 学修ベンチマークに掲げる自律性、社会的貢献性、多様性理解、問題発見・解決力、コミュニケーションスキルを学生の間接評価（ベンチマークチェック）により行う。そして残りは、専門的知識・技能の活用力を、2 年終了時の到達確認試験および 4 年生の卒業論文で評価することとしている（**図Ⅲ-4-4**）。

現在、卒業論文を評価するためのルーブリック開発と、到達確認試験の問題と評価基準についての開発が高等教育開発センターが中心となって行われている。また、この 4 種類以外の学修成果の評価方法や、CP、AP の評価方法についても模索している。これらの評価データについても IR データとして活用していく予定である。

3　学生支援型 IR の活用事例

1　事例 1：学修支援への活用

2014 年度に実施した、評価センターで結合・抽出したデータを、学修支援センターが活用した事例を示す。

学修支援センターは 1998 年の開学と同時に設置（当時は、「学習支援センター」）され、学修支援室、メディアライブラリー（図書館）、メディアサポート室（学内ネットワーク管理）の 3 部門で構成する。このうち、学修支援室では、毎年入学時に前述の「大学教育充実のための戦略的大学連携支援プログラム」で開発した「日本語運用能力テスト」（10 分間・25 点満点）の実施により、学生の状況を把握し、学習指導に利用してきた。

また、通常の授業期間中には、毎学期欠席調査を実施している。全学生の出欠席状況を学修支援室で集約し、欠席回数が多い学生のリストがアドバイザー（クラス担任）に示される。アドバイザーは当該学生と面談を行って状況を確認し、学生指導を行うのである。

これまで、日本語運用能力テストによる学習指導と、欠席調査による学生指導は時期が異なることもあり、連動していなかった。今年度は、過去の日本語運用能力テスト結果と学籍移動のデータを連結して、日本語運用能力

日本語能力運用テストが 10 点以下の学生の出学率（退学・除籍）は X%、4 年後も在籍している（＝卒業が遅れている）割合は Y%となり、出学と卒業遅れの可能性は（X + Y）%である。逆に言えば、（1 − X − Y）%は 4 年間で卒業できている。しかし、そのうち 3 年修了時の GPA が 1.5 に満たない学生は、α%となる。		リスクは高いが、卒業はできる。だから、1 年春学期の折り返し以降に“きちんと出席する”“提出物は必ず出す”“期末のレポートやテストには、十分に準備時間をとる”など、頑張らなければならない。

図Ⅲ-4-5　アドバイザーの学生への助言の標準形

テストが 10 点以下である学生の標準修業年限卒業率等を分析し、アドバイザーに配付した。また、欠席調査による学生指導において、日本語運用能力テストが 10 点以下だった学生を対象に、「“授業にきちんと出席し”、“提出物は必ず出し”、“期末のレポートやテストに十分に準備時間をとれば”リスクは高いが卒業できる」といった助言の統一化を図った（図Ⅲ-4-5）。

これまで教員の経験や勘に頼っていた学生指導に対し、データに基づく根拠を示し、指導内容を全学で統一できた点は大きな成果であった。

2　事例 2：タイプ別学生指導の分析

大学の学業成績に影響する要因としては、基礎的な学力があげられる。ところが、必ずしも基礎的な学力が高くない学生が好成績を収めたり、基礎的な学力が高くても学業成績が低迷したりしている学生がいることも事実である。

そこで、入学時の基礎的な学力と学業成績を用いて、次の 4 タイプの分類を試みた（図Ⅲ -4-6）。

- type1　基礎的な学力が高く、学業成績もよい
- type2　基礎的な学力は低いが、学業成績はよい
- type3　基礎的な学力が低く、学業成績もよくない
- type4　基礎的な学力は高いが、学業成績はよくない

なお、基礎的な学力のデータは大学間連携事業のステークホルダーである

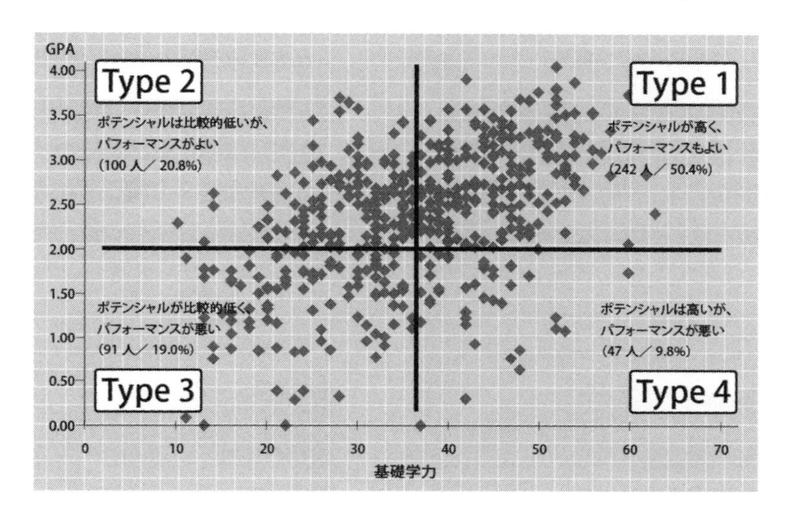

図Ⅲ-4-6　基礎学力と成績（GPA）による学生のタイプ分類

大学入試センターが開発した「言語運用力」と「数理分析力」、さらに「日本語運用力」のテストの合計点を使用した。また、学業成績は 1 年次終了時の累積 GPA を用いた。

これら 4 タイプについて、2003 年度から実施している「高等学校から大学への適応過程」をモニタリングする学生パネル調査（以下、「適応調査」という）の結果を分析した。この調査は初年次教育のアセスメント調査として、毎年継続して実施している。調査内容は、大学への適応、学習に関する技術や習慣、経験、意識・行動、活動時間、能力などがある。

その結果、type 1、2 は女子、type 3、4 は男子の割合が比較的多い。type 2 は自宅生の割合が高く、アルバイト等の時間が比較的少ない。type 3 は部活等にかける時間が多い。type 4 は課題や試験の準備に時間をかけず、行事・ボランティアに参加しない傾向があり、他者と協調・協働する力、知識と経験を総合化する力が比較的低いという傾向がみられた（図Ⅲ -4-7）。

これらの結果は、学業成績が低い学生にすべて同じ学修支援を行うのではなく、タイプにあわせて学修支援の内容を変える必要があることを示してい

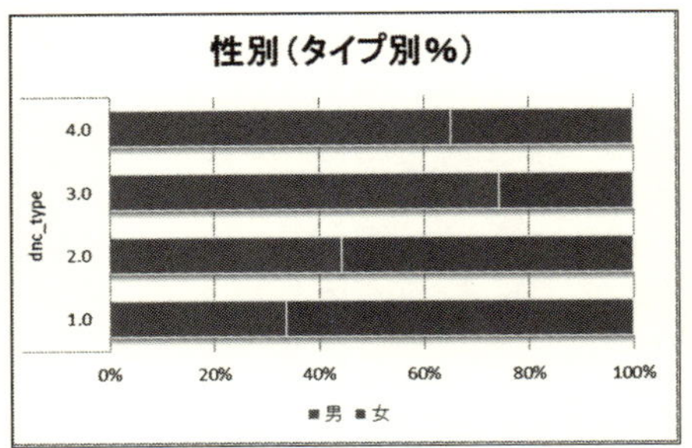

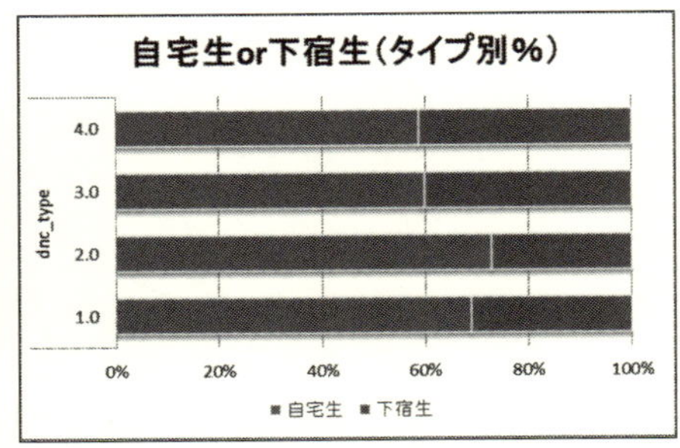

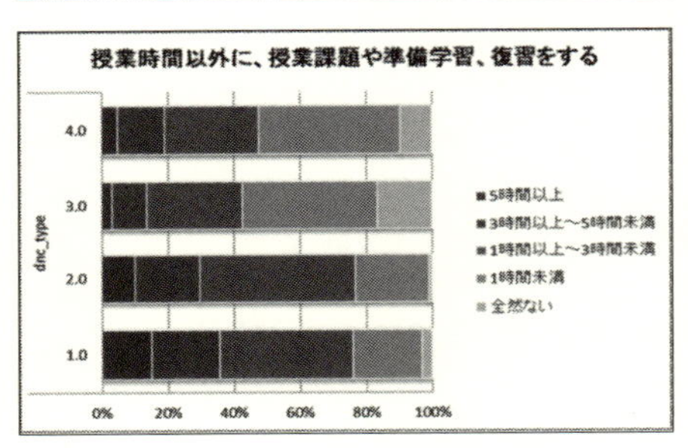

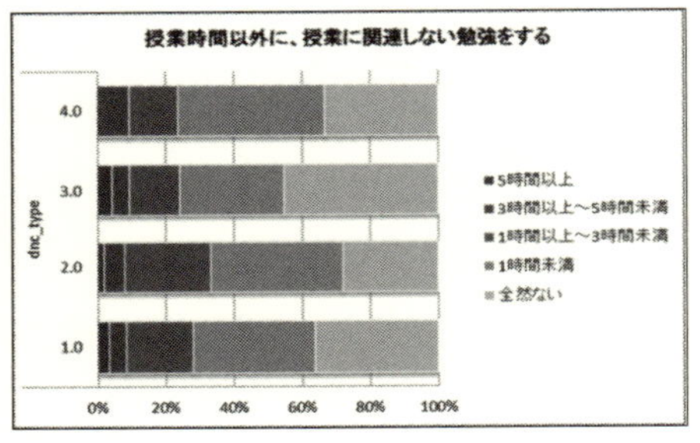

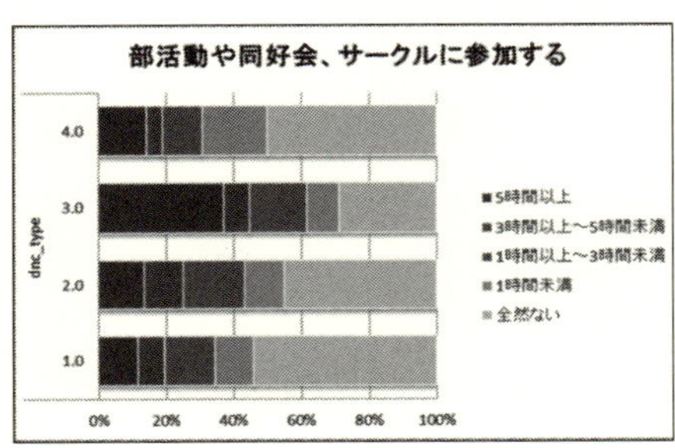

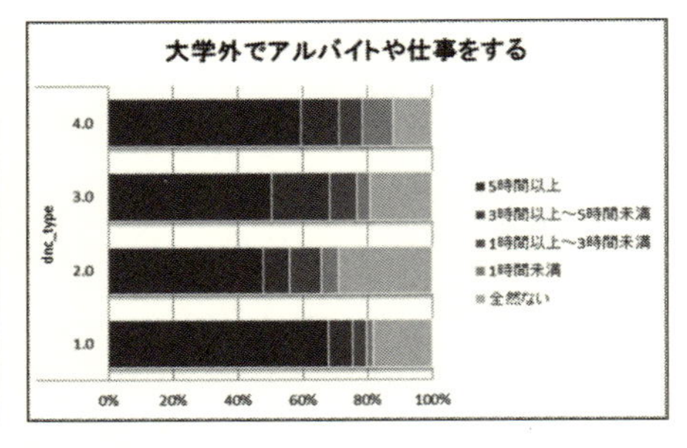

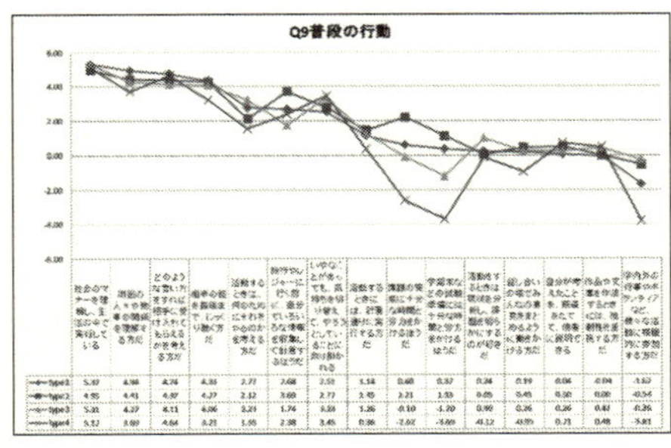

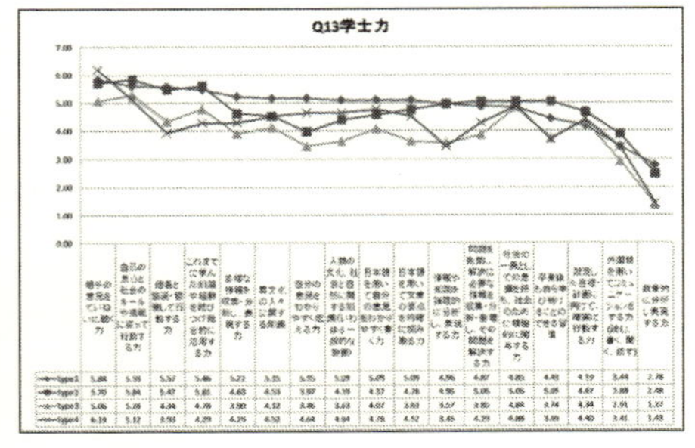

図Ⅲ-4-7　タイプ別の特性

る。今後、学修支援の方策について連携校と検討を重ねる必要がある。

4　広範なデータの活用でより強みを生かした教育へ

学生支援といえば、本学が独自にプログラムを開発し、今日までブラッシュアップを重ねてきた「初年次教育」も特筆すべき取組といえる。そもそものはじまりは、せっかく入学してきたのに大学にうまくなじめず中退に至ってしまう学生を減らそうと、「ノートの取り方」「レポートの書き方」といった基本的な学習技術を丁寧に伝える新入生向けのプログラムをつくったことである。当初は 90 分間の単発講座だったが、2002 年には必修科目化し、テキストとして「知へのステップ」（くろしお出版）も出版された。これが話題となり、今では多くの大学に教材として採用されている。今でこそ「初年

	ファイル名	内　容	収集開始年度	更新時期
1	学籍マスター	学生データ（所属、入学年度、出身高校等）、入試種別、評定平均	08年度生〜	リフレクションデー後更新（春、秋）
2	進路	就職状況データ（進路区分、決定の有無、内定時期、内定先）	08年度生〜	4月末 （前年度確定分）
3	異動出学状況 （学籍状況）	異動出学区分、出学年度、出学理由 （評価センターにて簡略分類したもの）	08年度生〜	リフレクションデー後更新（春、秋）
4	基礎学力診断テスト （学習支援センター）	日本語運用能力診断テスト素点 論理思考テスト素点	09年度生〜	6月（1年次） 10月（2年次以降）
5	GPA 履修単位数/修得単位数	累積GPA値（夏学期、冬学期終了時点） 学期別履修単位数/修得単位数	10年夏学期〜	リフレクションデー後更新
6	成績データ	科目別成績データ	10年冬学期〜	リフレクションデー後更新
7	欠席調査	欠席科目数（春学期、秋学期）	08年度生〜	7月（春学期分） 2月（秋学期分）
8	クラブデータ	強化クラブ所属データ	08年度生〜	5月末
9	ベンチマーク	ベンチマークチェック回答データ	09年度春〜	6月（春実施） 11月（秋実施）
10	大学への適応過程に関する調査 （適応調査）	調査票および回答データ（1年次生2回、上級生2回目のみ） ※統計的処理にて使用の場合のみ可	09年度秋〜	7月（1回目） 1月（2回目）
11	進路と学生生活に関する調査 （卒業時調査）	調査および回答データ（適応調査にキャリア関連の質問を加えたもの）、4年次生のみ対象。 ※統計的処理にて使用の場合のみ可	06年度生〜	2月
12	大学入試センター開発テスト	数理分析、言語運用テスト素点	13年度生〜	6月

図Ⅲ-4-8　IR データ一覧（2018 年 1 月現在）

次教育」はどの大学でも当たり前のように行われているが、国内では、本学が先鞭をつけた教育プログラムである。

こうした先駆的な取組の中で蓄積されてきたデータが、今日、IRデータとして課題の発見やプログラム評価に活用されている（**図Ⅲ-4-8**）。

近年では、前述の、4大学が連携して取り組んだ「主体的な学びのための教学マネジメントシステムの構築」事業や、「大学IRコンソーシアム」への参画を通じて収集したデータ**図Ⅲ-4-9**も加え、より俯瞰的に本学の強み・弱みを把握できるようになっている。その結果、本学の学生は数量的な分析・表現が弱い一方で、異文化理解や他者との共同作業、プレゼンテーションなどに強いという傾向がみえている。これらの分析と考察は、今後の入試改革や教育改善、キャリア支援にも役立てていきたいと考えている。

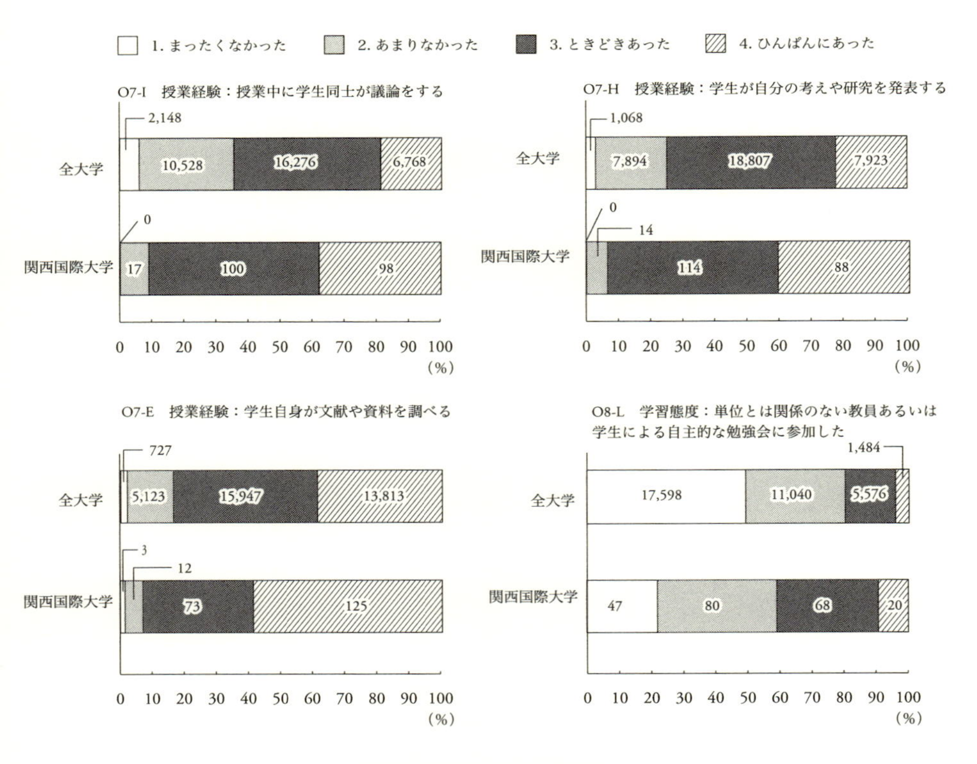

図Ⅲ-4-9　大学IRコンソ学生調査結果（抜粋、再掲）

IR 先進地の米国では、学生の学習履歴だけでなく、卒業後の進路も含めた生涯的なデータベースを構築している大学があり、学生がロールモデルとなる卒業生に直接アクセスしてアドバイスを受けられるという例もある。最終的にはこのように、世代を超えて IR でつながる仕組みを構築していきたい。

参考文献

笠原千絵「学修成果の評価方法とルーブリックの活用―アメリカの高等教育団体と大学におけるインタビュー調査から―」関西国際大学研究紀要第 12 号、37-46 頁、2011

川嶋太津夫「ラーニング・アウトカムズを重視した大学教育改革の国際的動向と我が国への示唆」名古屋高等教育研究 8、173-191 頁、2009

渋井進他「学習成果に係る標準指標の設定へ向けた検討：国立大学法人評価における評価結果報告書の分析から」大学評価・学位研究第 13 号、3-18 頁、2012

藤木清他「ルーブリックの組織的導入と活用について」大学教育学会誌第 237 巻第 2 号、101-106 頁、2015

吉田文「大学生の学習成果の測定をめぐるアメリカの動向」山田礼子編著『大学教育を科学する：学生の教育評価の国際比較』東信堂、2009

Volkwein, J. F., “The Structure and Functions of Institutional Research Offices” in Howard, Richard D. et al. ed., *The Handbook of Institutional Research*, John Wiley & Sons, 2012

第Ⅳ部　「大学ブランディング構築に向けて」（2017～2018年）

第１章　アジア地域とのパートナー戦略の展開
Asian Cooperative Program（ACP）　越山泰子・伊藤　創
第２章　安全・安心社会をリードする関西国際大学の取組と展望　齋藤富雄

濱名学院第２次中期計画に基づき、大学ブランディング構築を目指し、「安全・安心」をキーコンセプトとした全学的な取組が開始。

第1章　アジア地域とのパートナー戦略の展開

Asian Cooperative Program（ACP）

越山泰子
伊藤　創

1　はじめに

関西国際大学（以下、「本学」）は、「世界的視野に立ち、人間愛にあふれ、創造性豊かで行動力のある人間の育成をめざし、知性あふれる学問の場である」ことを教育理念として掲げてきた。さらにはこれらの人間育成像に加えて、大学教育における国際化が広く求められる時代に突入し、本学でも在籍中一度は海外プログラムに参加するグローバルスタディ（以降「GS」）を必修化し、さまざまな地域や活動や調査を行う短期海外プログラム、海外の協定校で半年から1年間学ぶ交換留学、海外の企業や教育機関で就労体験をする海外インターンシップなどを通して、「国際大学」の名にふさわしいアカデミックな学修経験を在学者に提供するべく、海外の大学との交流を活発化させる努力が行われている。

国際的な視野に基づいた教育環境の充実をめざす中、キャンパスのグローバル化をより促進させるために、本学はアジア、中でも東南アジアに着目している。ベトナム、インドネシア、フィリピンなどの東南アジア諸国は、日本からのODAもあり経済成長率6%と目覚ましい。2010年までの過去30年間においても、日本の直接投資額は約30倍、資源額が約2.2倍になるなど、日本と東南アジア諸国との結びつきは深まっている。今後ますます日本、とくにその地理的条件から関西地域との結びつきが強くなると予想されるこれらの地域との教育提携を通しての国際的な学びを展開させることによって、日本や海外において将来的に活躍ができるだけでなく、ひいてはわが国の持続的な発展に貢献できる人材を育成するための一層の努力の必要がある。

一方、日本は過去にさまざまな災害に見舞われ、それを乗りこえてきた。本学が位置する兵庫県でも1995年に阪神淡路大震災が起こり、近隣の地域を含めて未曾有の被害を受けたが、高い技術力のみならず人々の知恵や結束でそれを乗りこえてきたという歴史がある。今後ますますの発展が期待される東南アジア地域においても、さまざまな自然災害や人的災害が発生した場合、その社会や経済の発展にともない、快適な生活を取り戻すために犯罪、健康、福祉などの面における対策や支援に関するノウハウの構築が求められるようになってきている。これらのニーズに応えるためにも、さまざまな地域の大学とこれまで日本やその他の国々が経験してきた問題や課題について情報を共有し、さらには組織、民間、企業などの取組について学び、研究することによってスペシャリストを育成することは必要不可欠であるといえよう。

このような状況の中、東南アジアの人々とコミュニケーションをとりながら協働して「安全・安心」をマネジメントできるグローバル人材の育成はこれからのアジアにとって重要であることはいうまでもない。この構想は、新しく考案されたものであるというよりは、開学以来アジア・太平洋地域とのつながりを重要視してきた本学の基本方針をより明確化したものであるというべきかもしれない。

2　Asian Cooperative Program（ACP）構想

グローバル化時代にふさわしい人材を育成するという国際化ビジョンの具体案として、本学は「セーフティマネジメント人材育成のためのAsian Cooperative Program（以下、「ACP」）構想を立ち上げた。ACPの目的は、「安全・安心」な社会を築くために、本学、および東南アジアの学生が自らのキャンパスだけでなく、国や地域をこえたさまざまなキャンパスで学ぶことのできるボーダレスな教育環境を設定することとされた。具体的には、本学におけるセーフティマネジメントに関するこれまでの蓄積をベースに教室での学習

図Ⅳ-1-1　ACP 加盟大学

や体験学習を加えることによって共通のコア・カリキュラムを複数の海外の大学と作成し、教育内容、教育方法を共通化することによって、本学、および海外協定校の学生が、自分の所属大学だけでなく他の協定校でもセーフティマネジメントについて学ぶことができるような環境を整えることをめざす。

まずは、ACP の実現に向けての第 1 歩として、東南アジア ASEAN5 か国（インドネシア、タイ、マレーシア、ベトナム、フィリピン）の有力大学 13 校（現在は、14 校）とグローバルネットワーク（国際コンソーシアム）を組織した。参加校の多くは東南アジアのトップ大学であり、タイのタマサート大学、インドネシアのガジャマダ大学、フィリピンのフィリピン大学ディリマン校など、それぞれの国を代表する大学といっても過言ではない大学も含まれる（図Ⅳ-1-1）。

3　ACP の活動

1　第 1 回 ACP 会議

2014 年 11 月 3 日、マレーシアのクアラルンプール郊外にあるマネジメント＆サイエンス大学（MSU）において、東南アジアを代表する有力大学が集まった。参加大学は以下のとおりである。

関西国際大学（KUIS）－日本
マネジメント＆サイエンス大学（MSU）－ マレーシア
ウタラ・マレーシア大学（UUM）－マレーシア
トゥンク・アブドゥル・ラーマン大学（UTAR）－マレーシア
インターナショナル・イスラミック大学（IIUM）－マレーシア
ランプン大学（UNILA）－インドネシア
バンドゥン工科大学（ITB）－インドネシア
ブラウィジャヤ大学（UB）－インドネシア
タマサート大学（TU）－タイ
フィリピン大学ディリマン校（UPD）－フィリピン

最初に、呼びかけを行った関西国際大学を代表して、本学濱名篤学長が日本における過去の経験をふまえながら日本と東南アジアの諸大学が協力してこれからの時代にアジアで求められる「安全・安心」な社会をめざすセーフティマネジメントのコンセプトについての基調講演を行った。それに引き続いて、賛同する参加大学によってACPネットワーク（コンソーシアム）が結成され、ACPの会長には濱名篤学長が、副会長にはMSUのダト・ウィラ・ドクター・モハメッド・シュクリ・アブ・ヤジャド学長が選出され、以下の項目について参加大学が共同していく趣旨の同意書が締結された。

1）短期の学生交換プログラムの実施
2）インターンシップの促進
3）短期の海外プログラムの実施
4）ダブル／ジョイント・ディグリーの設置
5）学生が相互に行き来するための情報やリソースの共有
6）カリキュラムや教材に関する情報の共有

図Ⅳ-1-2　第1回ACP会議

7) 共同研究、共同授業、国際シンポジウムの実施
8) 参加大学の継続的で国際的なビジネスにつながる教育の促進

さらに、これらの目的を具体的に実現していくために4つの委員会（コミッティ）が結成された。4つの委員会が連携を組みながら、それぞれに特化した分野において計画の立案と実行方法を提案し、セーフティマネジメントに関するコンセプトを共有しながら「安全・安心」な社会を実現していくために協力していくこととなった。4つの委員会と役割は次のとおりである（カッコ内はチェアを務める大学）。

1) コア・カリキュラム

セーフティマネジメントに焦点をあてた一般教養科目のカリキュラムの共同作成（タマサート大学）

2) オフキャンパスプログラム

加盟大学間の学生を対象に実施する英語を公用語とした学外プログラムの実施（マネジメント＆サイエンス大学）

3) 共同研究

セーフティマネジメントに関する研究プロジェクトを立ち上げ、大学間での共同研究の実施（バンドゥン大学）

4) 評価

加盟大学におけるセーフティマネジメントに関する学修の成果の評価方法の共同開発（関西国際大学）

会議の終わりにあたっては、第2回ACP会議を開催することを決定し、それまでに各委員会で個別の擦り合わせを行いながら準備を進めるということに合意した。

「安全・安心」で共通課程

関西国際大、5カ国12大と協定

地震などの災害に直面するもの同士、「安全・安心」をテーマにプログラムの共有を――。そう考えた関西国際大学（兵庫県三木市、濱名篤学長）が東南アジアの大学に呼びかけ、今月末までに5カ国12大と協定を結ぶ。教員と学生が国をまたいで移動し講義を共有。単位や学位を出す。

参加するのは、ベトナムのダナン大、フィリピン大セブ校、インドネシアのガジャマダ大など各国のトップ大。

例えば、関西国際大が災害心理学や犯罪科学などを英語で講義し、他国の学生も受講する。各国の大学教員が学生を連れて同大に来て自国の犯罪の現状を英語で講義し、日本の学生も受講する。

日本の学生は各国の大学で社会貢献や体験活動に参加。東日本大震災で効果を発揮した岩手県釜石市の防災教育の絵本やマップをつくる計画もある。2～3週間から1年単位のプログラムを用意する。

協定は、濱名学長が呼びかけた。アジアの大学の会議に参加するなかで、日本が災害を乗り越え、安全・安心を追求する国として注目されていると知った。東南アジアはスマトラ沖地震・津波（2004年）やフィリピンの台風（13年）など災害に見舞われている。

三木市には、三木総合防災公園や県の広域防災センターがある。それらを活用し、犯罪対策や企業の危機管理、食の安全なども含めたカリキュラムを共同開発しようと考えた。

「安全・安心は命に直結し、各国共通の課題。経営や心理、地域学など多様なアプローチができる」と濱名学長。「学生には英語力やコミュニケーション力、課題発見・解決力を磨いてほしい」と話す。交換留学や奨学金、共同学位の制度も整えたいという。

（編集委員・氏岡真弓）

図Ⅳ-1-3　ACPについての新聞記事
(朝日新聞2014年9月5日朝刊34ページ)

2　第1回ACPオフキャンパスプログラム（GSインドネシア）

ACPの委員会の1つであるACPオフキャンパスプログラムの第1弾として、本学のGSを発展させる形で、2015年3月1日～11日にガジャマダ大学との共同でプログラムを実施した。インドネシアのジョグジャカルタは、これまでもムラピ山火山大噴火やジャワ島地震など、大災害に見舞われてき

図Ⅳ-1-4　インドネシアで実施されたACPオフキャンパスプログラムの様子

たが、災害後の盗難や略奪、暴力行為に対しては抑止のための対策が取られていなかった。その観点からみると、日本の阪神・淡路大震災や東日本大震災後も犯罪発生率は低かったが、それには地域の安全活動が効果を発揮していると言われる。これをふまえて、本プログラムの目的は、インドネシアにおける災害発生時の犯罪抑止につながる地域試験調査を行うことであった。

このプログラムには、本学から11名、ガジャマダ大学から12名の学生が参加した。本学からの参加者は英語力が十分でない学生もいたが、ガジャマダ大学の学生のサポートもあり、2週間で会話や作業がかなりできるようになった。調査の課題であったセーフティマネジメントの視点からは、以下のような興味深い報告がされている。

> インドネシアの住民が考える安全と、日本人が考える安全が大きく異なり、死ぬことを運命として受け入れる土壌があるため、日本基準の安全を持ち込むことが難しく、安全について概念を共有するための着眼点を探すことが必要だと思われた（一部抜粋）

今回のプログラムは日本人とインドネシア人の学生のみの参加となったが、調査をより多面的に実施していくためにも、多国籍の学生から構成されるプログラムの実施が将来的に求められるという指摘もグローバル教育センターや担当教員からなされた。

3　第 2 回 ACP 会議

2015 年 5 月 28 日に関西国際大学尼崎キャンパスにおいて、第 2 回 ACP 会議が実施された。参加大学は、本学、マネジメント＆サイエンス大学（マレーシア）、タマサート大学（タイ）、ダナン大学（ベトナム）、フィリピン大学ディリマン校（フィリピン）、ランプン大学（インドネシア）であった。冒頭の ACP 会長である濱名学長の開会のあいさつに続いて、一般社団法人 ABEST（Alliance of Business Education and Scholarship for Tomorrow）理事長の伊藤文雄氏によるあいさつ、さらには当時兵庫県国際交流協会理事長であった齋藤富雄氏（現本学副学長）による基調講演「社会は防災・減災のために何をすべきか―阪神・淡路大震災の教訓を活かす」が行われた。

会議では、第 1 回会議で立ち上げられた 4 つの委員会からの報告もされた。コア・カリキュラム委員会からは、ショートプログラムから徐々にサーティフィケート（修了書）プログラム、ひいてはジョイント・ディグリーに発展させるという長期的な計画の重要性が提案された。加えて、より具体的なものにしていくために、コアとして発展開講できそうな授業を大学間でリストして共通科目として設定していくことも提案された。オフキャンパスプログラム委員会からは、先だって 3 月に実施されたプレ・パイロットプログラムの

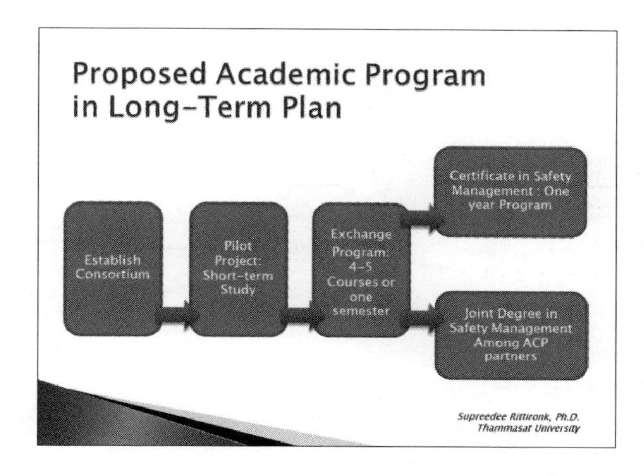

図IV-1-5　コア・カリキュラム委員会による長期的な ACP アカデミックプログラムの展開案

実施状況について報告がされた。その際には、単に活動自体の紹介だけでなく、実際の活動に関するふりかえりの方法や評価についても言及された。共同研究委員会からは、マレーシア政府の資金獲得の提案がされ、本学も協力していく意志を表明した。研究活動に関しては、公的機関や私企業から補助金を得ることが必要であることは確認されたが、参加大学それぞれの環境や背景もあり全体として共通する関心事をテーマとしてあげる必要性も指摘された。評価委員会からは、ACP 関連のプログラムの評価に関しての提案がされ、具体的なルーブリックの原案等も数多く示され、積極的な議論が交わされた。このことから、次回の ACP 会議においても評価に関するセッションを設けることにもつながった。

会議2日目である5月29日に、本学の三木キャンパスと「人と防災未来センター」「兵庫県広域防災センター」への視察も実施され、施設での説明や、実際に地震や防災体験にも参加した。参加者にはメディアからの取材要請もあるなど、本学にも参加大学にも有意義な会議となった。

(左)図Ⅳ-1-6
第 2 回 ACP 会議代表者、防災センター訪問
(上)図Ⅳ-1-7
ACP について特集された学内機関誌『KUIS キャンパスニュース』

4　第 2 回 ACP オフキャンパスプログラム (GS マレーシア)

第 3 回 ACP 会議に先立ち、2016 年 2 月 21 日から 2 週間の日程で 2 回目となる ACP オフキャンパスプログラム (GS マレーシア) を実施した。関西国際大学の学生 9 人は ACP 会議での発表に向け、クアラルンプールで ACP 加盟大学のマネジメント&サイエンス大学 (MSU) の学生 15 人と共に、マレーシアでの「防災の社会的備え」についての講義を受講し、MSU の教員や学生とディスカッションを行った。また、現地調査として実際にマレーシアの実状視察および、被害・被災者への対応の実地調査・復旧ボランティア参加なども行い、わが国で培われた知識や経験を活用しながら、災害を中心とした社会問題について多民族間における災害時の備えの違いについて討論を行った。

5　第3回ACP会議

GSマレーシアに引き続き、第3回ACP会議が、日本と東南アジア4カ国の9大学が参加する中、「防災を学ぶ学外授業科目とその有効性の評価方法」のテーマのもとに、2016（平成28）年3月7日（月）にマレーシアのクアラルンプール郊外にあるMSUで開催された。

まず、ホスト校MSUのシュクリ・アブ・ヤジド学長があいさつし、グローバル化、多様化、流動化が進む今日の社会においては日本や東南アジアの国が協力して、このような課題に応える高等教育を展開していく必要があることを述べた。その一例として、関西国際大学とMSUの学生が協力して取り組んだオフキャンパスプログラムは、協力してどのようなプログラムができるかの1つの事例であると述べた。その上で、ACP加盟大学が今後さらなる発展を遂げるためには、①大学としてのコミットメント、②リソース（人、もの、金）をどこから得るか、そして③ルーブリック、評価、カリキュラムなどの共通化という課題に取り組んでいかなければならないことにも触れた。

続いて、濱名学長がACP会長校として、①これまでのACP活動の成果の確認、②高等教育の学修成果についての近年の進歩と動向の理解促進、③パイロット教室外学習プログラムの報告と評価、④ACPの今後に向けての計画の共有について説明し、サーティフィケートプログラム実現のための取組への提言を行った。また、2016年度には関西国際大学がタイのタマサート大学およびマレーシアのUUMとそれぞれに協力して2つのオフキャンパスプログラムを実施することも提案した。

基調講演者であるAssociation of American Colleges & Universities（AAC & U）のスーザン・アルバタイン博士からは、同協会が開発したVLUEループリックの説明やそのグローバルラーニングへの活用を実例も交えて講演があり、その後、各大学からいろいろな質問がされた。これを機会に濱名会長より、ACPとしてアメリカのAAC & Uに加入し、各大学が個別に加入しなくても必要な情報を入手できるようにしてはどうかとの提案も行った結果、加盟す

図Ⅳ-1-8
第 3 回 ACP 会議（上）、AAC & U スーザン・アルバタイン博士の講演（下）

ることが承認された。

その後、オフキャンパスプログラム、評価、コア・カリキュラムに関する委員会報告があり、タマサート大学と本学がプログラム開発を行っていくことが決定した。コア・カリキュラム開発にはランプン大学も参画したい旨の申し出があった。

会議に先立って行われた ACP オフキャンパスプログラム（GS マレーシア）で、KUIS と MSU の学生は 4 グループに分かれて実際にマレーシアの実状視察および、被害・被災者への対応の実地調査・復旧ボランティア参加なども行い、その結果についてプレゼンテーションを行った。そのうち評価が高

図Ⅳ-1-9　KUISとMSUの学生による共同発表

かった2グループがACP会議の事例発表の一環としてACP加盟大学の学長や代表の前で再度プレゼンテーションを行った。プレゼンテーションはすべて英語で行われた。また、学生のプレゼンテーションを対象としてルーブリックを使って各大学の教授達が実際に評価を行い、それに対して、アルバタイン博士がコメントしながら、ルーブリックの実際の利用方法について説明するとともに、教授たちとさまざまな角度からの質疑応答を行った。最後にもっとも優秀なグループが表彰され、すべてのプログラムが終了した。

6　第3回ACPオフキャンパスプログラム（第1回多国籍プログラム）

第3回ACP会議がマレーシアで終了してすぐ後に、今度は日本の関西国際大学において2016年3月8日から22日まで災害からの復興をテーマに「多国籍プログラム」を実施した（本学のGSとしてのプログラムではないため、この名称で区別するが、本学以外のACP参加大学にとっては、「ACPオフキャンパスプログラム」の1つという位置付けである）。このプログラムには、東南アジアのACP加盟大学から23名（ランプン大学14名、ガジャマダ大学1名、ベトナム国家大学ホーチミン市人文社会科学大学2名、ダナン大学2名、ウタラ・マレーシア大学2名、マネジメント＆サイエンス大学 2 名）の学生が参加した。

参加者は、河内紳吾国際復興プラットフォーム上席復興専門官、池田誠アジア防災センター研究員、兵庫県国際交流協会の齋藤富雄客員教授（当時、現在は本学副学長）、兵庫県災害医療センター畑山幸三氏、人と防災未来センター研究部長村田昌彦氏（現在本学教授）、兵庫県広域防災センター防災教育専門員田中健一氏、NPO まち・コミュニケーション代表宮定章氏などさまざまな分野の専門家の講義を聞くとともに、阪神・淡路大震災被災地、兵庫県広域防災センター、JICA 関西、三木市役所などを視察し、地域レベルでは公的対応（公助、防災機関）の限界から災害を乗りこえるためのコミュニティの防災意識、防災力の向上の必要性、また国際レベルでは、国際復興支援プラットフォーム（IRP）が国連機関、世界銀行、アジア防災センター棟と連携して展開する復興に関する知識、人材育成などについても学ぶ機会を得た。

7　第 4 回 ACP オフキャンパスプログラム（GS タイ）

これまでに述べてきた第 1 回から第 3 回までの ACP 会議、および、パイロットプログラムから始まった ACP オフキャンパスプログラムとしての GS によって、おおよその ACP の実施基盤、テンプレートと呼ぶべき形が形成されてきた。すなわち、本学の GS プログラムに、ACP 参加大学からの学生を受け入れ、GS を多国籍化したものが、ACP オフキャンパスプログラムとなり、このプログラムの最終日に、ACP 会議を実施、今後の ACP 構想のさらなる発展、また実施中のプログラムの評価を、ACP 会議参加者によって行う、という形である。ACP オフキャンパスプログラムは、ACP 参加大学が順にホスト大学となり、各大学の強みを生かした形で、プログラムを実施する。

上記の流れに沿う形で、2016 年夏（8 月 27 日～9 月 10 日）にも、ACP オフキャンパスプログラムとして GS タイが行われた。このプログラムも、日本人学生と ACP 参加大学の学生が協働する多国籍プログラムであり、タイにおける「安全・安心」への備えについて学び、それぞれの出身国との比較を通じて、グローバル人材として求められる多様性への理解を身につけることを目的としたものである。

表Ⅳ -1-1　ACP オフキャンパスプログラム（GS タイ）プログラム内容

date		schedule	
		AM	PM
8/27	Sat	KUIS students departure 11:45	Arrival 15:35
8/28	Sun	KUIS: see around university	ACP university students arrival
8/29	Mon	Program overview/ orientation	Icebreaking /group work welcome party
8/30	Tue	Lecture 1：Water Management and Flooding Disaster in Thailand	Discussion /reflection
8/31	Wed	Lecture 2：Environment Disaster and Management	Discussion /reflection
9/1	Thu	Field work 2：Bang Krachao Trip	
9/2	Fri	Lecture 3：Safety in Engineering	Discussion /reflection
9/3	Sat	Field work：Amphawa Village（river side village）	
9/4	Sun		
9/5	Mon	Field work：visit elementary school	Discussion /reflection
9/6	Tue	Prepare for presentation	Prepare for presentation
9/7	Wed	Prepare for presentation	Prepare for presentation
9/8	Thu	ACP conference	Presentation / reception
9/9	Fri	Free	Leave Bangkok 23:30 (KUIS stundents)
9/10	Sat	arrive KIX airport 07:00	

タイにおいては、急激な都市化と地球温暖化による集中豪雨により、地すべり災害・水害が多発している。それらの災害への備えについてはタイ国内においてもその必要性が認識されているが、住民レベルでの備えは十分ではなく、災害による被害が繰り返されているのが現状である。こうした現状に鑑み、同プログラムではタイのバンコク中心部に位置するタマサート大学を中心として、同様の被害が発生している東南アジア諸国の協定校の学生とともに、災害時の備えの違いについて行政および住民を対象としたフィールドワークを展開し、国際比較を行った。また、事前対策、早期警戒、早期避難、被災低減化についてわが国で培われた知識や経験を活かし、それぞれの国での新たな対策に向けた提案を各国の学生とともに作成することを最終目的として設定した。

現地活動では、本学学生25名に加えて、「ACPコンソーシアム」の協定大学から12名（タイ・タマサート大学から4名（同大学に留学中のバングラディッシュの学生1名含む）、インドネシア・ガジャマダ大学1名／ランプン大学5名、ミャンマー・ヤンゴン大学2名）の大所帯での活動になった。下記は、現地活動のスケジュールである。

受け入れ大学であるタマサート大学の防災分野を専門とする3人の教授から、タイの洪水被害、またその対策などについて講義を受け、基本的な知識を得ながら、多国籍のグループで同講義について、また、それぞれの国で自分たちに何ができるか等議論を重ねた。

1回目の講義では、2011年のタイの洪水被害についてその被害と対策の基本的情報をとくに建築学の立場から概観された（講師 Dr. Pawinee Lamtrakul　タイトル「Water Management and Flooding Disaster in Thailand」）。

2回目の講義では、同災害の対策にあたって政治的な対立がその妨げになったこと、また各省庁の連携がうまくなされず、異なった警報が国民に出されるなどして、対策が大きく遅れたことなどについて学んだ（講師 Dr. Tavida Kamolvej　タイトル「Environmental Disaster and Management」）。

3回目の講義では、自然災害から少し離れて、工場や工事現場などでのリスクマネジメントを中心に、人的災害について学んだ（講師：Dr. Naris Jaroenpon　タイトル「Safety in Engineering」）。

こうした防災にかかわる知識を得ると同時に、フィールドワークによって、実際に洪水被害の現場に訪れ、いかにタイの人々の生活が河川、水と密接にかかわっているかについて水上マーケットなどを訪れながら学びを深めた。

各グループは、それぞれの講義、活動の後に必ずその日に学んだことについてグループでリフレクション、ディスカッションを3時間ずつ行った。活動の総まとめとして、下記の項目について、全グループが発表を行った（この発表内容はタマサート大学の国際交流センター長の提案に基づいている）。

1）What did we learn from ACP Bangkok 2016 ?

2）What does Asia need to do implement safety management ?

表IV-1-2　プレゼンテーションルーブリック

	5	4	3	2	1	0
Clarifying arguments	Arguments or main points are very clear, well organized and very impressive.	Arguments or main points are well organized and clear enough.	Arguments or main points are organized, and easy to understand.	To some extent, arguments or main points are organized, so they are understandable, yet some parts still need to be improved.	Arguments or main points are not well indicated, and not easy to understand.	Arguments or main points are unclear, and not understandable.
Logical sequence	Introduction to conclusion is structured in effective way, and its logic is coherent and convincing.	Introduction to conclusion is structured, following the basic parts of presentation (introduction, body and conclusion), and its logic is coherent and understandable.	Process to conclusion is structured following the basic parts of presentation (introduction, body and conclusion)	There is logical presentation sequence, yet its order or structure needs to be improved.	Difficult to follow the presentation because it is disorganized	There is no sequence of information.
Support data, proper documentation/citation	Provides adequate information from reliable sources to effectively support ideas.	Provides adequate information from reliable sources to appropriately support ideas	Provides information/data to support ideas in a correct way.	Provides information/data to support ideas, and the choice of information is appropriate or correct to some extent.	Provides some information/data to support ideas, but not related, also the sources are unclear.	Fails to provide information/data to support ideas.
Delivery	Choice of words and expressions are effectively used. Tone, speed and use of fillers are carefully considered which contribute to effective presentation.	Choice of words and expressions are correctly used as well as tone, speed and use of fillers	Seldom use of incorrect choice of and expressions. Tone, speed and use of fillers are good.	Sometimes choice of words and expressions are incorrectly used. Tone, speed and use of fillers need to be improved.	There are mistakes in the choice of words and expressions. Tone, speed and use of fillers need to be improved.	Use of wrong choice of words and expressions is frequently evident. Voice is not clear and presentation is monotonous
Eye contact, body language, attire	Effective use of eye contact. Effective body language, posture, and attire, which contribute to attractive presentation.	Eye contact to audience is established, seldom returning to notes. Body language, posture, and attire are good enough for the presentation.	Eye contact is used, but often returning to script. Body language, posture, and attire are appropriate for the presentation.	Eye contact is sometimes established, but frequently returning to script. Body language, posture need improvement.	Eye contact is rarely established, reading most of script. Body language, posture and attire are not good for the presentation.	No eye contact, reading the entire script all the time. Body language, posture and attire are not appropriate for the presentation.

同発表の評価は、ヤンゴン大学から本プログラムに同行していただいた4名の教授陣、本学の学長、グローバル教育センター長をはじめ教員7名を中心に、**表IV-1-2** に示す本学のプレゼンテーションルーブリックを用いて行った。

プレゼンテーションの評価が高かった上位2グループは、第4回ACP会議の場にて最終発表を行い、最優秀グループが選出された。

活動中の講義はすべて英語で行われ、宿泊施設でも、ACP大学からの学生は日本人の学生と部屋で寝食をともにした。また活動中も多国籍の学生で構成されたグループで行動を義務づけることで、コミュニケーションは英語で行う必要があった。また活動中に4回行ったプレゼンテーションもすべて英語で行った。比較的英語に慣れている英語教育学科の学生であってもかなりの負担であり、とくに講義については、(教員からも日本語で内容を噛み砕いて補足を行ったが) かなり高度な内容であったため、理解不足の点も少なからずあったものと思われる。

しかし、多くの苦労があった一方で、宿泊施設におけるイスラム教徒である学生の祈りの実践を目の当たりにし、ハラール食を提供する飲食店をともに探すなどさまざまな文化に直接触れる機会を得た。また、リフレクション、議論の際にも、多くの考え方の違いに戸惑いながら、同時にその魅力にも気づきを得ることができたものと思われる。また「安心・安全」を共通のキーワードに、英語で伝えられない困難を感じながらも数多くの議論を重ねることで、さまざまな文化や価値観の存在とその違いについて学び、タイだけでなく、インドネシアやミャンマー、バングラディッシュといった多様な国についての学習への関心を高めることができた。そのような中、参加学生の日本人学生 2 名は、長期の留学を視野に入れるようになる（その後、実際に 2017 年から両名とも半年間の留学が決定する）など、学生の進路の検討にも肯定的で積極的な影響を与えたことが示された。

8　第 4 回 ACP 会議

上記プログラムの代表者によるプレゼンテーションは、2016 年 9 月 8 日にタイのタマサート大学ランジット校で開催された第 4 回 ACP 会議において行われた。同会議は、タマサート大学の国際会議場で行われ、ホスト校のタマサート大学をはじめインドネシアのランプン大学、マレーシアの北マレーシア大学、ミャンマーのヤンゴン大学が参加した。

会議の前半では、「安全・安心」をテーマとした取組として、ACP 会長校である本学の濱名篤学長が防災や防犯に関するサーティフィケート（履修証明）プログラムの共同開発や各大学での実施方法などをふまえた資格認証プログラムの可能性についてプレゼンテーションを行い、今後の ACP の展開の可能性について活発な議論がなされた。

ACP におけるサーティフィケートプログラムは、共同開発に関心がある大学がそれぞれの知識やノウハウをもち寄って共同カリキュラムを開発し、各国の歴史や風土、地形や気象条件などに基づいて生じる個別の防災課題やオフキャンパスプログラムを組み合わせ、構成して実施しようとする試みであり、第4回会議では、タマサート大学、ランプン大学、北マレーシア大学、ヤンゴン大学と本学の5国5大学が参加意思を表明し、今後具体的な作業を行っていくことが合意された。

また、ACPの新たな展開を推進するため、①サーティフィケートプログラム、②オフキャンパスプログラム、③防災等「安全・安心」をテーマとした授業科目の共通科目化、および④アジア版ルーブリック開発の4分野にかかる共同グループをつくることが決定された。

④のルーブリック開発の最初のステップとして、上記表IV-1-2に示した関西国際大学のプレゼンテーションルーブリックを用いて会議参加大学の代表者が学生の発表を評価し、評価のすり合わせであるカリブレーション活動を行い、今後のルーブリックの発展の方向性が議論された。

9　第5回ACPオフキャンパスプログラム（GSマレーシア）

2017年2月には、第6回目となるACPオフキャンパスプログラムとしてのGSマレーシアがウタラ・マレーシア大学で行われた。マレーシア北部においては集中豪雨による水害が多発し、とくに開発途上の地域で大きな被害が報告されており、マレーシア政府や地域行政が対策を行っているが、住民の防災意識は高いとはいえず、大雨が発生するたびに被害が繰り返されているのが現状である。こうした現状をふまえ、同プログラムではACPコンソーシアムの学生が各国の防災に対する意識の違いを明らかにし、地域行政に対する提言を行うことを目的として2014年の大水害被災地であるクランタン州の被災地調査を展開した。下記はプログラムの内容である（本学の参加学生は、下記のプログラムに加えて、5日間の英語力強化のプログラムをウタラ・マレーシア大学から提供頂き、現地でのコミュニケーション活動の準備を行っている）。

同プログラムの調査結果は、最終日に設定されたウタラ・マレーシア大学での第5回ACP会議において代表者グループによって発表された。前回の第4回ACP会議において、プレゼンテーションだけでなく、リサーチ内容を評価するルーブリックを用いることの必要性を指摘されたことを受け、発表の評価は、下記のリサーチルーブリックも併用して行われた。リサーチ

表Ⅳ-1-3　第 5 回 ACP オフキャンパスプログラム（GS マレーシア）プログラム内容

		AM	PM
2/20	Mon	Program overview	Ice breaking / orientation
2/21	Tue	Lecture 1 (by UUM faculty 1)	Group discussion / Reflection
2/22	Wed	Leave to Mareek Urai for field trip/ research	Field trip/research (at Mareek Urai) Reflection (stay in Mareek Urai)
2/23	Thu	Field trip /research (at Mareek Urai) (stay at Mareek Urai)	
2/24	Fri	Field trip /research (at Mareek Urai)	Return to UUM
2/25	Sat	Free	
2/26	Sun	Lecture 2 (by UUM faculty 2)	Group discussion reflection (for Lecture and Field trip)
2/27	Mon	Preparation for presentation for ACP conference	Finalizing presentation for ACP conference
2/28	Tue	The 5th ACP Conference (Student Presentation) / Farewell Party	

表Ⅳ-1-4　リサーチルーブリック（ACP 用縮約版）

	3	2	1	0
Research Topic	feasible research topic is clearly stated, research items/hypothesis for which are also clearly stated.	feasible research topic is stated, research items/hypothesis for which are also clearly stated.	research topic is stated, but research items/hypothesis for which are not clearly stated.	research topic is not stated, research items/hypothesis for which are neither stated.
Analysis	research findings are connected and clearly stated, considered from various perspectives such as their similarities, differences, rules, patterns etc.	research findings are connected and clearly stated, considered from the perspectives such as their similarities, differences, rules, patterns etc.	Some research findings are stated, though they are not connected.	research findings are not stated
Conclusion	describes and explains research results, with the expertise previously learnt.	describes and explains research results, with the things previously learnt.	describes research results, which are, however, not connected to the things previously learnt.	Does not describe research results, things previously learnt is not made use of.

ルーブリックによる評価では、発表者のプレゼンテーションのスキルという個人差に左右されず、また、評価者の間での評価のずれも少ないことなど、今後の ACP でのルーブリック開発において大きな示唆を得ることとなった。

10　第5回 ACP 会議

上記発表の舞台となった第5回 ACP 会議は、2017 年 2 月 28 日にマレーシアのウタラ・マレーシア大学で開催された。同大学のホテルに併設された会場で行われた会議には、本学およびホスト校のウタラ・マレーシア大学のほか、同じくマレーシアのマネジメント&サイエンス大学、インドネシアのランプン大学の代表者が出席した。午前中に行われた会議では、ACP 会長校である本学の濱名篤学長が防災に関するサーティフィケート（履修証明）プログラムの先行事例として先の GS マレーシアのプログラム紹介を行い、各大学での実施方法などについて提案を行った。

サーティフィケートプログラムは、**図Ⅳ-1-10** に示すように、個別の「安全・安心」に関する課題やオフキャンパスプログラムを組み合わせて構成し、実施しようとする試み（Global Action Learning）であり、その実施の枠組みの第一歩として**図Ⅳ-1-11** が提案された。

11　第6回 ACP オフキャンパスプログラム（GS インドネシア）

2017 年度も上記 Global Action Learning 構想の中で、現在の核となっている「防災」分野のオフキャンパスプログラムとしての GS が、インドネシアのランプン大学をホスト大学として開催された。インドネシアでは、地震、津波、火山、森林火災、水害、土砂災害など、さまざまな自然災害が多発しており、災害への備えの必要性について認識の高まりがみられ、また、環境問題に対しても巨大なプランテーションの農場での廃棄物再利用や持続可能性をめざす取組が行われている。同プログラムでは、日本、インドネシア、マレーシア、フィリピンの 4 カ国から集まった学生は地震や津波への備え、リサイクリングシステムなど、防災・減災や環境に関する基本的な知識を習得し、同国ランプン州にある世界最大規模のパイナップル工場 Great Giant

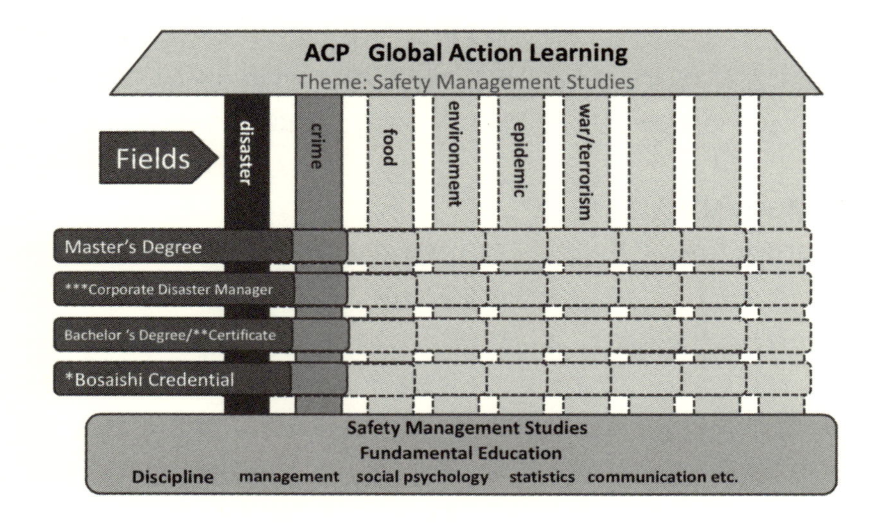

図Ⅳ-1-10　サーティフィケートプログラム構想

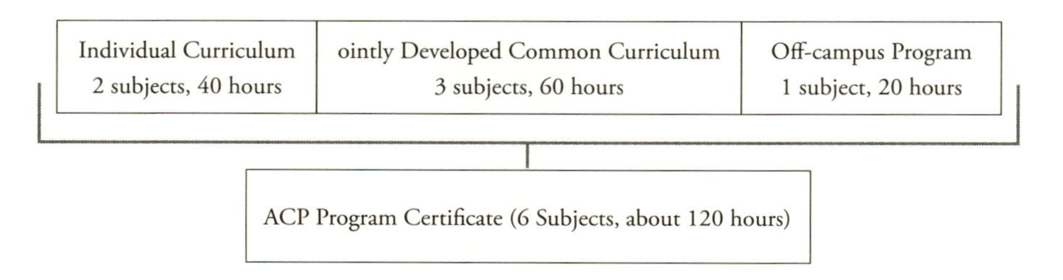

図Ⅳ-1-11　サーティフィケートプログラム実施の枠組み

Pineapple（GGPC）においてコンポストやメタンガスのプラント等を視察し、廃棄物再利用の具体事例を学んだ。また、1994年に大規模な地震災害に見舞われたランプン州のリワ（Liwa）市を訪れ、多くの被災地住民に当時の災害の状況や復旧・復興活動などについてインタビュー調査を行った。これらの視察・調査結果をもとに、多国籍で構成されたグループごとに議論し、防災・減災という観点から持続可能な社会の構築にむけての提言が行われた。

図IV-1-12　第6回ACPオフキャンパスプログラム（GSインドネシア）における講義風景

12　第6回ACP会議

第6回を迎えるACP会議は、上記オフキャンパスプログラムのホスト校であるインドネシアのランプン大学で開催された。同会議では、インドネシア国家防災庁のRaditya Jati氏による同国の自然災害の現状、また同国の防災組織の発展、同庁の取組等についての基調講演が行われた。

基調講演に続き、ACP議長である本学の濱名学長がセーフティマネジメントに焦点を当てたACPのこれまでの歩みを確認し、今後の活動を発展させるための具体的プロセスとして、「サーティフィケートプログラムの段階的発展構想」ならびに、「現在計画中の関西国際大学とウタラ・マレーシア大学（UUM、マレーシア）とのサーティフィケートプログラムのカリキュラム」、またこれまでに100名近い学生が参加してきたACPオフキャンパスプログラムについての説明を行った。

さらに日本の学校教育改革に関する解説が行われたほか、議長大学である本学の組織改革についても紹介がなされた。

その後全体討論が行われ、下記の内容について確認、合意がなされた。

1）　各国の小中学校において、防災訓練や避難訓練は実施されているものの、「教育」としては取り組まれていないことから、防災を教育に取り込んでいく必要性がある。したがって防災教育を進める教員の養成が焦眉の課題である。日本では教員免許更新の中で防災を教育する機会がある一方、現状ではそうした機会が得られない国もあり、今後、各国が「どう教員養成をするか」を研究課題として取り組む。

2)　次回の ACP 会議では、学校防災教育推進のための教員養成の取組について、研究成果を発表し合う場を設ける。今後、ACP 会議をこれまでの 1 日から、1.5 日程度に拡充し、会議だけではなく、研究者が成果を発表し合う場を設ける。

3)　今回のオフキャンパスプログラムで視察、インタビュー活動を実施したリワ市長が日本の防災対策について関心が強いことから、ランプン大学と同市長が本学を訪問し、三木や神戸の防災体制を視察する機会を作る方針で調整する。

4)　履修認証プログラムの実施に向けて、インドネシアから日本への教員の派遣について、検討を始める。

その後、共通履修プログラム推進に向けた合意覚書 (MOA) の調印式が開催され、本学の濱名学長とランプン大学の Mahatma Kufepaksi 副学長が調印し、最後に、第 7 回 ACP 会議は、2019 年 2 月に本学を会場として開催されることが確認された。

4　おわりに

以上、本章では、アジア地域とのパートナー戦略として、本学が議長国となって進める「セーフティマネジメント人材育成のための Asian Cooperative Program」のこれまでの歩みについて、ACP オフキャンパスプログラム[1]、および ACP 会議の内容を中心に報告を行った。これまでも本学は、「国際大学」として、常に新しい時代の要請に応える形で、とくにアジアを軸とした国際的社会において活躍できる人材の育成を行ってきた。その中で、2014

図Ⅳ-1-13　共通履修プログラム推進に向けた合意覚書（MOA）の調印の様子

年に立ち上げられたこのACPは、グローバル化時代にふさわしい人材を育成するという国際化ビジョンの具体案となるものであり、とくにACPオフキャンパスプログラムは、これまで本学がもっとも力をいれてきた学修プログラムの1つであるグローバルスタディが、これまでの知見やノウハウが新た形で結実したものといえる。

冒頭でも述べたように、このプログラムは、本学および東南アジアの学生が自らのキャンパスだけでなく、国や地域をこえたさまざまなキャンパスで学ぶことのできるボーダレスな教育環境を設定するものである。現在までにマレーシア、インドネシア、タイ、日本とさまざまな場所で、異なった背景をもつ学生、そして教員が協働することで異文化に対する理解を深め、国際的視野を獲得してきたが、今後は東アジア、また北米などにもそのネットワークを広げ、より一層拡充を図ることが期待される。

さらなるネットワークの拡充のために、またACP構想が共通サーティフィケート、あるいはダブルディグリーといった発展を遂げるためには、ACP会議で数多くの議論が重ねられてきたように、共通のコア・カリキュラムを複数の海外の大学と作成し、教育内容、教育方法を共通化することによって、本学、および海外協定校の学生が、自らの所属大学だけでなく他の協定校でもセーフティマネジメントについて学ぶことができるような環境を整えることが必要である。そのために核となるのは、カリキュラムや評価方法が異なる各国大学の参加学生の評価であるが、これまでのACPオフキャンパスプログラムにおいて試行錯誤を繰り返しながらも、ルーブリックを用いた公平かつ信頼性のある評価方法が確立されてきた。これらの評価を用いて、各大学がそれぞれの教育体系と整合をたもった形でプログラムを取り込み、その単位の認定を行うことが可能となり、今後ACPはますますの発展が期待される。

またACPオフキャンパスも、現在は本学のGSプログラムにACP参加大学からの学生を受け入れ、GSを多国籍化したものが基本の実施形態となっているが、今後はACP参加大学が、ホスト校となる各大学の強みを生かした形で（本学のGSとはまた異なった形態で）実施され、そのバリエーションが増える（例えば、プログラムをより長期化したり、「防災」以外でのセーフティマネジメントにかかわるプログラムが実施されたりといった）ことも期待される。

グローバル化が加速の一途を辿り、多様化、複雑化がますます進む社会においては、グローバルな視野に立った教養と専門知識・技術を状況に応じ総合的に活用することができる人物の育成はさらにその重要性を増しており、また、あらゆる職業において要求される専門知識や技術の水準が高まっている中で、学生が自らの将来を明確に意識し、より専門性の高い学びに従事することは不可欠となってきている。こうした社会状況にあって、グローバル人材として社会に羽ばたくことを入学当初から意識し、卒業まで一貫して高いコミュニケーション力と幅広い教養、深い専門知識の獲得に打ち込める環境を提供していくために、ACP構想が、本学の教育力の原動力として、また本学が提供する教育プログラム全体における根幹としてさらなる発展を遂げることを祈念して本報告の結びとしたい。

注

1　第2回多国籍プログラムは、本原稿の執筆中（2018年3月）に行われたため報告は割愛した。

第2章　安全・安心社会をリードする関西国際大学の取組と展望

齋藤富雄

1　はじめに―関西国際大学建学の精神と安全・安心教育

関西国際大学（以下「本学」）の設立母体である学校法人濱名学院は、1950年（昭和25年）第二次世界大戦後の世相混乱の中、「復興は教育、特に幼児教育にあり」との創設者濱名ミサヲ女史の強い信念のもと、私財を投げうっての幼稚園建設に歴史が始まった。以来、「人の心を受け入れる姿勢とおもいやりの精神こそ根本精神」であるとして、「以愛為園」すなわち「愛を以って園と為す」を基本の精神とした教育事業が実践されてきた。この「以愛為園」こそ、阪神・淡路大震災以降に芽生えた、現代社会の希求する「多様な人間や価値観を尊重しあい、相互に理解でき、安全で安心できるコミュニティづくり」の意味するところでもあった。

大震災から3年後の1998年（平成10年）に開学した本学は、この「以愛為園」の実践を通じて、被災地（三木市、尼崎市）にあって、教育復興に大きな役割を果たしてきたのである。県都神戸市の背後地三木キャンパスでは、大震災直後から兵庫県が防災拠点として整備を進めてきた「兵庫県広域防災センター」などと連携した防災学習や研究を実施した。また、人口・都市機能が集中し、市内の大半が海抜0m地帯である尼崎市内に位置するキャンパスでは、予想される南海トラフ地震での津波被害への対応についての教育研究の推進など、このように両キャンパスの立地環境を最大限に活かした安全・安心教育研究に力を注いできた。

2　大自然の脅威からの学びと安全・安心教育への期待

1　阪神・淡路大震災からの学び

1995 年（平成 7 年）1 月 17 日午前 5 時 46 分、震度 7 の激震が神戸阪神、淡路地域を襲った。人口・都市機能が集中し、高齢化が進む近代都市を直撃した直下型地震により、多くの尊い命が失われ、平穏な暮らしや住みなれた美しい街並みが一瞬のうちに奪い去られた。この地には大きな地震はないとの誤った「安全神話」に洗脳され、地震災害に対する備えを怠っていた行政も市民も、未曽有の被害を目の当たりにして、自然の猛威をあらためて認識し、防災・減災の重要性を思い知った。

阪神・淡路大震災（以下、「大震災」）は、眠っていた我が国の防災体制充実への意識を目覚めさせたといわれている。地震災害に対する警戒心が失われ、安全・安心意識が希薄化していた社会に警鐘を鳴らし、安全・安心社会づくりへの関心を高める契機となったのである。同時に、防災教育をはじめとする安全・安心教育の果たす役割や、安全・安心な社会づくりのための人材育成のあり方が問われた大震災でもあった。

大震災までの防災教育は、正直、十分なものではなかった。**図Ⅳ-2-1** に

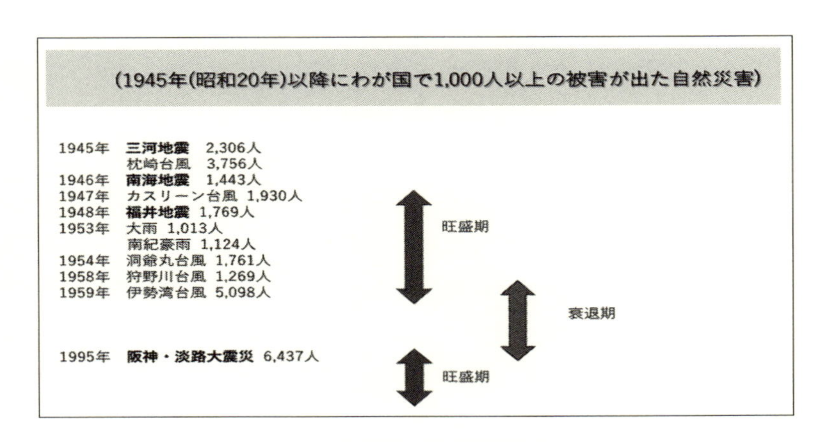

図Ⅳ -2-1 災害の発生と防災教育の盛衰

示すように、自然災害が多発した終戦直後の時期では防災教育が盛んに行われ、1947年（昭和22年）に作成された最初の指導要領では、第8学年社会科のなかで「自然の災害を出来るだけ軽減するにはどうすればよいか（文部省, 1947）」「社会や政府は、生命財産の保護についてどういうことをしているか（文部省, 1947）」という単元まであった。しかしその後、大災害が少ない時期が続いたことにより、自然災害に対しての社会の関心も低下し、いつしか防災に関する記述が指導要領から減少していったのである。

そのような環境のもとでの防災教育の内容は、理科教育で地震の発生メカニズムを教え、体育教育のなかで身の安全を守る知識を教えるなど、知識習得に偏重したものであった。

大震災後、この教育が反省され、新しく防災教育として重視されたのは、**図Ⅳ-2-2**のように、大震災の教訓を活かし「自助共助の大切さ」、「いのちの大切さ」を学び、「人としての生き方を考える力」を養う教育であった。

自然災害のみならず、引きこもり、いじめ、暴力など教育を取り巻く環境もふまえて、命を大切にするという安全・安心教育が現代を生き抜くもっとも基本的教育であるとして、被災地を中心に新たな防災教育が広まっていっ

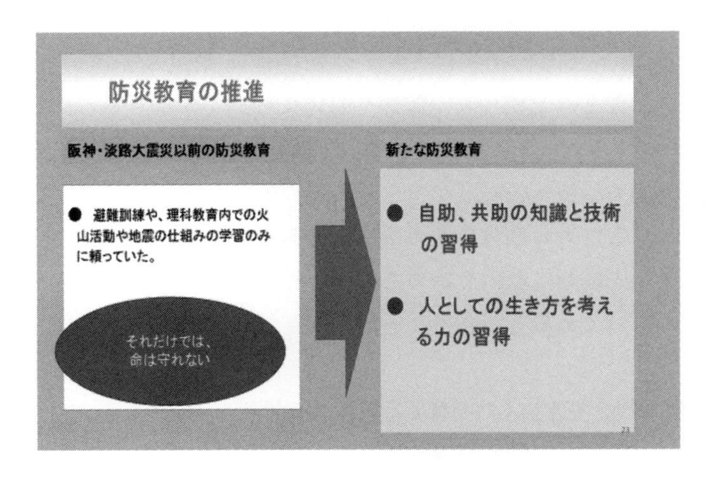

図Ⅳ-2-2　大震災後の防災教育

たのである。

2　東日本大震災からの学び

2011年（平成23年）3月11日、宮城県沖を震源とし、大津波（津波高10 m以上、最大遡上高40.1 m）をともなうマグニチュード9.0の大地震による「東日本大震災」が発生した。この地震により、岩手・宮城・福島県を中心に1都1道10県の広範囲の地域に被害が発生し、死者・行方不明者が18,000人にもおよび、わが国における観測史上最大の地震災害となった。学校現場での被害も大きく、多くの児童生徒が犠牲となり、防災教育充実の必要性が再び唱えられたのである。これを受けて政府は、2012年（平成24年）4月「学校の安全推進に関する計画」を閣議決定し、「防災」を教科と位置づけるなど安全について系統的に指導できる時間を確保することを決定した。だが、2014年（平成25年）11月、中央教育審議会学校安全部会は「教科などへの位置づけについて、引き続き検討」として、震災直後に高まった防災教育の教科化を先送りしたのである。教科化については教育時間の確保、指導者不足の課題など多くの課題があることも現実であるが、「いのちを大切にする教育」は災害多発環境の中でますます重要性を増し、児童生徒に生き抜く力を養う防災教育の充実がさらに必要となっていくことは間違いない。

そのような中、文部科学省は「大学の教員養成課程の必須科目のなかで、災害発生時などの学校の安全確保や対応について学ばせる」方針を決め、2019年度（平成31年度）より導入するとした。

大規模な地震や津波への対応ができる教員の養成を図り、児童生徒の生命や安全を確保するための教育を進めることを明らかにしたのである。これはまさに、本学が先進的に取組を始めた、高等教育における防災人材の育成と軌を一にするものであるといえる。

3　災害多発時代を生き抜く力を育てる教育への期待

地震活動は平穏期と活動期を繰り返している。阪神・淡路大震災以降、わが国は地震が多発する活動期に入ったといわれている。1995年以降最大震度7以上の地震発生は、鳥取県西部地震（2000年）、新潟県中部地震（2004年）、東日本大震災（2011年）、熊本地震（2016年）とほぼ5年間隔で発生している。

しかも、私たちを襲う自然の脅威は地震だけではない。地球環境の変化にともない、台風、豪雨、豪雪、突風、竜巻、火山噴火、大寒波など多岐にわたる自然災害が、その威力を増して各地で多発している。まさしく、自然災害多発時代を生き抜く力こそが現代の基礎教養として求められているのである。

4　海外協定校などからの期待

本学では特色ある教育方針として、全校生に在学中のグローバルスタディ（海外体験）への参加の機会を与えている。このグローバルスタディの実施を支えているのが、世界12カ国・地域に広がる51校との連携協定である。

開学以来、災害多発地域である東南アジア地域の大学との連携を積極的に進め、2014年（平成26年）11月にはACP[1]（Asian Cooperative Program）を発足させて以来、本学濱名篤学長が議長を務めている。ACPではインドネシア、フィリピン、タイ、ベトナム、マレーシア、ミャンマーの14大学との間で、「安全・安心」を中心にグローバルネットワークを展開しており、このネットワークの主要な教育研究テーマを「セーフティマネジメント人材育成」として、まずは自然災害分野での取組から開始した。

これらの海外協定校などとの交流を通じて、防災・減災は全世界共通の課題であり、とりわけ世界の約半数の自然災害が発生するアジアの国々では、安全・安心社会づくりへの対応が急務であり、同時にわが国の先進的防災・減災知識や技術への関心も高く、本学と連携した防災教育研究の推進が期待されていることを認識したのである。

東南アジアをはじめとする諸外国の大学からの期待に応えて、本学はもてる知見を活かしながら、安全・安心社会づくりの推進に貢献することができるものと確信している。

3　本学の安全・安心教育研究の歩み

1　開学当初における取組

⑴　防犯人材育成への取組

本学で安全・安心教育研究が本格的に開始されたのは、2005年(平成17年)である。当時の人間学部行動学科(現在の人間科学部人間心理学科)で、「犯罪科学専攻」を開設したことに始まり、2006年(平成18年)に開設した防災防犯研究所を中心に活動してきた。

2006年(平成18年)から2009年(平成21年)にかけて、文部科学省の現代GP(現代的教育ニーズ取組支援プログラム)に採択され、「大学、住民及び行政等の協働と地域活性化―シニア学生受入モデルとサービスラーニングモデルの開発―」プログラムの一部として、地元三木市内での防災活動や播磨社会復帰促進センターにおける受刑者教育への参加といった、地域貢献を中心として教育研究活動を進めてきた。

⑵　防災防犯研究所の活動

同研究所の中心的事業となった文部科学省現代GP「安心・安全まちづくり」事業においては、三木市および周辺都市の安心・安全まちづくりをめざし、とくに子供に対する防犯教室、地域における防犯活動を行うことを目的とし、本学学生を主たる活動者として、地域との協働による活動を展開してきた。その事業実績としては、次の事業があげられるが、この間、主として「防犯」に関する教育研究活動に重点が置かれた。

⑴　防犯ソングの作成、防犯教室用の教材(絵本、紙芝居)の作成などを行い、それらを使用して三木市内の小学校で防犯教室を開催。三木市内など地元に絵本を配布。

⑵ 兵庫県警察本部の専門員より「防犯パトロールの実施」の指導を受け、暴力団追放パレードに参加。

⑶　播磨社会復帰促進センターを視察し、裁判員制度への理解を深めるとともに、本学学生による薬物乱用防止活動実施。

⑷　「防犯」などの地域安全マップを作成するため「安心・安全まちづくり活動」と連動しながら、アンケート調査、フィールド調査を実施。
⑸　地域防犯に関するパネルディスカッションの開催。

2　安全・安心教育研究体制の充実整備

⑴　「セーフティマネジメント研究所」への改組

2015年（平成27年）４月「防犯防災研究所」を「セーフティマネジメント研究所」に改組。防犯分野に加えて防災分野での研究教育が充実された。

⑵　「セーフティマネジメント教育研究センター」の開設

安全・安心教育を本学教育の柱として位置づけ、セーフティ分野における教育研究を本格的に推進することとし、2016年（平成28年）４月「セーフティマネジメント教育研究センター」を設立した。

安全・安心にかかわる分野は、防犯、防災、食品、環境、健康など広範囲にわたるが、本学が先行して実績を積み上げてきた防犯分野に加え、社会のニーズが高く、本学の強みを活かす防災分野での教育研究の充実が図られた。

4　安全・安心社会をリードする大学へ

1　安全・安心教育研究をブランドに

⑴　第二次中期計画の策定

本学では、学長の強いリーダーシップにより、2017年度から始まる５年間を、本学の競争力を強化しその後の発展につなげる期間として位置づけ、2017年（平成29年）４月、「第二次中期計画（2017年度―2021年度）」を策定した。

その第二次中期計画の中で、「多様な人間や価値観を尊重しあい、相互に理解でき、安全で安心できるコミュニティづくり」をめざすことこそ、建学の精神である「以愛為園」に合致するとして、①「先進的教育プログラムの質的充実に注力する」、②「グローバル化社会に貢献する国際大学としての役割を強化し、一段高いレベルの国際大学をめざす」、③「安全・安心を脅かす事象が多発する社会に対応できる人材の育成を図る」を、全学教育のめざすべき基本方向とした。

この第二次中期計画は、各学部・学科・研究所・センター・事務局など全学による議論を重ね、設立法人の理事会評議員会での約6ヶ月にわたる審議を経て策定したものであり、大学・法人あげてのビジョンとして位置づけられている。

(2) めざす安全・安心社会を担う人材像

本学では、教育課程の中で育成する安全・安心社会を担う人材育成像を4つのレベルに設定し、それぞれの課程に適合した科目のもとに、各レベルに求められる能力をもった人材を育成することにしている。本学で学ぶ学生が卒業時には一定の能力をもち、安全・安心社会づくりに貢献できる人材として育てることをめざしているのである。

① レベル1(一般的防災・危機管理能力)

教養課程で修得する防災・危機管理の一般的知識である。自分自身の命を守ることや地域コミュニティの安全・安心確保のために、その構成員として

レベル	防災教育段階	防災人材像	求められる能力
1	一般知識	コミュニティ構成員	自分の命を守る。コミュニティ構成員として中核を担う。
2	防災士講座	市民防災リーダー	コミュニティのリーダーとして迅速的確な行動がとれる。
3	防災・危機マネジメント専攻	組織内防災担当者	組織内の予防対策、災害発生時の職務が担当できる。
4	大学院(専門)	組織内防災責任者	組織内の管理職(予防・実践対策の責任者)としての職務が遂行できる。

図Ⅳ-2-3　関西国際大学での防災・危機管理教育

中心的な役割を担うことができる能力を養う。

②　レベル2（市民防災リーダー能力）

「防災士[2]」養成講座で修得する知識である。地域コミュニティの防災・危機管理リーダーとしての能力を修得し、災害発生時には迅速的確な行動を率先してとることができる能力を養う。本学では、在学する全学生に選択により「防災士」資格を取得させている。

③　レベル3（組織内防災担当者能力）

組織における防災・危機管理の担当者として必要な知識である。この知識を修得することにより、学校・病院・企業などの職場において、組織の災害予防策、災害発生時の対応ができる能力を養う。

組織における現場担当者に必要な基本的な知識・能力の修得を目的としている。

④　レベル4（防災危機管理に関する専門的能力）

組織において防災・危機管理の対応の管理職として必要な知識である。組織の災害予防対策の計画立案の実施、実践対策の責任者としての能力を養う。

2　安全・安心教育の全学展開

次なる大災害の切迫性が増す中、国内外を問わず、安全・安心に対する社会のニーズは高まっている。しかしながら、このニーズの高まりも少し平穏な時期が続くと下がってしまう宿命を負っている。災害対応の歴史はこの繰り返しであった。

そして、大きな被害が発生する度に課題が浮き彫りとなり、大きな犠牲の上に次なる災害に対する備えの充実が図られていく。この繰り返しが続く限り悲劇も繰り返される。それを断ち切るためには、一人ひとりの意識改革が重要であり、教育研究の推進、実践を担う人材の育成など大学が果たす役割は極めて大きいといえる。

大震災からの復興とともに歩んできた本学は、創立20年を迎えるいま、今日まで蓄積した研究教育資源を活用した社会への貢献を決意し、第二次中期計画のもとに安全・安心教育研究を全学あげて推進することを明確にし、

「安全・安心社会をリードする大学」としてのブランド確立に向けての取組をあらためて決意したのである。

⑴　安全・安心基礎知識の修得

①　初年次生、「人間学」での学び

本学に入学した学生は、全学部必修の共通科目「人間学」の中で、「現代社会に生きる人間の特性と問題について学生が自ら考え、人間を考える基本的な視点の涵養をめざした教育」を受講している。「人間学」の中で、大震災の被災地に位置する本学で学ぶ学生としての基本的知識として、大震災の概要、教訓などを修得させ、安全・安心社会づくりへの参画意識を育成している。

②　二年次生、「防災士養成講座（防災入門）」の開講

人間科学部の学生を対象として、防災士養成講座「防災入門」を 2016 年（平成 28 年）秋から開講した。本講座は特定非営利活動法人日本防災士機構[3]の「防災士養成講座」として認定を受け、講座履修者には防災士資格取得の機会を与えている。防災士資格を取得した学生が防災士資格を有効に活用して、防災減災社会づくりに貢献する有為な人材とし育つことを目的としている。2017 年度（平成 29 年度）からは全学部へと拡大し、三木、尼崎の両キャンパスで開講した。将来、教育や医療、福祉など社会の多様な場で活躍することとなる学生に対し、現代基礎教養としての防災スキルを身につけさせる機会として充実を図った。同時に「地域防災減災論」へと科目名称も変更した。

本講座は企業協力講座として民間企業 9 社[4]（2017 年現在）の寄附金により、受講する学生の経済的負担を軽減（指定教科書代と防災士試験受験料無料、防災士登録料 2 分の 1 助成）している（図Ⅳ-2-4）。

これは希望する学生の防災士資格取得を後押しする全国唯一の制度であり、防災士資格承認機関である特定非営利活動法人日本防災士機構からも、若者防災士育成に効果が発揮されるとの高い評価を得るとともに、報道にもたびたび大きく取り上げられるなど社会的な評価も高い。

人間科学部で防災士養成講座を開始した 2016 年度（平成 28 年度）においては、39 人の学生防災士が誕生した。教育学部、保健医療学部を加えた全学

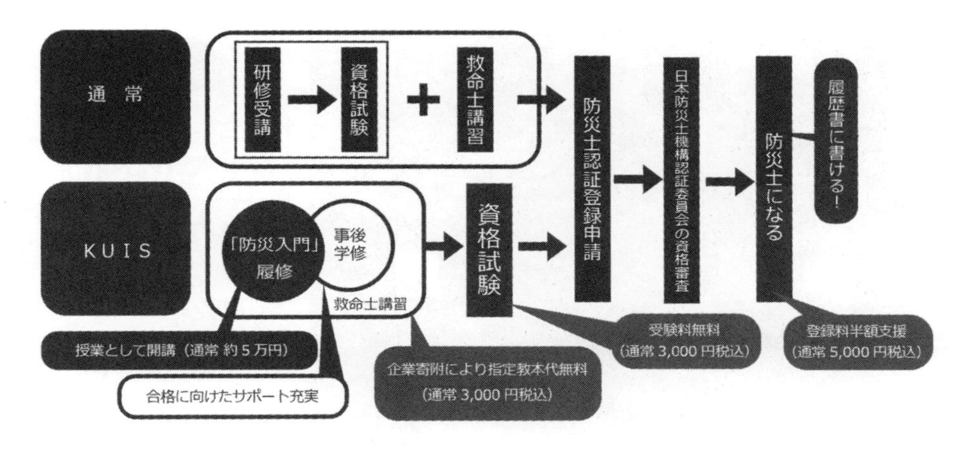

図Ⅳ-2-4　防災士養成講座の概要

部で実施することになった2年目の2017年度（平成29年度）においては、春学期79人、冬学期137人の計216人が防災士試験に合格し、年間目標100人を大きく上回る成果を上げ、これまでに255人の防災士を育成した。また、国内連携大学からも関心が寄せられたことから、単位互換の国内連携事業の実施体制を構築した。

⑵　「KUIS BOSAI」の結成

2017年（平成29年）5月、防災士養成講座を修了し、防災士資格を取得した第1期生9人が中心となって、本学防災士サークル「KUIS BOSAI」を設立した。同年8月6日、本学濱名篤学長から防災士証の手交を行い（図Ⅳ-2-5）、同時にロゴ（図Ⅳ-2-6）を披露するとともに活動を始めた。

最初の活動として「家族みんなの非常持ち出し袋を考えよう」をテーマに、夏休み中の小学生を対象とした防災学習を実施した。また、地元新聞社の実施する「避難所運営マニュアル作成プロジェクト」に参加するとともに、日本財団　GAKVOの助成を受け、市民救命士講習に必要な人形・訓練用AEDなどを整備し、防災士登録に必要な救命技術の修得環境の充実も図っ

（左）図Ⅳ-2-5
濱名学長と KUIS BOSAI 初期メンバー
（上）図Ⅳ-2-6
KUIS BOSAI ロゴ）

た。8月には2名、2月には1人の KUIS BOSAI 会員学生が応急手当普及員（救急インストラクター）の資格を取得し、防災士養成講座においてインストラクターを果たすなど、先輩学生が後輩学生の指導も行った。KUIS BOSAI は、本学の実践的な安全・安心教育を内外に示していく情報発信の核となることが期待されている。

⑶　セーフティマネジメントコースの開設

防災士養成講座開講から本格化した本学の安全・安心教育をさらに充実するため、2017年度（平成29年度）より人間科学部でセーフティマネジメントコースを開設した。

本コースでは2017年度（平成29年度）において「セーフティマネジメント論」「コミュニティ防災」「防災教育」「国際協力」の専門科目を開講した。続いて、2018年度（平成30年度）において「復興論」を加えた。これにより本学の安全・安心教育は、**図Ⅳ-2-3**で示している第1レベルの人間学による基礎的知識の修得、第2レベルである防災士養成講座での市民防災リーダーとしての知見の修得、第3レベルであるセーフティマネジメントコースによる組織内防災担当者としての知見の修得という教育体制を整えることができた。

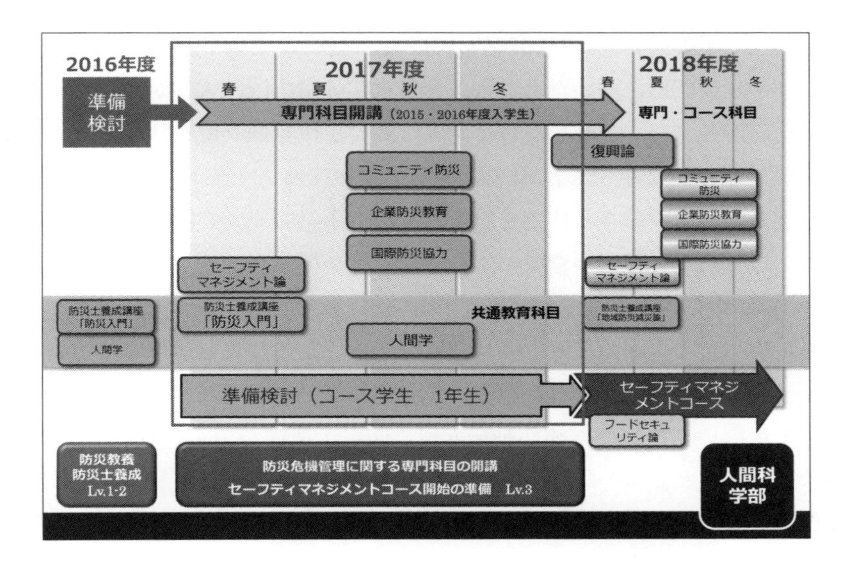

図Ⅳ-2-7　全学部における「安全・安心」教育の展開

2018年度（平成30年度）からは、教育学部においてもこれまで「特別研究Ⅱ」として実施していた科目を「防災教育」として開講するなど、本学の安全・安心教育の充実は着実に図られている。

3　国内外の大学との連携による安全・安心教育の推進

⑴　国内大学との連携による推進

2012年（平成24年度）文部科学省の大学間連携共同教育推進事業において、本学ほか3校の連携事業として「主体的な学びのための教学マネジメントシステムの構築」をテーマとする事業が採択された。この大学間連携事業をベースに、2016年度（平成28年度）に一般社団法人学修評価・教育開発協議会（構成大学：関西国際大学、淑徳大学、北陸学院大学、富山短期大学）が発足した。この協議会では「防災安全管理の担い手育成プログラムの開発と、協議会認定資格の創設」を柱の1つとして事業を推進している。

①　防災の担い手育成プログラムの連携

2018年（平成30年）2月に開講した防災士養成講座集中講義を、協議会会員大学学生に門戸を開いたところ、会員大学の富山国際大学から学生参加の申し込みがあった。これを受けて両大学間で単位互換制度を活用し、本学での講座受講単位2単位を富山国際大学で認定するとともに、本学での防災士認定試験を受験できる体制を整えた。連携事業の充実を図るなかで、わが国における防災の担い手育成に寄与することが期待される。

②　認定資格の創設

防災担当者には、防災・危機管理に関する一定の知見を修得していることが望まれる。しかしながら、修得している知見の程度を証明する資格制度は極めて少ない。特定非営利活動法人日本防災士機構が認定する「防災士」資格など、市民としての防災の基礎的知識・技能を有することを認定する資格制度しかないのが現状であり、防災業務に従事するのに必要な専門知見を有していることを認定する制度はない。

能力判定に客観性をもつ資格制度の創設が望まれている。この状況をふまえて一般社団法人学修評価・教育開発協議会では、防災に関する資格制度創設の検討を始めることにしている。新制度が創設され、協議会加盟大学をはじめ多くの大学で資格取得のための安全・安心教育が実施されることになれば、極めて意義深いものとなるであろう。

(2)　国際間での安全・安心教育を核とした連携

近年、日本のみならず東南アジアをはじめとする世界各国で地震や異常気象による自然災害などが多発し、国際的にも安全・安心への関心が高まってきている。そのような状況に呼応して、海外協定校との協働により、安全・安心なアジアの発展をマネジメントできる人材の育成を目的とした事業を推進している。

①　海外協定校、ACP加盟大学との安全・安心教育の連携

本学は開学以来、東南アジア地域の大学を中心に、世界11か国1地域51大学（2017年7月現在）と協力連携協定を締結し、学生・教員の交流を積極的に推進してきた。グローバル化時代にふさわしい人材育成と、「開発と防災」

にかかる課題を多く抱えている東南アジア地域の大学のニーズに応えるためには、それまでの1大学対1大学の関係から面的な大学間交流へと充実し、同地域内の大学が共同で、安全・安心な社会づくりに必要な人材の育成に取り組むことが効果的であるとして、本学が東南アジアの大学に呼びかけ、2014年（平成26年）に5カ国の14大学が参加して「セーフティマネジメント人材育成のためのACP（Asian Cooperative Program）ネットワーク」が構築された。

2014年（平成26年）11月に、マレーシアのマネジメント＆サイエンス大学（MSU）開催された第1回ACP会議では、セーフティマネジメントに焦点を当てたカリキュラムの共同作成、研究プロジェクトの立ち上げ、学修成果の評価方法の共同開発などについての協議が行われ、2015年（平成27年）5月に本学で開催された 第2回ACP会議では、災害に関してのジョイントリサーチプログラムなどの具体的実施が確認された。2016年（平成28年）3月にマレーシアMSUで開催された第3回ACP会議では、「安全・安心」をテーマに「防災を学ぶ学外授業科目とその有効性の評価方法」について協議がされた。このように回を重ねるたびに内容の具体化が進み、2016年（平成28年）9月にタイのタマサート大学で開催された第4回会議では、本学のセーフティマネジメント教育をベースに、日本の履修証明制度に基づき、加盟各校が有するリソースを活用して、共通のコンテンツと各国のカスタマイズ部分を加えたセーフティマネジメントの「サーティフィケートプログラム」を計画し、次のステップとしてCredential Program（資格プログラム）へと発展させ、将来的には、セーフティマネジメントの修士課程の設置へとつなげるとの提案がなされた。2017年（平成29年）2月 ウタラマレーシア大学（UUM）で開催された第5回会議では、セーフィテマネジメント全体像の検討（**図Ⅳ-3-8**）をテーマに、食の安全、気候変動、森林保護などを含む環境問題についての協議が行われた。

本学（防災）、MSU（食の安全）、UUM（環境問題）のグループリーダーが決定した。具体的なプログラムは、ACP加盟大学のセーフティマネジメントに関する知識やノウハウをもち寄ることで共通カリキュラムの開発をめざし、

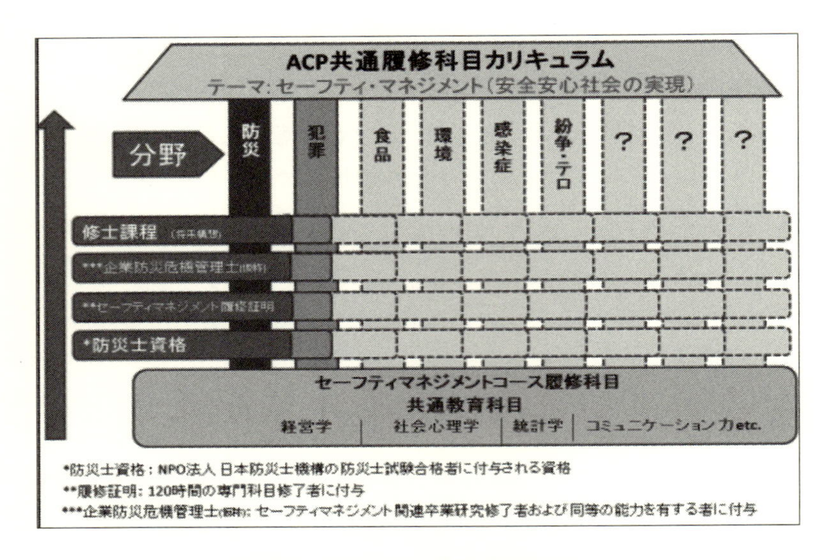

図IV-3-8　ACP 加盟大学間における共通履修科目についての考え方

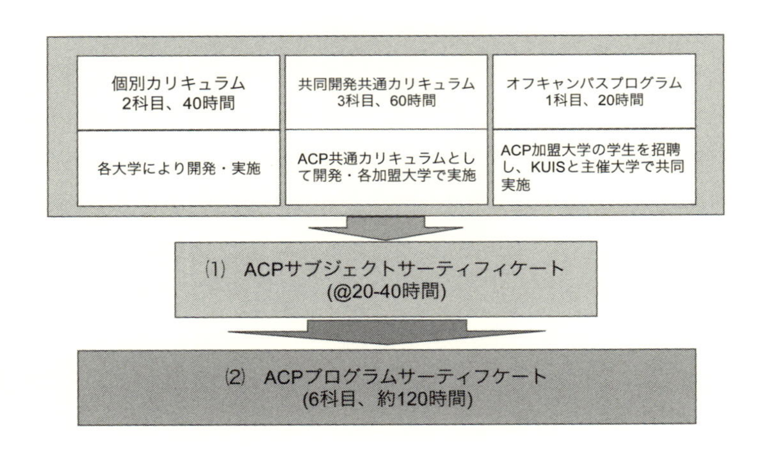

図IV-2-9　ACP サーティフィケットプログラム

各国の歴史や風土、地形や文化に基づく個別カリキュラムとオフキャンパスプログラムを組み合わせて共同で開発することとなった。これらのプログラムはACP共通ルーブリックによって評価され、プログラムを修了した学生に対して、ACPからサーティフィケートを授与することについて協議が進められるなど（**図Ⅳ-2-9**）、各大学の関心も深まり具体的な進展となった。

2018年（平成30年）2月にインドネシア・ランプン大学で開催された第6回会議では各大学におけるプログラム実施についての報告、本学とランプン大学との間でサーティフィケートを発行することについてのMOUに署名した。また、この会議では、防災教育に関しての各国の関心の高まりの中で、日本・東南アジア地域における防災教育に関する研究をスタートすることで合意した。

②　グローバルスタディでの安全・安心教育の推進

本学では海外協定校の協力のもと、海外体験学修プログラム「グローバルスタディ」を実施し、2011年度（平成23年度）からは全学科（看護学科を除く）で必修化している。このプログラムは、自ら考え行動できる人間としての成長をめざす「海外体験」を中心とした学修であり、全学生を対象としていることは本学の特色といえる。本学におけるグローバルスタディ[5]は、「フィールドリサーチ[6]」「海外インターンシップ[7]」「海外サービスラーニング[8]」「交換留学[9]」の柱で実施している。異文化交流の体験を通じて多文化共生の重要性を理解するとともに、自分自身への気づきから、学びへの主体的姿勢や積極的なコミュニケーション態度を身につけ、語学力修得への意欲を喚起する機会ともなり、成長への意識に目覚めることができる効果的な学びである。このグローバルスタディの安全・安心プログラムでは、世界を先導するわが国の安全・安心への取組や諸外国の取組を学修する中で、それぞれの国や地域の抱える安全・安心にかかわる課題に迫り、自ら解決策を考える中で成長していくことをめざす内容となっている。2014年度（平成26年度）から始まった本プログラムは、安全・安心をテーマとするものが年々増加している（**表Ⅳ-2-1**）。

このことからも、安全・安心教育に対する海外協定校などのニーズの高ま

表Ⅳ-2-1　安全・安心に係るグローバルスタディ（インターンシップ、交換留学を除く）の実施状況

実施年度	分類	テーマ	実施国
2011 年度	フィールドスタディ	日本と米国の犯罪比較	米国
2012 年度	フィールドスタディ	犯罪対策の日韓の違い	韓国
2013 年度	フィールドスタディ	国際社会における防犯教育	台湾
		安全・安心教育	米国
2014 年度	フィールドスタディ	台湾の青少年犯罪と再発防止教育	台湾
2015 年度	フィールドスタディ	地域社会における防犯教育	台湾
		大規模災害時における危機管理体制	米国
		多民族国家における災害への備え	マレーシア
		ミャンマーにおける防犯対策	ミャンマー
2016 年度	フィールドスタディ	台北における大学生の防犯意識	台湾
		世界に広げる日本の安全・安心	フィリピン
		タイにおける安全安心への備え	タイ
		災害多発地域住民の防災意識	マレーシア
		小学校における安全教育	カンボジア
		地域社会における防犯	ミャンマー
		安全・安心について考える	米国
2017 年度	フィールドスタディ	食料品の安全安心への備え	中国
		安全・安心への備え	タイ
		世界に広げる日本の安全・安心	フィリピン
		安全・安心への備えに関する国際比較	中国
		災害多発地域における減災対策	インドネシア
		地域社会における防犯	ミャンマー
		小学校における安全教育	カンボジア
		コミュニティ犯罪と青少年犯罪	米国

りや、海外体験を通じての安全・安心教育の成果が上がりつつあることをうかがい知ることができる。

5　安全・安心教育のさらなる充実へ

1　本学の強みを活かした教育への改組改編

2018年（平成30年）4月に開学20周年を迎えた本学は、この節目を契機に「第一線にあって、社会の安全・安心をマネジメントできる人間育成」をめざす大学として学部学科の改組改編を行うこととし、2019年度（平成31年度）入学生から新学部学科で受け入れる。本学の強み（グローバル化対応、安全・安心教育）をさらに活かした教育を実践し、かつその強みや特色が入学希望者などに理解されやすい教育体制をめざして、現行の3学部5学科から、5学部5学科13専攻へ改組改編する。また、この改組改編は、大学を取り巻く環境の変化に対応するものでもある。グローバル化、情報化、AIやロボットの普及、地球規模での自然災害多発など、将来予測困難な時代環境の中で社会が求める人材像が変化し、それにともなって人材育成を担っている大学への期待も多様化してきたのである。その多様なニーズの中で、それぞれの大学が強みや特色を前面に打ち出し、志望する高校生が将来の職業などをイメージして、自分の進路に合った大学を選択できる教育プログラムの提示が求められるようになってきた。

大学側にも入学対象年齢人口の減少という厳しい状況がある。18歳人口が1992年（平成4年）の約205万人をピークに年々減少し続け、2016年（平成28年）には4割減の約120万人となり、その後も減り続け2030年には約100万人、2040年には約88万人にまで減少するとの推計がある（文科省, 2017）。

一方で、1992年より約30年間で大学進学率は約2倍に増加し大学生増に寄与しているものの、この間、大学数が1.5倍に増加していることなどを考えると、現有定員の学生を確保することは多くの大学にとって極めて厳しい状況となっている。この環境の中で、必然的にそれぞれの大学のもつ特色を活かし強みをさらに伸ばしていくことが必要となってきたのである。

本学では、それら高等教育界を取り巻く時代の潮流をふまえ、本学教育の強みである①グローバル化対応の明確化と深化②現場のマネジメントで発揮できる汎用的能力の育成（KUIS 学修ベンチマーク）③セーフティ教育の３つの視点を軸として、「入口＝入学」と「出口＝就職」を明確にし、入学後２年次から希望する進路に合った「専攻」が選択できる、５学部５学科13専攻制への改組改編を行ったのである。

⑴　経営学部（改編後）における防災・危機マネジメント専攻の開設

人間科学部経営学科から分離独立した経営学部経営学科では、それまでのセーフティマネジメントコースをより専門性を高めて充実させ、現場のマネジメントができる人材育成プログラムとして、「防災・危機マネジメント専攻」を開設する。

この専攻は、**図Ⅳ-2-10** で示すように経営学部経営学科に入学し、卒業後は警察官・消防士などの保安系公務員や企業での危機管理担当者をめざす学生を対象に開設する。カリキュラムの概要は１年次に経営学の基礎知識を修得、２年次には「防災・危機マネジメント専攻」を選択、「セーフティマネジメント論」「危機管理入門」などの科目を必須として学び、市民防災リーダーとしての能力を修得するための「防災士資格」を取得、３年次では「企業危機管理論」「危機管理リーダーシップ論」「コミュニティ防災」「国際防災協力」「防災・復興組織論」などの専門科目を中心に専門知識を深め、３年次４年次を通して「専門演習」「特別研究」などにおいてその知識を実践的なものに高め、「卒業研究」につなぎ、防災・危機マネジメントの専門知識を修得できるプログラムである。

⑵　人間科学部における安全・安心に係る専攻などの開設

①　人間科学部人間心理学科「災害心理学専攻」

人間科学部人間心理学科に、自然災害・事故をはじめとする人的災害、その他特殊な災害によって被害を受けた人の援助や各種災害時の人のこころや行動、援助方法について学ぶ「災害心理学専攻」を開設する。この専攻では、１年次に「心理学入門」「心理学概論」などで心理学の基礎となる知識を修得し、２年次では本専攻の基本となる学びとして「心理学研究法」「心理学統

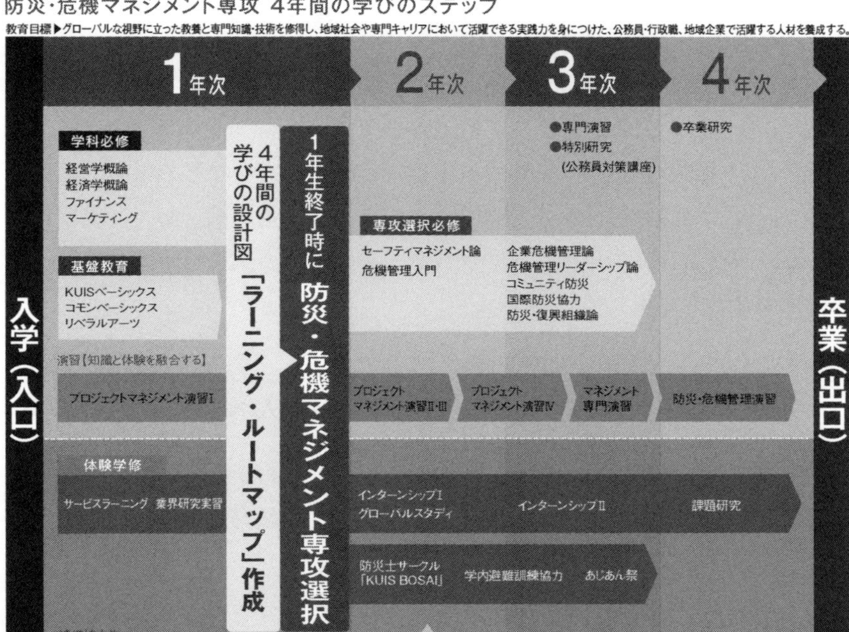

図Ⅳ-2-10　防災・危機マネジメント専攻履修内容

計法」「災害心理学」「セーフティマネジメント論」「地域防災減災論」を修得、3、４年次では専攻の特徴となる「コミュニティ防災」「国際防災協力」「企業防災教育」などの学修や演習を通じて専門知識の修得ができるプログラムとしている。この専攻修了者の進路（出口）としては、警察官、消防士、自衛官、地方公務員、セキュリティ関連企業などをイメージしている。

②　人間科学部人間心理学科「犯罪心理学専攻」

同じく人間科学部人間心理学科に、本学の安全・安心教育の柱として実績のある「犯罪心理学専攻」も開設し、犯罪・非行の原因や犯罪者・非行少年の心理の解明、犯罪者・非行少年の更生支援、防犯活動の立案・運営、さらには犯罪被害者の支援に関する心理学を中心とした専門知識・技術を修得し、これらを活用できる人材を養成する。

この専攻は、1年次に「心理学入門」「心理学概論」「犯罪学概論」を学び、2年次で「司法・犯罪心理学」「応用犯罪心理学」「犯罪・災害報道論」を、3、4年次では「捜査心理学」「犯罪関係法論」「整理心理学」などの学修や演習を通じて、専門知識を修得するプログラムである。主な進路としては警察官、消防士、法務教官、少年鑑別所心理技官、家庭裁判所調査官やセキュリティ関連企業などを想定している。

6　おわりに―さらなる発展をめざす、社会人への安全・安心教育

大学が社会に貢献する領域として、リカレント教育がある。社会人がより専門的な知識や技術を修得するため、大学がもてる教育資源を活用して学びなおしの機会を提供することの意義は深い。

AI（人工知能）やロボットの進歩にともない、近い将来に多くの職業人が職種の転換を余儀なくされ、必然的に職業人の職業転換のための学習の需要が高まるといわれている。一方、民間の調査（イノベーションデザイン＆テクノロジー株式会社, 2015）によると、社会人教育未経験者が学びなおしで重視するカリキュラムは、「特定の分野を深く追求した研究・学習が可能な内容（イノベーションデザイン＆テクノロジー株式会社, 2015）」との結果がある。これらのことから、現役社会人が職務の遂行に必要とする高度な知識や技能を修得するための学びなおしのニーズはさらに高まると推測される。

たしかに、教育現場を担っている学校教員を例にとっても、時代の変化に対応して安全・安心教育面での再教育が必要とされている。災害多発時代の教育現場においては、児童生徒の安全確保のために、すべての教員が現場での防災危機マネジメントスキルを身につけておくことが求められている。しかし現実はこれに応えられる状況ではない。ほとんどの現役教員は防災危機管理の専門教育を受ける機会もなく過ぎている。このことは学校教育現場だけの課題ではなく、災害時避難行動要支援者が多い福祉施設や病院などの職

域でも同様であり、早急な対応が望まれているのである。

また、少子高齢社会の労働力不足のもとで社会の活力を維持する上でのリカレント教育に対する大学教育への期待も高まっている。国立社会保障・人口問題研究所の2017年（平成29年）推計によると、わが国の総人口は、「平成27年（2015年）国勢調査による1億2,709万人から、平成77年（2065年）には8,808万人（国立社会保障・人口問題研究所, 2017）」「老年人口割合（高齢化率）は、平成27年（2015年）の26.2%から平成77年（2065年）には38.4%へと上昇（厚生労働省, 2018）」するとされており、社会の高齢化は一層進行すると予測されている。支えられる側が増加し、支える側の人口が減少することが確実であり、少子高齢社会のもとでは社会の活力を維持していく上で、高齢者の能力をいかに活用できるも問われている。

「第4次産業革命が進むなか、人生100年時代を見据え、誰もが、いくつになっても、ライフスタイルに応じたキャリア選択を行い、新たなステージで求められる能力・スキルを身に付けることのできる環境を整備し、一人ひとりの職業能力の開発・向上を支援（厚生労働省, 2018）」することが、大学教育への時代の要請であるといえる。

大学に対するリカレント教育充実への期待が高まる中、「大学における社会人の学び直しの普及が期待されるが、必ずしもそうなっていない（塚原・浜名, 2017）」現実がある。文部科学省資料によると「大学の学士課程への社会人入学者数（推計）は、2001年度（平成13年度）の約1.8万人をピークに、2008年度（平成20年度）の約1.0万人まで減少。その後増減し、2015年度（平成27年度）は約1.1万人（文科省, 2017）」であり、大学の学士課程への社会人入学者数は減少傾向にある。国際比較においても「25歳以上の大学型高等教育機関への入学者は、OECD諸国の平均が16.6%（第1位スイス29.7%、第2位イスラエル28.7%）に対して日本は2.5%（2012年）（OECDおよび文科省, 2015）」と極めて低い状況である。

このような状況からみても、わが国の大学にとって社会人のリカレント教育は、今後充実していくべき分野といえる。大学が培ってきたもてる教育力を社会に還元する機会でもあり、社会のあらゆる分野で活躍する人材を輩出することで社会に貢献できる機会でもある。

本学においても、全学教育としてめざしている「安全・安心を脅かす事象が多発する社会に対応できる人材の育成」の成果を活かして、安全・安心分野のリカレント教育によって社会の要請に応えることができるものと確信している。

創立 20 周年を迎える本学は、さらなる発展をめざすための新しい挑戦への検討を始めた。

注

1　ACP（Asian Cooperative Program）

関西国際大学の呼びかけにより、2014 年 11 月に東南アジア 5 カ国のトップクラス 12 大学とともに発足したコンソーシアム。様々な災害に見舞われてきた日本と東南アジア諸国が共通して関心をもつ「安全・安心」という事象に着眼し、国境をこえた教育・研究上の大学間連携ネットワークとして、共通の教育プログラムの開発などを通じて安全・安心な生活が送れる社会環境実現のためのセーフティーマネジメントシステムを協働してつくりだすこと、およびグローバル人材として社会に貢献できる人材を輩出することを目的としている。

○加盟大学一覧

・インドネシア……ガジャマダ大学、ランプン大学、バンドゥン工科大学、ブラウィジャヤ大学
・フィリピン……フィリピン大学ディリマン校、フィリピン大学セブ校
・タイ……マサート大学
・ベトナム……ベトナム国家大学ホーチミン市人文社会科学大学、ダナン大学
・マレーシア……トゥンク・アブドゥル・ラーマン大学、ウタラ・マレーシァ大学、マネジメント&サイエンス大学、インターナショナル・イスラミック大学
・ミャンマー……ヤンゴン大学

2　防災士

「自助」「共助」「協働」を原則として、社会のさまざまな場で防災力を高める活動が期待され、そのための十分な意識と一定の知識・技能を修得した中で、防災士認定機関である特定非営利法人日本防災士機構が認めた人をいう。防災士の数は全国に 124,034 名（平成 29 年 1 月現在）、地域や企業で防災リーダーとして活躍する人材として期待されている。関西国際大学は 2016 年 8 月、兵庫県で初めて大学として研修実施機関の認証を取得している。

3　特定非営利法人日本防災士機構

平成 14 年 7 月、内閣府より認証を受けた特定非営利活動法人（NPO）で、阪神・淡路大震災当時、被災地で救援・復旧・復興の指揮にあたった貝原俊民前兵庫県知事を会長に、中央官庁関係者をはじめ、各界の指導的立場にある人たちが参画して設立スタートした。「防災士」を認定する法人である。

4　「防災士養成講座」協力企業

2016 年度：5 社　TOA、大栄環境、ハニー化成、川嶋建設、ソネック
2017 年度：9 社

上記に加えて、日本臓器製薬、NESTA RESORT、柄谷工務店、森長組。

5　グローバルスタディ

世界の人々の多様な価値観や文化を理解し、自ら考え、行動できる人材を育成するための海外での「体験」を中心とした学修プログラムで、本学では必修としている。

6　フィールドリサーチ

あらかじめ設定した課題について、海外協定大学とのグループワークや学生・住民との交流経験を通じて、さまざまな見方や考え方を育てるきっかけとなるプログラム（期間1～3週間）。

7　海外インターンシップ

在学中に自分の将来のキャリアに関連した分野での就業体験を海外で行い、将来に対してのビジョンを明確にし、国際的視野をもって行動し、人間的な成長を果たしていく（期間1～3週間）。

8　海外サービスラーニング

大学教育と海外における社会貢献を融合させた取組。大学での学びを社会貢献活動で活かし、体験から生きた知識を学ぶ（期間1～3週間）。

9　交換留学

本学と交流協定を結ぶ海外の大学に交換留学生として留学する。留学先で修得した単位は卒業単位として認定される（期間6か月～1年間）。

参考文献

文部省『学習指導要領社会科編　昭和22年度』2015
文部科学省『高等教育の将来構想に関する基礎データ』（2017.4.11アクセス）
イノベーション・デザイン&テクノロジー株式会社『社会人の大学などにおける学び直しの実態把握に関する調査研究』2015
国立社会保障・人口問題研究所『日本の将来推計人口（平成29年推計）』（2017.4.18アクセス）
厚生労働省『厚生労働省におけるリカレント教育の充実等に関する取組』2018
塚原修一、濱名篤『社会人の学び直しからみた大学教育』日本労働研究雑誌No.687/October2017、2017
OECDおよび文部科学省　内閣官房『リカレント教育参考資料（高等教育機関への25歳以上の入学者の割合）』2015
桐生正幸編『防犯防災研究所報告』関西国際大学、2009

資　料

関西国際大学の歴史

関西国際大学のFDの変遷

外部資金（文部科学省採択事業）

資料1 関西国際大学の歴史

2018年4月に
関西国際大学は
創立20周年を迎えました。

20周年記念 ロゴマーク
「海」「空」「地球」そして「安全・安心」を表す青色のラインが未来に向けて飛翔する姿を表わし、「夢」、「希望」、「情熱」を表わす赤色で未来を切り開く力を表現しています。

キャッチフレーズ
安全・安心社会をリードする関西国際大学

20周年を迎え、本学の特色ある教育活動を一層展開すべく、次の事業を計画・推進中です。

主な記念事業（予定）

- 創設の地である尼崎地域におけるキャンパスの拡充・再編
- 三木キャンパスの計画的整備
- 学部学科等の改組・拡充と教育プログラムの改編
- 奨学事業の推進（留学生支援、GS／CSほか学生活動支援）
- 創立記念式典（2018年9月29日）及び連続記念講演会の開催（2017年秋から順次）
- 記念出版

1950
建学
愛の園幼稚園を創設

1953
文部大臣の認可を得て、尼崎幼稚園教員養成所を愛の園幼稚園に開設

1955
幼稚園及び教員養成所を統括する学校法人濱名学院を設立

1957
尼崎幼稚園教員養成所を関西女学院と改称。文部大臣より幼稚園教員養成所の指定を受ける。関西女学院に保母養成所を開設。厚生大臣より保母養成機関の指定を受ける

1976
専修学校制度発足に伴い、関西女学院保育専門学校の認可を受ける

1981
男性保育者の進出を受け入れるため、校名を関西保育専門学校に変更

1987
関西女学院短期大学（経営学科）を開学

1989
関西保育専門学校を関西保育福祉専門学校と改称

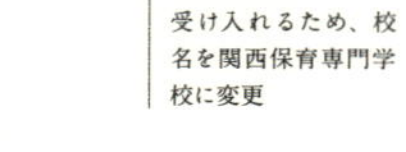

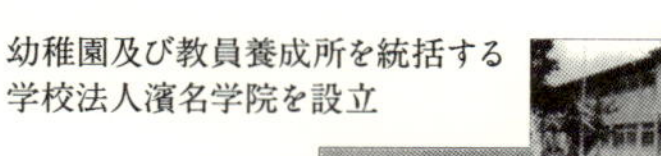
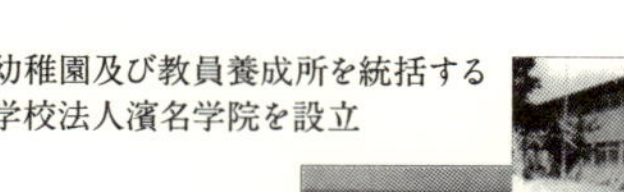

学校法人濱名学院 関西国際大学ヒストリー

校祖濱名ミサヲ先生は、第2次世界大戦で自宅を全焼する。世相は混乱し、生活も苦しく物資にこと欠く中で、当時尼崎市連合婦人会会長、及び尼崎市教育審議会委員でもあった同人に私立幼稚園設立の強い要請もあり、かねてから抱いていた「戦後の復興は教育、特に幼児教育にあり」との信念から、資産を処分し、幼稚園建設にふみ切る。「以愛為園」即ち「愛をもって学園となす」の精神から人の心を受けいれる姿勢とおもいやりこそ人格形成の基礎を培う幼児教育の根本であり、建学の精神として最もふさわしいとの考えから「愛の園幼稚園」と命名し、自ら園長となり、陣頭に立って幼児教育に没頭する。

建学の精神　以愛為園

創始者 濱名 ミサヲ

1907（明治40）年9月25日大阪府池田市に生まれる。1925（大正14）年3月、大阪・私立金蘭会高等女学校補習科卒業。尼崎において連合婦人会長をはじめ数多くの役職に就いた後、1950（昭和25）年5月愛の園幼稚園を設立し園長に就任してからは、幼児教育にその生涯を捧げた。

1998　関西国際大学（経営学部）を開学

関西国際大学の開学に伴い、関西女学院短期大学の校名を関西国際大学短期大学部に変更

2001　人間学部（人間行動学科、英語コミュニケーション学科）を開設

2004　経営学部経営学科を経営学部総合ビジネス学科に変更

2005　関西国際大学大学院人間行動学研究科人間行動学専攻を開設

2006　人間学部人間行動学科を改組し、人間心理・教育福祉の2学科を設置

2007　経営学部と人間学部を、人間科学部（ビジネス行動学科・人間心理学科）と教育学部（教育福祉学科・英語教育学科）に改編

2009　尼崎キャンパス開設

教育学部が尼崎キャンパスに移転

2011　人間科学部ビジネス行動学科を募集停止、人間科学部経営学科を開設

2013　保健医療学部看護学科を開設

2014　関西国際大学大学院人間行動学研究科に臨床教育学専攻を開設。関西国際大学別科を開設

2015　関西国際大学大学院看護学研究科看護学専攻（修士課程）を開設

関西国際大学歴代学長

初代学長　村上 敦
（1998年4月～2002年3月）

第2代学長　安平 昭二
（2002年4月～2003年3月）

第3代学長　北畠 霞
（2003年4月～2005年3月）

第4代学長　濱名 篤
（2005年4月～現在）

資料2　関西国際大学のFDの変遷

年 実施日 会場	形式	テーマ	外部講師及びテーマ
2003（平成 15）年度			
第 1 回 10 月 1 日 三木キャンパス	FD/ SD	【全体テーマ】なし 問題ある学生の教員、事務職員の対応について 高校ー大学への移行と適応過程に関する調査 関西国際大学の生きる道 その他（①キャンパス・マイレージ②教育に関する著作権問題）	
2004（平成 16）年度			
第 1 回 8 月 3 日 三木キャンパス	FD	【全体テーマ】大学淘汰の時代と自己点検評価 大学淘汰の時代 本学の現状 第三者評価と自己点検評価	川嶋太津夫氏（神戸大学）「学生本位の大学教育について―Quality を手がかりに―」
第 2 回 12 月 22 日 三木キャンパス	FD/ SD	【全体テーマ】なし 本学学生の家庭的背景と第一世代 新入生の適応の持つメカニズムと課題―初年次教育の方法と内容 初年次教育の標準カリキュラムについて カウンセリング室からの報告 個人情報保護法について	
第 3 回 2 月 22 日 三木キャンパス	FD	【全体テーマ】なし 中教審答申について 個人情報保護法について 大学の自己評価及び成績評価について	
第 4 回 3 月 22 日 三木キャンパス	FD	【全体テーマ】なし 個人情報の持つ重要性と意義 教職員の勤務と不祥事について 大学トップセミナー参加報告 教職員アンケート結果報告と初年次教育の必要性 キャリアプランニングの必要性とその方法 ポートフォリオの作成と指導	
2005（平成 17）年度			
第 1 回 6 月 1 日 三木キャンパス	FD/ SD	【全体テーマ】来てよかったと思える大学へ向けて―授業改善と学習支援― 1 年生から 2 年生への学生の変化と発達課題 平成 16 年度自己点検評価からみる大学改革への取り組み 本学におけるキャリア発達支援―法政大学の事例から― 本学学生相談の全般的傾向とカウンセリング室の取り組み	

回・日付・会場	区分	内容	講演
第2回 8月2日 三木キャンパス	FD/SD	【全体テーマ】なし これからのアドバイザーに求められるミッション 2006年問題、新しい学力観で育った入学生とは	
第3回 9月12日 三木キャンパス	FD/SD	【全体テーマ】なし 大学の教育目標と具体的学生像 教養教育の見直しについて 17年度自己評価点検基準 分科会①授業改善②教育目標と卒業時学科学生像③就職問題④高校訪問	
第4回 1月6日 三木キャンパス	FD	【全体テーマ】なし シニア学生受入と課題について 多様化する学生とメンタルケアについて 平成17年度自己点検評価と第三者評価の実施について 関西国際大学がめざしているもの	
第5回 2月14、15日 三木キャンパス	FD	【全体テーマ】なし	Dr. Randy L, Swing ワークショップ
第6回 3月17日 三木キャンパス	FD	【全体テーマ】なし KUIS教育ベンチマークの制定と活用について アクティブ・ラーニングを活用した教育改革 学生による授業評価項目の見直しと公表について 授業公開等による授業改善 大学改革とGPについて 自己点検評価他	
第7回 3月27日 三木キャンパス	FD	【全体テーマ】なし SSL-VPNシステムの概要 自己点検評価の最終状況 授業評価改善に向けて 授業公開について シニア学生の受入について ベンチマークと授業改善に向けた取組 シニア学生と授業改善 大学の改革と認証評価	
2006（平成18）年度			
第1回 8月2日 三木キャンパス	FD	【全体テーマ】大学改革の方針 シラバスについて 目標設定―評価シートについて 本年度中間評価と今後の施策	伊藤敏弘氏（日本高等教育機構評価）「認証評価について」
第2回 9月4日 神戸センタープラザ西館	FD	【全体テーマ】教育方法の改革と学生の授業参画について アクティブ・ラーニング―どの科目にも使える方法 アクティブ・ラーニングを取り入れた授業のあり方 春学期の振り返り、学科・課程別打ち合わせ	林義樹氏(日本教育大学院大学)「知識社会の学びのユニバーサルなデザイン　参画教育の提案」
第3回 9月26日 関西保育福祉専門学校	FD	【全体テーマ】教育目標の実現に向けて キャリア支援の現状と課題―GATBの結果から― 中期計画とOutcome評価に耐えられる教育活動 本学ベンチマークの理解のために 分科会、各学科の教育目標実現に向けて	

第4回 11月29日 三木キャンパス	FD	【全体テーマ】Active Learningに関するワークショップ	Jean Henschied.,:Using and Assessing Active Learning in the College Classroom Randy Swing.,:Assessment: Tools and Technique to Prove and Improve Student Success
第5回 1月5日 三木キャンパス	FD	【全体テーマ】ゼミ改革について 学士課程教育の再編にむけて―初年次教育・キャリア教育・専門教育・ゼミ教育の再構造化― シャアの管理とリプレイスについて 大学入試センター試験説明会	松村直樹氏（株リアセック）「専任教員が担うキャリア形成支援」
第6回 2月16日 三木キャンパス	FD	【全体テーマ】ベンチマークに向けてのペタゴジーとシラバス KUISベンチマークについて 新体制学部学科の教育目標、特色、ベンチマークについて リプレイス状況について	平田史昭氏（株リアセック）「専任教員が担うキャリア形成教育」 佐藤浩章氏（愛媛大学）「シラバスについて」
第7回 3月19日 三木キャンパス	FD	【全体テーマ】ポートフォリオとベンチマーク ポートフォリオ KUIS学習ベンチマーク最終報告 ベンチマーク達成の場をどのように設定するか ポートフォリオ評価とベンチマークの達成	
2007（平成19）年度			
第1回 6月1日 三木キャンパス	FD	【全体テーマ】高等教育の多様化と質保証の両立としての課題 初年次教育開発センターより報告（①適応調査②ベンチマークの達成状況③大学入試センター共同研究） 学生指導と教員ポートフォリオの作り方	
第2回 8月9､10日 三木キャンパス	FD	【全体テーマ】なし 本学FDの軌跡 「成績評価（GP分布）」、「授業アンケート」、「公開授業」の結果より 学生生活実態調査結果より ベンチマーク項目とラーニングマップ全学編 ゼミ改革を中心としたキャリア教育について ラウンドテーブル1（①秋学期基礎演習の内容について②ポートフォリオの作り方③アクティブラーニング―課題と評価の方法―） ラウンドテーブル2（ポートフォリオのコメントの仕方）	村川雅弘（鳴門教育大学）「個人内総合の手段としての「知の総合化ノート」と個人間総合の手段として」
		ラウンドテーブル（自己評価基準別･問題点の発掘とアクションプラン）	
第3回 9月6､7日 三木キャンパス	FD	【全体テーマ】なし 本学学士課程教育のアウトカム評価へ向けての道 本学基本教育の見直し―来年度全学共通科目・副専攻の方針― 来年度シラバスの提案 ベンチマーク中項目の見直しについて 本学キャリア教育について ラーニングマップの完成 ベンチマークを見込んだ課題の与え方と評価ワークショップ	中林稔堯氏（神戸大学）「科研費説明会―申請書の書き方―」

		ユニバーサルパスポートについて	
第4回 2月18、19日 三木キャンパス	FD	【全体テーマ】学生の学力分散拡大への対応 学生の多様化対応へのロードマップ 受験状況の分析―大学に対する高校の期待― 本学カリキュラム全体像 DVD作り―eポートフォリオのエビデンスに向けての試行 教育理念ベンチマーク3項目の評価―SLで何を伸ばし、どう評価するか― ワークショップ―質保証に応えるために（①イギリスの成績評価事例から②学習技術のルーブリック③成績評価基準と尺度（ルーブリック））	村上むつ子氏（国際基督教大学）「サービスラーニングの運営について」 大西英雄氏（富士火災海上保険株式会社）「ハラスメントの現状と対策」 千々布敏弥氏（国立教育政策研究所）「教育改革から見た教員養成の動向と課題」
2008（平成20）年度			
第1回 7月2日 三木キャンパス	FD	【全体テーマ】ベンチマーク、eポートフォリオ、基本問題1000題等の現状 初年次サービスラーニングについて 初年次サービスラーニングの課題と評価について 各学科の初年次サービスラーニングの概要説明	
第2回 8月8、9日 三木キャンパス	FD	【全体テーマ】シラバス・形成的評価・学習習慣 到達木曜やベンチマークに準拠した課題 分科会（卒業論文指導、PBLのすすめ、アドバイザー運営について）	
第3回 9月11、12日 三木キャンパス	FD	【全体テーマ】学士課程教育としての到達目標の確率と実現をめざして 学士課程教育の質保証の動向 学生のモラル向上のために リメディアル教育のあり方 学習習慣をつけさせるために シラバスの再点検 科学研究費補助金について	
第4回 2月16、17日 三木キャンパス	FD	【全体テーマ】なし 評価とルーブリックについて 初年次サービスラーニングの取組 ルーブリックとは何か 教育改善の現状とゼミ改革の骨子について アメリカの大学における授業運営について 卒業研究までの「学びのプロセス」の再構築 科目間連携の可能性について	
2009（平成21）年度			
第1回 6月11日 尼崎キャンパス	FD	【全体テーマ】eポートフォリオの評価について 就職活動の現状について eポートフォリオを利用したベンチマークの入力について 各学科のeポートフォリオのルーブリックについて eポートフォリオへのフィードバックについて	
第2回 8月6、7日 尼崎キャンパス	FD	【全体テーマ】多様化する学生に対するルーブリックの作成―科目間連携― 本学学生の現状を知る（各プレースメントテスト、日本語運用能力テスト、適応調査の結果、中退率）	吉武清實氏（東北大学）「人権教育講演会」

		ジェネリックスキルや学士力をどう評価するか ルーブリック作成ワークショップ アクティブラーニングをどのように取り入れるかワークショップ	羽根拓也氏（株アクティブラーニング）「アクティブラーニングセミナー」
第3回 9月15日 尼崎キャンパス	FD	【全体テーマ】秋学期からの科目のクラスター化について（午前）、サービスラーニングを深めるために（午後） 秋学期からの科目のクラスター化について 「科目のクラスター化によるカリキュラム改革」についての説明 SLプログラムの全体の流れの例示 本学の取り組みについての問題点の洗い出し 秋学期のSLプログラムについての計画チェック	Jeannie Kim-Han, Jennifer Ponder：「サービスラーニングを深めるために」
第4回 2月8､9日 尼崎キャンパス	FD	【全体テーマ】多様化する学生に対応する データから見る学生の課題について サービスラーニングとクラスターの融合のねらいについて 学科ごとの今年度のふりかえりとモデルシラバス提示 次年度予定科目の設定とモデルシラバス作成 ルーブリックの作成と点検 遠隔授業の実際と課題 成績評価の在り方とシラバスの記載内容について	
2010（平成22）年度			
第1回 8月6､7日 尼崎キャンパス	FD	【全体テーマ】自律的な学びのプロセスを構築するために eポートフォリオ活用法の変更点 シラバス記入上のお願い	Dr.Michelle A. Saint-Germain: Improving Student Learning with Curriculum Maps and Rubric 松下佳代氏（京都大学）「学習の質を評価する―パフォーマンス評価を中心に―」 吉原惠子氏（兵庫大学）「学習成果の評価―態度特性を中心として―」
第2回 9月9日 三木キャンパス	FD	【全体テーマ】自律的な学びのプロセスを構築するために 組織目標についてのリマインド 本学の教育改革の流れ ルーブリックの展開計画、ルーブリックの基礎 ラーニングアウトカムの評価とルーブリックの活用 組織目標実現に対する振り返り 時間割編成方針と今後のスケジュール他 各GPの説明 科研費の説明	
第3回 2月15､16日 尼崎キャンパス	FD	【全体テーマ】自律的な学びのプロセスを構築するために クラスター事業のどのようなデータがIRに生かされるのか？ 欠席調査の結果から傾向分析をする ユニバーサルパスポートの利用について	Dr.Randy L., Swing : Institutional Research for Private Universities
2011（平成23）年度			
第1回 8月8､9日 尼崎キャンパス	FD	【全体テーマ】本学のこれまでの取り組みを検証する―今後の課題へ向けて― これまでの取り組みの現状確認と検証 時間外学習の確保について キャリア教育の強化に向けて―理解と今後の取り組み	羽根拓也氏（株アクティブラーニング）「アクティブラーニングに関するワークショップ：「LITEについて」、「グループワークの方法について」

		秋学期リフレクション・デイのポイント 学科によるアクティブラーニングに関する科目間連携の打ち合わせ	吉野明氏（日本学術振興会）「科研費の最近の動向」
第2回 9月9日 三木キャンパス	FD	【全体テーマ】ルーブリックを中心とする組織的なあり方 ルーブリックを用いて評価の足並みを揃える 初年次教育について リフレクションデイについて	
第3回 2月15、16日 尼崎キャンパス	FD	【全体テーマ】次年度の効果的な授業運用のために 授業での取り組みをふりかえる Web class の授業での活用実践事例―次年度の授業に生かすために― 更新作業に伴うICT環境の変化について eポートフォリオの利用促進のために―次年度からの機能拡張に関する説明― リフレクションデイの実施に向けて 自己PRプログラムの活用について 本学の初年次学生の傾向（適応調査報告） 初年次教育の全体像と新規科目「初年次セミナー」について 充実したシラバスのために	
2012（平成24）年度			
第1回 8月7、8日 尼崎キャンパス	FD	【全体テーマ】主体的な学びの構築に向けて―社会とのレリバンスを実感するために 学士課程教育の現状と今後の本学の方向性 充実したシラバスのために 基礎学力診断テストについて 到達確認試験の実施に向けて 就職に関する本学学生の傾向 各学科からの春学期の科目間連携の実施報告 ICT環境の活用法（①PBLの活用②情報倫理③クリッカーの活用） 主体的な広報活動について リフレクションデイについて	大久保幸夫氏（リクルートワークス研究所）「キャリア教育について」
第2回 9月13日 三木キャンパス	FD	【全体テーマ】主体的な学びの構築に向けて―社会とのレリバンスを実感するために 大学間連携共同教育推進事業「主体的な学ぶのための教学マネジメントシステムの構築」を進めていくにあたって 学生情報の取り扱いについて 研究活動を推進するために 初年次からのキャリア教育 ICT環境の活用法（①Wivi操作法②e-黒板③PC@LL） 科目間連携について（「授業アンケート」からみる春学期の科目間連携の結果）	
第3回 2月26、27日 三木キャンパス	FD	【全体テーマ】主体的な学びの構築に向けて―社会とのレリバンスを実感するために アメリカにおけるルーブリック活用の動向とこれからの本学の活用 学位授与の方針についての整備	Dr. Donald L, Rubin: Rubrics for Improving Learning Outcomes in Higher Education

<table>
<tr><td rowspan="7"></td><td rowspan="7"></td><td>GS カンボジアプログラム実践事例報告</td><td rowspan="7"></td></tr>
<tr><td>授業参観を通じた気づき等</td></tr>
<tr><td>適応調査結果と初年次セミナーのふりかえり</td></tr>
<tr><td>本学学生の傾向「中退率と問題学生対策」</td></tr>
<tr><td>ICT 環境の活用事例</td></tr>
<tr><td>充実したシラバスのために</td></tr>
<tr><td>各学科からの秋学期の科目間連携の実施報告</td></tr>
<tr><td colspan="4">2013（平成 25）年度</td></tr>
<tr><td rowspan="5">第 1 回
8 月 6、7 日
尼崎キャンパス</td><td rowspan="5">FD</td><td>【全体テーマ】多様な学生に対する学修・学生支援と教育改善（1 日目）／教育目標の達成に向けた授業デザイン（2 日目）</td><td rowspan="5">Charles Blaich, Kathleen Wise : Connecting data and culture for student support and educational improvement</td></tr>
<tr><td>グローバルスタディプログラム引率のための危機管理について</td></tr>
<tr><td>教育目標の達成に向けた授業デザインの点検
（パート 1）学習目標を明確にする</td></tr>
<tr><td>教育目標の達成に向けた授業デザインの点検
（パート 2）学習活動を明確にする</td></tr>
<tr><td>教育目標の達成に向けた授業デザインの点検
（パート 3）ルーブリックのカリブレーション</td></tr>
<tr><td rowspan="8">第 2 回
9 月 17 日
三木キャンパス</td><td rowspan="8">FD</td><td>【全体テーマ】多様な学生とのインタラクションをめざして</td><td rowspan="8">松村直樹氏（株リアセック）「ポートフォリオの活用について」</td></tr>
<tr><td>教育目標をベースにした評価の構築</td></tr>
<tr><td>学生のレポートによる教育目標達成度評価の試行</td></tr>
<tr><td>多様性理解のルーブリックについて</td></tr>
<tr><td>秋学期の面談について</td></tr>
<tr><td>教員と学生の面談について（ワークショップ）</td></tr>
<tr><td>適応調査、面談シートから見る 1 年生の実態と面談の意義について</td></tr>
<tr><td>教育研究のための検索システム</td></tr>
<tr><td rowspan="6">第 3 回
2 月 24、25 日
尼崎キャンパス</td><td rowspan="6">FD</td><td>【全体テーマ】主体的な学ぶを導く授業のために</td><td rowspan="6">田中義信氏（大阪女学院大学）「サービスラーニングの具体的実践事例報告」</td></tr>
<tr><td>教育外プログラムの展開―Off Campus プログラム</td></tr>
<tr><td>キャリア教育から見た e ポートフォリオの活用</td></tr>
<tr><td>モニタリングシステムと事前学習</td></tr>
<tr><td>サービスラーニングの理念と実践</td></tr>
<tr><td>チームワークのルーブリックを使ってみよう（ワークショップ）</td></tr>
<tr><td colspan="4">2014（平成 26）年度</td></tr>
<tr><td rowspan="8">第 1 回
8 月 21、22 日
尼崎キャンパス</td><td rowspan="8">FD</td><td>【全体テーマ】関西国際大学の「今」と「10 年後」～国際大学としてにブランディングと戦略</td><td rowspan="8">日向野幹也氏（立教大学）・松岡洋佑氏（イノベスト）「グローバル人材養成を目的とした立教大学 BLP の戦略」田中義信氏「サービスラーニングプログラム開発における課題と教職協働の必要性について」</td></tr>
<tr><td>サービスラーニングプログラムの発表</td></tr>
<tr><td>e ポートフォリオの充実に向けて（「学修成果の統合」ルーブリックの説明を含む）</td></tr>
<tr><td>卒論ルーブリックを使用してのカリブレーション</td></tr>
<tr><td>シラバス作成の留意点と秋学期のシラバス変更に向けて</td></tr>
<tr><td>学生支援型 IR の構築</td></tr>
<tr><td>初年次教育部門による 2014 年度春学期の調査、取り組みより</td></tr>
<tr><td>ユニパを使った欠席調査の振り返りと今後及び日本語運用テストを活用した新入生への学修支援について</td></tr>
</table>

第２回 ９月24日 三木キャンパス	FD	【全体テーマ】関西国際大学の「今」と「10年後」〜国際大学としてにブランディングと戦略 適応調査の分析 学生支援型IRの分析 各学科専攻からこれまでの科目間連携の振り返りと2014年度秋学期の取り組み予定及び2015年度に向けてのプラン	Dr. Randy L, Swing.,「アメリカの高等教育におけるIRと質保証」
第３回 ２月19､20日 尼崎キャンパス	FD	【全体テーマ】関西国際大学の「今」と「10年後」〜国際大学としてにブランディングと戦略 IRデータからみる本学の現状と課題 本学の教育改革の流れと組織的教育を実現するためのアプローチ―目標・内容・評価― 学期の主題の設定と振り返りとフィードバックに向けて 科目統合化ワーク 学期の主題に沿った課題マップの作成（学科）・各学科からの報告 本学学生の自己効力感の「今」と提案 実践報告「反転授業」 ライティングルーブリックを使ったカリブレーション 卒論ルーブリックの活用について Guttmanコミュニティーカレッジの実践に学ぶ シラバスチェック及び2013年度秋と2014年度秋のシラバス比較カラ―特に評価について―	松村直樹氏（株リアセック）「問題解決力を育成するためのキャリア教育」
2015（平成27）年度			
第１回 ８月19､20日 尼崎キャンパス	FD	【全体テーマ】「深い学び」を実現する教育実践の構築 関西国際大学の教育改革の流れ、課題 データにみる不適応学生の現状認識と対応に関する試み 関西国際大学におけるアクティブラーニング 授業の中で目指すディープ・アクティブラーニングの試み ディープ・アクティブラーニングを目指した授業改善のワーク 「学期の主題」に基づく科目統合の取組について	松下佳代氏（京都大学）「ディープ・アクティブラーニングの考え方と方法」 津吹達也氏（立教大学）「HIPにおける『設計―運用―評価』〜立教大学BLPの取り組みから〜」
第２回 ９月17日 三木キャンパス	FD	【全体テーマ】「深い学び」を実現する教育実践の構築 本学の課題とその解決に向けて―執行部会議夏期集中審議結果のまとめ― 深い学びへ誘うCSの「設計―運用―評価」 深い学びへ誘うGSの「設計―運用―評価」 学習支援と学生情報の提供（KUISドリル、チューター制試行、オフィスアワーの活用を含む） リフレクションデイにおける振り返りとeポートフォリオ内ベンチマークチェックへの接続について 学生の成長の実感、自己効力感をもたらせるアドバイズィング― CS・GS、実習などの情報を生かして	
第３回 ２月18､19日 尼崎キャンパス	FD	【全体テーマ】「価値の発見」を実現する教育―3つのポリシーの理解と共有を基盤として― 「価値の発見」を実現するKUISの組織的教育―3ポリシーの策定義務化の中で― UIプロジェクトからのレポート共有 出口における学生傾向と各種データとの関連	深澤晶久氏（実践女子大学）「『学ぶ』と『働く』をつなぐ」

		秋学期の面談実施についての成果と課題―学科別アンケートの結果より― AP 事業の成果報告 学生の現状と傾向を踏まえ、出口を想定しながら、面談を含めた学生指導の方向性を学科別に探る Key preditors of KUIS students' success: The case of 2011 and 2013 students 学修支援センターの取り組み事例の報告 2015 年度教育改革の取り組み状況に関する調査より プレゼンテーションルーブリックを使ったカリブレーションワーク 新課目「評価と実践」の内容説明 DP の下、CP の中で、学科の組織的教育をどのように推進していくか	
2016（平成 28）年度			
第 1 回 8 月 18、19 日 尼崎キャンパス	FD	【全体テーマ】3 つのポリシー＋アセスメントポリシーの全学的な実体化（実質化）に向けて ハイパフォーマーに関する IR データ分析結果と学科別の特徴 GS のインパクトとキャリアとのつながり PBL 導入の問題整理と PBL 入門のワーク ラーニング・ルートマップ作成に向けて 配慮の必要な学生と支援 学生による発表と多様性理解ルーブリックのカリブレーション ラーニング・ルートマップの作成と 9 月に向けた課題整理	
第 2 回 9 月 15 日 三木キャンパス	FD	【全体テーマ】「つなぐ」「つながる」教育の実現に向けて 「標準パターンマップ作成の際の留意点」 「標準パターンマップの完成とラーニングルートマップの今後の展開」 秋学期からの導入に向けた PBL のワーク	
第 3 回 2 月 18、19 日 尼崎キャンパス	FD/SD	【全体テーマ】学びの深化のために為すべき全学的課題とは何か 3 つのポリシーの実質化で見えてきた本学の現状と次年度に向けた課題 PBL 実施の振り返りと次年度に向けた課題 学生面談の見直し 配慮の必要な学生への具体的対応 ラーニングルートマップの振り返りと次年度に向けた課題	森朋子氏（関西大学）「『わかる』を引き出すアクティブラーニング」 中井俊樹氏（愛媛大学）「アクティブラーニングで学生の学習を深める」
2017（平成 29）年度			
第 1 回 8 月 17、18 日 尼崎キャンパス	PD	【全体テーマ】三つの方針策定後の教育課程の自己点検に基づく、ディプロマ・ポリシー達成に向けた内部質保証とは何か。 到達確認試験から見た各学科の専門知識の定着に関する課題検証―学修成果の可視化に向けて― 適応調査から見る配慮の必要な学生像について オフキャンパスプログラムの全学的課題と今後の方向性について	深堀聰子氏（国立教育政策研究所）「学問分野別の学修成果アセスメント―学修成果に基づく教育課程策定の単位――『考える力』を測定する方法―」

<table>
<tr><td rowspan="3">第2回
9月13日
三木キャンパス</td><td rowspan="3">PD</td><td>【全体テーマ】三つの方針策定後の教育課程の自己点検に基づく、ディプロマ・ポリシー達成に向けた内部質保証とは何か。</td><td rowspan="3">白井俊氏（文部科学省教育課程企画室、室長）「学習指導要領改訂に伴う大学教育に及ぼす影響」</td></tr>
<tr><td>到達確認試験における「知識の活用」を問うアンカー事例作成に向けた秋学期各科目の自由記述型の作問ワーク</td></tr>
<tr><td>卒業論文ルーブリックを活用したサンプリング評価の2学科の検証</td></tr>
<tr><td rowspan="6">第3回
2月15､16日
尼崎キャンパス</td><td rowspan="6">PD</td><td>【全体テーマ】三つの方針策定後の教育課程の自己点検に基づく、ディプロマ・ポリシー達成に向けた内部質保証とは何か。</td><td rowspan="6">大森昭生氏（共愛学園前橋国際大学学長）「グローカル（Glocal: global+local）コンセプトによる人材育成の取り組みについて」</td></tr>
<tr><td>アセスメントプランに基づく全学のCP実施状況とDP達成状況に関する自己点検</td></tr>
<tr><td>学習成果の可視化に生かす期末アンケート（間接評価）の全学傾向</td></tr>
<tr><td>オフキャンパスプログラムシンポジウム</td></tr>
<tr><td>初年次教育におけるライティングスキル向上に向けた学習支援の方向性</td></tr>
<tr><td>学部学科再編におけるメジャー制導入に向けた各学位プログラムの自己点検ワーク</td></tr>
</table>

資料3　外部資金（文部科学省採択事業）

Ⅰ　文部科学省補助事業

1. 特色 GP（平成 16 年度）
「大学のユニバーサル化と学習支援の取組」
2. 現代 GP（平成 18 年度）
「大学、住民及び行政等の協働と地域活性化〜シニア学生受け入れモデルとサービスラーニングモデルの開発〜」
3. 特色 GP（平成 18 年度）
「初年次教育の総合化と学士課程教育への展開」
4. 教育 GP（平成 20 年度）
「初年次サービスラーニングの取組〜学士課程における複合的・重層的サービスラーニングの展開〜」
5. 大学教育・学生支援推進事業【テーマ A】大学教育推進プログラム（平成 21 年度）
「科目のクラスター化によるカリキュラム改革〜ラーニングコミュニティの実質化による知識と経験の総合化支援〜」
6. 大学教育・学生支援推進事業【テーマ B】学生支援推進プログラム（平成 21 年度）
「『出遅れない就職活動』へ誘うための重層的支援」
7. 大学教育充実のための戦略的大学連携支援事業（平成 21 年度）
「データ主導による自律する学生の学び支援型の教育プログラムの構築と学習成果の測定」
8. 大学間連携共同教育推進事業（平成 24 年度）
「主体的な学びのための教学マネジメントシステムの構築」
9. 大学教育再生加速プログラム（AP）（平成 26 年度）
10. 私立大学等改革総合支援事業（平成 27 年度）

Ⅱ　文部科学省委託事業

1. 先導的大学改革推進委託（調査研究期間：平成 19 年〜平成 20 年）
「学生の大学卒業程度の学力を認定する仕組みに関する調査研究」
2. 先導的大学改革推進委託（調査研究期間平成 25 年）
「米国における AP（アドバンストプレイスメント）の実施状況等に関する調査研究」
3. 「成長分野等における中核的専門人材養成等の戦略的推進事業」職域プロジェクト福祉（相談援助）（平成 26 年度、27 年度、28 年度）
「地域ネットワークシステムによる『相談援助力向上のためのリトレーニングプログラム』の開発」

執筆者一覧　　◎編者（執筆担当順）

◎濱名　篤（はまな　あつし）　関西国際大学学長
上村和美（うえむら かずみ）　関西国際大学人間科学部人間心理学科 教授（第Ⅰ部第1章）
浮田　泉（うきた いずみ）　関西国際大学人間科学部経営学科 教授（第Ⅰ部第2章）
濱名陽子（はまな ようこ）　関西国際大学教育学部教育福祉学科 教授（第Ⅰ部第3章）
坂中尚哉（さかなか なおや）　関西国際大学人間科学部人間心理学科 教授（第Ⅱ部第1章）
山下泰生（やました やすお）　関西国際大学基盤教育機構 教授（第Ⅱ部第2章）
岩井　洋（いわい ひろし）　帝塚山大学文学部 教授（第Ⅱ部第3章）
田中亜裕子（たなか あゆこ）　関西国際大学基盤教育機構 講師（第Ⅱ部第4章）
尾﨑慶太（おざき けいた）　関西国際大学教育学部教育福祉学科 講師（第Ⅲ部第1章）
山本秀樹（やまもと ひでき）　関西国際大学教育学部教育福祉学科 准教授（第Ⅲ部第2章）
吉田武大（よしだ たけひろ）　関西国際大学教育学部教育福祉学科 准教授（第Ⅲ部第3章）
藤木　清（ふじき きよし）　関西国際大学基盤教育機構 教授（第Ⅲ部第4章）
越山泰子（こしやま やすこ）　関西国際大学教育学部英語コミュニケーション学科 教授（第Ⅳ部第1章）
伊藤　創（いとう はじめ）　関西国際大学基盤教育機構 准教授（第Ⅳ部第1章）
齋藤富雄（さいとう とみお）　関西国際大学基盤教育機構 教授（第Ⅳ部第2章）
松下佳代（まつした かよ）　京都大学高等教育研究開発推進センター 教授（FD外部講師の記録①）
森　朋子（もり ともこ）　関西大学教育推進部 教授（FD外部講師の記録②）
中井俊樹（なかい としき）　愛媛大学教育・学生支援機構 教育企画室 教授（FD外部講師の記録③）

大学教学マネジメントの自律的構築—主体的学びへの大学創造20年史—

2018年9月29日　初　版第1刷発行　〔検印省略〕　＊定価はカバーに表示してあります。

編著者 © 関西国際大学　発行者 下田勝司　印刷・製本／中央精版印刷株式会社

東京都文京区向丘1-20-6　郵便振替 00110-6-37828
〒113-0023　TEL 03-3818-5521（代）　FAX 03-3818-5514

発行所 株式会社 東信堂

Published by TOSHINDO PUBLISHING CO., LTD.
1-20-6, Mukougaoka, Bunkyo-ku, Tokyo, 113-0023 Japan
E-Mail：tk203444@fsinet.or.jp　http://www.toshindo-pub.com

ISBN978-4-7989-1519-7　C3037